Klaus Bichler / Ralf Krohn / Guido Riedel / Frank Schöppach

Beschaffungs- und Lagerwirtschaft

Klaus Bichler / Ralf Krohn /
Guido Riedel / Frank Schöppach

Beschaffungs- und Lagerwirtschaft

Praxisorientierte Darstellung
der Grundlagen, Technologien
und Verfahren

9., aktualisierte und
überarbeitete Auflage

GABLER

Bibliografische Information der Deutschen Nationalbibliothek
Die Deutsche Nationalbibliothek verzeichnet diese Publikation in der
Deutschen Nationalbibliografie; detaillierte bibliografische Daten sind im Internet über
<http://dnb.d-nb.de> abrufbar.

Prof. Dr. Klaus Bichler, LMBG Logistik und Management Beratungsgesellschaft mbH, eine Unternehmensberatung mit den Schwerpunkten Logistik, Produktionsoptimierung und Organisation.
Dr. Ralf Krohn, Geschäftsführer der MR PLAN GmbH.
Guido Riedel, Geschäftsführer der LMBG Logistik und Management Beratungsgesellschaft mbH.
Frank Schöppach, Geschäftsführer der LMBG Logistik und Management Beratungsgesellschaft mbH.

1. Auflage 1981
.
.
.
8. Auflage 2001
9. Auflage 2010

Umschlaggestaltung: KünkelLopka Medienentwicklung, Heidelberg
Gedruckt auf säurefreiem und chlorfrei gebleichtem Papier
Printed in Germany

ISBN 978-3-8349-1974-8

Vorwort

Die Materialwirtschaft, als Teilbereich der Logistik, umfasst die Bereiche Beschaffung und Lagerhaltung. Dieses Buch vermittelt die Grundlagen und zeigt zukünftige Entwicklungen auf. Die Beschaffungs- und Lagerwirtschaft besitzt innerhalb der Unternehmen einen bedeutenden Stellenwert. Die Beschaffung verursacht, bei immer geringerer Fertigungstiefe in den produzierenden Unternehmen, bis zu 70 % der Herstellkosten. Vor allem jedoch müssen sich beide Bereiche den sich rasch verändernden Anforderungen des Marktes, wie der zunehmenden Globalisierung und Zulieferintegration, kontinuierlich stellen. Warum dies so ist, erklärt ein Blick auf die Logistik.

Logistik ist eine praxisorientierte wissenschaftliche Disziplin mit dem Ziel, eine gesamtkostenoptimale bzw. ressourcenschonende Lösung für alle Prozesse zu erreichen. Logistik beginnt zum Beispiel schon mit dem wöchentlichen Einkauf von Lebensmitteln, der meist samstags erfolgt. Es wird zunächst festgelegt, welche Gerichte innerhalb der Woche gekocht werden sollen (Programmplanung), danach werden die dafür notwendigen Zutaten bestimmt (Auflösung über Stückliste). Der Abgleich mit den im „Lager" (Kühlschrank/Speisekammer) befindlichen Zutaten ergibt die zu beschaffenden Lebensmittel (Disposition, Nettobedarf). Danach erfolgt eine Abstimmung der Fahrtroute für den Einkauf (Tourenoptimierung) und die Durchführung des eigentlichen Einkaufsvorgangs. Danach findet ein Verstauen (Lagerhaltung oder Pufferung) an den dafür vorgesehenen Plätzen statt.

Ist man ein guter Disponent bei stabiler Programmplanung, so resultieren daraus geringe Lagerbestände und damit geringere Risiken der Beschädigung oder des Verderbens von Waren. Marktrecherchen und gute Marktkenntnis versetzen einen in die Lage, Sonderangebote zu nutzen und somit zusätzliche Einkaufseffizienzen zu erwirken. Ist man ein guter Tourenplaner, wird wenig Zeit für Transporte verwendet, was z. B. für Tiefkühlprodukte die Gefahr eines möglichen Auftauens reduziert und somit die Qualitätserhaltung sichert. Reduzierte Fahrtaufwendungen führen auch zu Einspareffekten bei Energie (u. a. auch zur Reduzierung des CO_2-Ausstoßes) und erhöhen den Auslastungsgrad. Was dieses Beispiel verdeutlicht, ist die Nutzung logistischer Methoden sogar im täglichen Leben.

Von der weltweiten Supply Chain zur Beschaffung und Lagerhaltung

Die Logistik hat sich seit den 1970er-Jahren in vielen Unternehmen zu einer wichtigen Managementfunktion entwickelt. Zunehmende Globalisierung, die Vernetzung der Marktstrukturen sowie ein enormer Kosten- und Innovationsdruck führen zu weltweiten Netzwerken in deren Umfeld sich die Logistik als erfolgreicher „Schmierstoff" behauptet.

Übergreifende Managementfunktionen und ganzheitliche Betrachtungsweisen – vom Lieferanten über das eigene Unternehmen bis zum Kunden – sowie große Fortschritte in der Daten- und Kommunikationstechnik haben eine optimale Steuerung der Wertschöpfungsketten erst möglich gemacht. Durch verbesserte technische Schnittstellen, eine aufeinander abgestimmte Organisation, durchgängige Kommunikation sowie Standardisierungen wurden aus Logistiklösungen mit Inselcharakter übergreifende Kooperationen mit gesamtkostenoptimalen Systemlösungen über Prozessketten, sogenannte Supply Chains, hinweg. Durch das Management dieser Ketten wird der Fokus der Logistik erweitert und eine unternehmensübergreifende Logistik ermöglicht.

Abbildung 0-1: *Entwicklung der Aufgaben der Unternehmenslogistik*

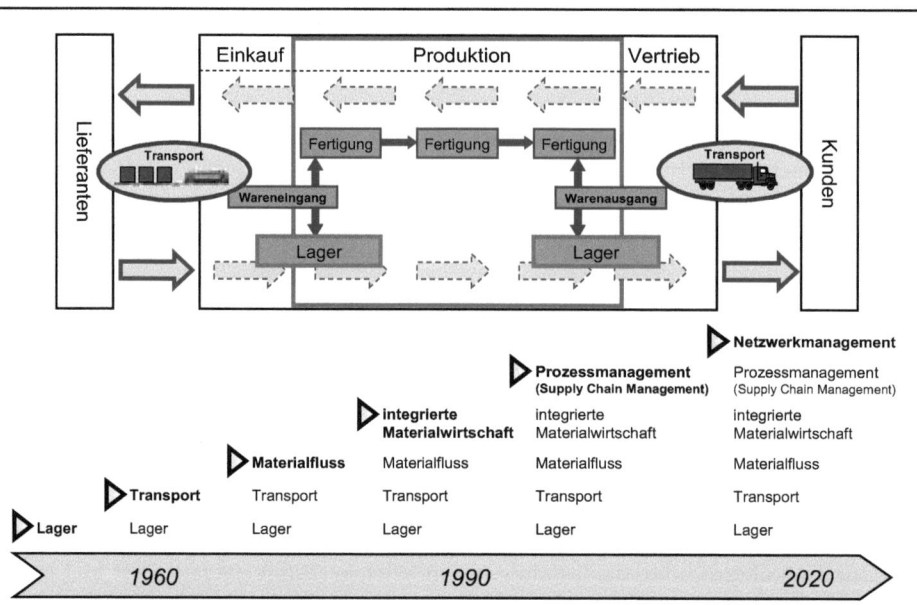

Dennoch vollzog sich in den einzelnen Funktionen der Logistik bis heute kein grundsätzlicher Wandel. Es gab zwar eine Weiterentwicklung bzw. Nutzbarmachung von technischen Systemen, wie z. B. RFID, GPS-Navigation und computergesteuerten Umschlagsystemen, aber die Innovationen resultierten bislang eher aus der organisatorischen Vernetzung. Als Beispiel sei die Einigung auf technische und informatorische Standards und Schnittstellen genannt. Der weltweite multimodale Transport z. B. wäre ohne standardisierten Container effizient nicht denkbar. Datenübertragungen im VDA- oder Odette-Standard erlauben erst den reibungslosen Austausch von vor-, mit- und nachlaufenden Informationen. Die Setzung und Anwendung der Standards resultieren aus einer höheren Bereitschaft der Protagonisten, angesichts des oben genannten Wandels der Weltwirtschaft vernetzte Partnerschaften einzugehen und dementsprechend früher vorhandene Barrieren der Zusammenarbeit zu überwinden. Offenheit und Kooperationswille sind die Voraussetzung für eine effiziente Logistik in der gesamten Supply Chain. Ansatzpunkte sind dabei Beschaffungsstrategien bzw. die Versorgung des Betriebs und damit einhergehend die Lagerwirtschaft.

Die Netzwerkbildung innerhalb von Unternehmen, mit anderen Unternehmen sowie mit Haushalten und Konsumenten in aller Welt zur Versorgung mit den benötigten Gütern und Waren ist ein wichtiger Bestandteil der Logistik geworden. Diese Netzwerkbildung funktioniert weltweit erfolgreich, trotz unterschiedlicher kultureller Hintergründe. Die Motivation ist für alle Beteiligten die Notwendigkeit, Kosten im globalen Wettbewerb einzusparen. Die deutschen Unternehmen spielen aufgrund ihrer Exportaffinität hierbei eine treibende Rolle. Nicht ohne Grund haben sich deshalb namhafte Logistikdienstleister (Deutsche Post, Deutsche Bahn, diverse Speditionen) aus dem deutschen Markt heraus zu multinationalen Unternehmen entwickelt.

Bei aller Vernetzung, aller Standardisierung und aller Prozesskettenbildung gibt es jedoch Grundbausteine der Logistik, die weiterhin zentrale Bestandteile bleiben. Dazu gehört die Beschaffungs- und Lagerwirtschaft, die in diesem Buch thematisiert wird.

In diesem Zusammenhang schätzen wir die Kenntnisse von Herrn Prof. Dr. Klaus Bichler, mit dem wir seit mehreren Jahren bereits diverse Optimierungen im Logistikbereich gemeinsam erfolgreich durchführen konnten. Herrn Prof. Dr. Bichler schätzen wir nicht nur wegen seiner guten praktischen Erfahrung und seines unternehmerischen Geschickes, sondern auch aufgrund seines profunden logistischen Wissens, was die Grundlage für sämtliche Systemoptimierungen darstellt. Ein wichtiger Teilaspekt dieses Wissens soll mit dem vorliegenden Buch vermittelt werden. Es wendet sich sowohl an Studenten als auch an Praktiker, die sich weiterbilden wollen und zu aktuellen Stichworten Antworten bzw. Anregungen suchen.

In der jetzt vorliegenden 9. Auflage wurden sämtliche Kapitel aktualisiert, ergänzt und weitere Illustrationen für eine noch bessere Anschaulichkeit hinzugefügt. Solch ein Buchprojekt ist nicht ohne tatkräftige Unterstützung leistbar. Wir möchten hiermit Herrn Dipl.-Ing. Frank Kotelmann für seine wertvolle Hilfe danken. Unser besonderer Dank gilt Herrn cand. Dipl.-Wirtsch.-Ing. Stephan Flatow und Frau Gioia-Olivia Karnagel M. A. für ihr sehr großes Engagement bei der Überarbeitung dieses Buches. Sie haben nicht nur redaktionell sondern auch gedanklich und inhaltlich einen großen Beitrag zur Überarbeitung dieses Buches geleistet.

Wir hoffen, dass unser Werk nachhaltig zur Verbreitung logistischer Zusammenhänge beiträgt, damit die Logistik das bleibt, was sie bislang immer war – lebendig und interessant.

Berlin, im Frühjahr 2010   Guido Riedel und Frank Schöppach

Zur 9. Auflage

Ursprünglich ist Ende der 1980er-Jahre dieses Buch der Beschaffung und Lagerhaltung von mir allein verfasst worden. Dies nicht nur auf der Grundlage meiner Berufserfahrung in der Lehre sondern auch durch die in meiner langjährigen Beratungspraxis in der Logistik gewonnenen umfangreichen Kenntnisse. In der 8. Auflage gewann ich meinen damaligen Mitarbeiter, Herrn Dr. Ralf Krohn, als Co-Autor für die Fortführung. Nun ist die 9. Auflage von mir gemeinsam mit den Co-Autoren Guido Riedel und Frank Schöppach komplett überarbeitet worden, mit Unterstützung ihrer Firma, der Logistik und Management Beratungsgesellschaft mbH (LMBG) mit Sitz in Berlin. Ich habe in den vergangenen Jahren die beiden Herren als überaus qualifizierte Logistiker kennengelernt, daher freue ich mich sehr über deren Bereitschaft zur Mitarbeit. So besteht die Möglichkeit, ein am Markt erfolgreiches und anerkanntes Buch durch junge Autoren weiterzuführen, als ein Buch, das durch seine klare Darstellung der notwendigen Inhalte der Materialwirtschaft, verbunden mit einem Überblick über die aktuellen und einem Ausblick auf die zukünftigen Entwicklungen in der Praxis, sicherlich wieder eine breite Akzeptanz finden wird.

Ich danke meiner lieben Ehefrau für die wertvolle Unterstützung, die sie mir bei der Ausarbeitung der verschiedenen Auflagen gewährt hat.

Nürtingen, im Frühjahr 2010   Prof. Dr. Klaus Bichler

Inhaltsverzeichnis

Teil 2: Beschaffung

Teil 4: Lagerwirtschaft

Teil 1

Grundlagen der Material-

wirtschaft

1 Begriffe, Bedeutung und Aufgaben der Materialwirtschaft

1.1 Begriffsbestimmung

1.1.1 Materialwirtschaft

Die betriebliche Materialwirtschaft umfasst alle Prozesse, die sich auf die Bereitstellung der zur betrieblichen Leistung benötigten Güter beziehen.

Über die Abgrenzung des Begriffes Materialwirtschaft gehen die Meinungen in der Fachliteratur auseinander. Während einige Autoren unter dem Begriff Materialwirtschaft nur den der Beschaffung (Einkauf) verstehen, fassen andere Autoren unter dem Begriff Materialwirtschaft die Beschaffung (Einkauf), die Lagerhaltung und die Disposition von Material zusammen. Wieder andere verstehen darunter noch zusätzlich den innerbetrieblichen sowie außerbetrieblichen Transport (Versand). Der Begriff Materialwirtschaft kann daher die folgenden vier Bereiche umfassen:

- Beschaffung
- Beschaffung, Lagerhaltung und Disposition
- Beschaffung, Lagerhaltung, Disposition und innerbetrieblicher Transport (Materialfluss)
- Beschaffung, Lagerhaltung, Disposition, inner- und außerbetrieblicher Transport

Es scheint sinnvoll, den Begriff Materialwirtschaft weder zu eng noch zu weit zu fassen. Deshalb sind Gegenstand dieses Buches die im dritten Punkt dargestellten Bereiche: Einkauf, Lagerhaltung, Disposition und innerbetrieblicher Transport.

In einer betriebswirtschaftlichen Darstellung der Materialwirtschaft ist es jedoch zweckmäßig, den innerbetrieblichen Transport der Lagerhaltung zuzuordnen und die Disposition der Beschaffung. Unter dem Begriff der Materialwirtschaft verstehen wir deshalb: Beschaffung und Lagerhaltung.

1.1.2 Beschaffung

An wichtiger Stelle der betrieblichen Funktionen steht die Beschaffung der Ware am Markt. Der Beschaffungsmarkt im weiteren Sinne ist unterteilbar in die vier Bereiche:

■ Waren- und Dienstleistungsmarkt (Ausland und Inland)

■ Arbeitsmarkt

■ Geld- und Kapitalmarkt

■ Informationen, Daten und Trends (z. B. zu Entwicklungen auf Absatz- und Rohstoffmärkten, zu Entwicklungen bei den Zulieferern)

Die Beschaffung im weiteren Sinne umfasst somit

■ den Einkauf von Anlagegütern, Roh-, Hilfs- und Betriebsstoffen, Fertigwaren,

■ den Einkauf von Dienstleistungen und Rechten,

■ die Einstellung von Arbeitskräften,

■ die Aufnahme von Krediten und Kapital,

■ die Analyse von Informationen, Daten und Trends und

■ den Aufbau strategischer Systemlieferanten und Kooperationen.

Im produzierenden Bereich ist es jedoch üblich, den Begriff der Beschaffung wesentlich enger zu fassen. Die Beschaffung im engeren Sinne umfasst deshalb nur den Einkauf von Anlagegütern, Roh-, Hilfs- und Betriebsstoffen, Fertigwaren sowie von Dienstleistungen (z. B. Transportleistungen) und Rechten (z. B. Lizenzen aus Patenten). Die Beschaffung ist neben der Produktions- und Absatzfunktion einer der Hauptbereiche betrieblicher Planung und Leistungserstellung.

1.1.3 Lagerhaltung

Das Lager umfasst den Bestand an Gütern, die noch nicht, nicht mehr oder vorübergehend nicht am Produktionsprozess teilnehmen. Zählen wir zu diesem Bestand die Fertigprodukte hinzu, so übt das bestandsgeführte Lager eine Stau-, Entkoppelungs- und Umformungsfunktion aus. Im Gegensatz dazu müssen Puffer nicht bestandsgeführt sein.

Die Bevorratung kann auch als „geplante und wohlüberlegte Lagerhaltung" bezeichnet werden. Entscheidend für die Lagerhaltung ist die Überlegung, was sinnvollerweise zu lagern ist, d. h. was der Wertschöpfung dient. Wichtig ist eine kostenoptimale Sicherung der Versorgung. Die Kosten der Lagerhaltung werden sowohl von direkten Kosten (abhängig von der Lagerbauart), als auch von indirekten Kosten (abhängig vom Lagerbestand) beeinflusst. Das bedeutet, dass die Sicherung der permanenten Versorgung von Bedarfsanforderungen in Konkurrenz zu einem reinen Wirtschaftlichkeitsdenken steht. Heute wird statt von der Lagerhaltung zunehmend von der Materialbewirtschaftung gesprochen, dieser Begriff umfasst die Bereiche Lagerung, Transport und Kommissionierung.

1.2 Betriebswirtschaftliche Bedeutung der Materialwirtschaft

Mithilfe einer kostengünstigen Beschaffung wird die grundsätzliche Voraussetzung für eine erfolgreiche Leistungsbereitstellung und die zwingend notwendige Aufrechterhaltung der Wettbewerbsfähigkeit ermöglicht. Mit einer zweckmäßigen Lagertechnik, einer Erhöhung des Lagerumschlages und der damit einhergehenden Senkung der Lagerbestände beziehungsweise der Kapitalbindung trägt die Lagerwirtschaft zur Verbesserung der Liquidität und zur Sicherung einer ausreichenden Rendite bei.

Hinzu kommt, dass der Anteil der Kaufteile an der betrieblichen Leistung, d. h. der Anteil an Outsourcing-Produkten sowie der Abbau der eigenen Fertigungstiefe (= Eigenfertigung/Eigenfertigung und Fremdbezug) insbesondere durch die Globalisierung stark zugenommen hat. Entsprechend gewinnt auch deshalb die Materialwirtschaft an Bedeutung.

1.3 Aufgaben der Materialwirtschaft

1.3.1 Hauptaufgabe

Die Kernaktivität und das Ziel der Materialwirtschaft sind die wirtschaftliche Bereitstellung von Materialien in der erforderlichen Qualität, zum günstigsten Preis, in der ausreichenden Menge, zum richtigen Zeitpunkt und am nachgefragten Ort zur Sicherstellung der Produktion sowie der Service- und Dienstleistung eines Unternehmens. Die anfallenden Beschaffungskosten sind dabei so niedrig wie möglich zu halten.

1.3.2 Detailaufgaben

Aus der oben genannten Hauptaufgabe können folgende Detailaufgaben abgeleitet werden:

- Mitwirkung bei der Erstellung der Produktionsprogrammplanung

- Sicherung einer stetigen Produktion durch Abstimmung der Liefertermine

- Analyse des Marktes und der Konjunkturlage

- Analyse der Informationen über neue Materialien, Bauteile und Technologien

- Ergebnisermittlung und Berichterstattung, z. B. über Einkaufsabschlüsse, über die Preisentwicklung und die Versorgungslage, Erstellen einer Einkaufsstatistik

- Koordinierung von Entwicklung, Beschaffung und Produktion mit dem Ziel, der Senkung der Beschaffungskosten und der Lagerbestände

- Bewertung vorhandener und Erschließung neuer Beschaffungswege (z. B. über das Internet)

- Bewertung von In- und Outsourcing-Vorhaben

- Einholen von Angeboten, Preisvergleiche und Lieferantenauswahl

- Anbahnung von Kooperationen

- Abschluss von Rahmenverträgen

- Bestellungsabwicklung

- Durchführung von Lieferabrufen

- Wareneingangsprüfung, Qualitätsprüfung und Frachtenkontrolle

- Rechnungsprüfung und Buchungsvorbereitungen

- produktgerechtes Lagern, Kommissionieren und Bereitstellen

- Lagerabrechnung, Lagerstatistik und Bestandserfassung

- Behandlung von Leergut, Verpackungsmaterial und Restbeständen

- Entsorgung von nicht mehr benötigten Materialien

- Recycling

2 Grundbegriffe der Materialwirtschaft

2.1 Objekte der Materialwirtschaft

Folgende Objekte werden beschafft und bearbeitet:

- Einzelteile, Baugruppen, Module und Systeme
- Fertigungsmaterial
- Fertigungshilfsmaterial
- Gemeinkostenmaterial (z. B. Energie, Instandhaltung), Stoffe und Materialien, die zur Aufrechterhaltung der betrieblichen Prozesse notwendig sind
- Investitionen: Gebäude, Betriebsanlagen und Einrichtungen
- Arbeitsleistungen (z. B. Personal-Leasing)

Bei diesen Objekten beziehungsweise Materialien wird oftmals zwischen produktiven (in das Fertigprodukt eingehende) und unproduktiven (nicht in das Produkt eingehende) unterschieden.

2.2 Organisation der Materialwirtschaft

2.2.1 Eingliederung in die Unternehmensorganisation

Die Möglichkeiten der organisatorischen Eingliederung der Materialwirtschaft in das Unternehmen sind sehr vielfältig. Am Beispiel der beiden häufigsten Organisationsformen, der funktionalen und divisionalen Unternehmensgliederung, sollen einige Varianten gezeigt werden.

Das funktional gegliederte Unternehmen ist in Funktionsbereiche aufgeteilt, die den betrieblichen Hauptaufgaben entsprechen. Solche Funktionen können u. a. sein:

- Produktion
- Verwaltung
- Materialwirtschaft
- Vertrieb
- Qualitätsmanagement

In einem auf diese Weise gegliederten Unternehmen kann die Materialwirtschaft als selbständiger Funktionsbereich auf Geschäftsleitungsebene oder als Teil eines Funktionsbereichs, z. B. auf Abteilungsebene, eingeordnet sein (beispielsweise unterhalb des Produktionsbereiches). Auf welche Weise die Materialwirtschaft im Unternehmen verankert wird, ist abhängig von der Markt- und Kundenorientierung sowie innerbetrieblichen Schwerpunkten.

Das divisional aufgebaute Unternehmen, auch „mehrgliedriges Unternehmen" genannt, besteht aus Zentralabteilungen mit grundlegenden Aufgaben für das Gesamtunternehmen sowie für Unternehmensbereiche mit relativer Selbständigkeit.

Zentralbereiche können sein:

- Finanzen
- Unternehmensplanung
- Personal
- Materialwirtschaft
- EDV

Die Materialwirtschaft kann hier auftreten

- als Zentralbereich, der für das Gesamtunternehmen tätig ist (z. B. Zentraleinkauf),
- als Zentralabteilung für Grundsatzfragen (z. B. strategische Fragen der Beschaffung, der Disposition, der Lagerhaltung), die mit den divisional tätigen Abteilungen der Materialwirtschaft zusammenarbeitet, und
- als ausschließlich divisional tätige Abteilung.

Je enger die Tätigkeitsbereiche der im Übrigen selbständig am Markt agierenden Divisionen (z. B. Haushaltsgeräte, Klimageräte, Lüftungsanlagen) verwandt sind, desto eher kann die Materialwirtschaft Zentralfunktionen ausüben. Sind diese Divisionen dagegen in unterschiedlichen Wirtschaftsbereichen (z. B. Touristik, Großhandel, Versicherungen) tätig, werden die Materialwirtschaftsabteilungen sehr selbständig arbeiten.

2.2.2   Organisatorische Gliederung

Die Aufteilung in die Organisationseinheiten

- Materialeinkauf (strategischer und operativer Einkauf, Beschaffungsmarketing),
- Materialdisposition und
- Materialverwaltung

hat sich in der Praxis als zweckmäßig erwiesen.

2.3   Prinzipien der Materialbereitstellung

Grundsätzlich bestehen zwei Möglichkeiten, die Waren bereit zu stellen:

- Bedarfsdeckung durch Vorratshaltung
- Bedarfsdeckung ohne Vorratshaltung

Die Bedarfsdeckung ohne Vorratshaltung kann weiter unterteilt werden, je nachdem, ob die Bereitstellung aufgrund eines Einzelbedarfes oder aufgrund eines Periodenbedarfes vorgenommen wird. Somit lassen sich drei Prinzipien der Warenbereitstellung unterscheiden:

- Vorratshaltung
- Einzelbeschaffung im Bedarfsfall
- lagerlose Sofortverwendung (JIT/JIS)

2.3.1   Vorratshaltung

Bei diesem Bereitstellungsprinzip werden die Materialien im eigenen Lager bevorratet. Folgende Voraussetzungen müssen gegeben sein:

- Das Unternehmen muss über eine ausreichende Lagerkapazität verfügen, um z. B. auch Saisonschwankungen ausgleichen zu können.
- Es müssen im eigenen Haus Prozesse für die Wareneingangskontrolle, für die produktgerechte Lagerung, die Kommissionierung, den Materialfluss, die Materialanstellung und den Versand erstellt werden.

Vorteile:

Die Materialien stehen einer Nachfrage sofort oder zumindest sehr kurzfristig zur Verfügung. Störungen in der Auslieferung sind bei ausreichender Bevorratung nahezu ausgeschlossen. Ausnahmen sind denkbar bei einem technischen Ausfall automatisierter Lager- und Kommissionierungssysteme, bei Personalausfall oder menschlichem Versagen (z. B. Kommissionierfehler).

Vorteile durch die Vorratshaltung ergeben sich hauptsächlich durch den Bezug von größeren Mengen zu günstigeren Einkaufs- und Transportkosten.

Nachteile:

Bedingt durch die hohen Lagerbestände entstehen hohe Kapitalbindungskosten und zusätzlich hohe Folgekosten für die Lagerhaltung, wie z. B. für Transport, Handling und Überwachung der Lagerbestände. Auch muss für die Lagerung großer Bestände genügend Lagerraum zur Verfügung stehen. Außerdem besteht die Gefahr der technischen Veralterung.

Anwendung:

Das Prinzip der Vorratshaltung wird vor allem bei Betrieben mit Serien- und Massenproduktion praktiziert, die gegenüber den Schwankungen des Beschaffungsmarktes abgesichert sein müssen. In der Großserienproduktion wird es für Teile und Materialien mit einem relativ langsamen Umschlag, einem geringen Beschaffungsvolumen und Beschaffungswert oder langen Wiederbeschaffungszeiten verwendet. Durch Abrufaufträge (Pull-Systematik) können die Lagerhaltungskosten gesenkt werden. Es wird ein Periodenbedarf ermittelt und dieser in kleineren Losen abgerufen. Hier besteht eine gewisse Ähnlichkeit zum Prinzip der lagerlosen Sofortverwendung.

2.3.2 Einzelbeschaffung im Bedarfsfall

Bei diesem Bereitstellungsprinzip erfolgt die Warenbereitstellung erst bei Vorliegen eines mit einem bestimmten Auftrag verbundenen Bedarfes.

Voraussetzungen:

- Die Festlegung des Sekundärbedarfes kann erst nach Vorliegen eines exakt definierten Primärbedarfes erfolgen.

- Es muss bereits im Vorfeld eine Lieferantenauswahl erfolgt sein.

- Zur Vermeidung langer Lieferzeiten muss eine qualifizierte Lieferantenpflege durchgeführt werden.

- Es muss eine hohe Transparenz in der gesamten Prozesskette gegeben sein, u. a. durch enge Verknüpfungen informationstechnologischer Art.

Vorteile:

Mit diesem Prinzip werden Kapitalbindungs- und Lagerhaltungskosten gesenkt, da das Material nach der Wareneingangs- und Qualitätsprüfung nur relativ kurze Zeit im Lagerbereich verbleibt und sofort in den Produktionsprozess geht. Dabei ist die Gefahr des Veraltens ausgeschlossen, da nur die mit einem bestimmten Auftrag verbundenen Materialmengen bestellt werden.

Nachteile:

Die Einzelbeschaffung im Bedarfsfall ist in der Regel mit dem Bezug kleinerer Mengen verbunden, woraus höhere Preise und Transportkosten resultieren. Bei ungenügendem Angebot ist es oft schwierig, die mengenmäßig ausreichende und termingerechte Beschaffung zu sichern. Falls es sich um die Beschaffung neuer Artikel handelt, können dem Abnehmer evtl. keine exakten Liefertermine angegeben werden.

Anwendung:

Das Prinzip der Einzelbeschaffung im Bedarfsfall kann eingesetzt werden bei der Einzelfertigung, wie z. B. im Sondermaschinenbau, sofern nicht Materialien vielseitig verwendbar sind und deshalb auf Lager gehalten werden, und bei Los- oder Postenfertigung, wenn für ein mengenmäßig abgegrenztes Fertigungslos Materialien oder Teile beschafft werden müssen.

2.3.3 Lagerlose Sofortverwendung (JIT/JIS)

Die Warenbereitstellung nach Just-in-Time (JIT) erfolgt genau zu dem von der Produktionsplanung vorherbestimmten Zeitpunkt. Eingehendes Material wird sofort zum Ort der Weiterverarbeitung gebracht, ohne dass ein Lagerungsvorgang notwendig wird. Eine Weiterführung ist das Just-in-Sequence (JIS). Hier wird zusätzlich die Verbaureihenfolge mit beachtet und die Ware entsprechend bereitgestellt.

Die grundlegenden Voraussetzungen für den Einsatz sind folgende:

■ Der Lieferant muss einen gleichbleibend hohen Qualitätsstandard garantieren, da sich Qualitätsmängel beim JIT/JIS-Einsatz unmittelbar auf den laufenden Produktionsprozess auswirken.

■ Es muss eine enge Beziehung zum Lieferanten aufgebaut werden (z. B. mittels Produktionsvorschau, Produktänderungen, enge informationstechnische Verknüpfung), damit gemeinsame Strategien erarbeitet werden können, die eine bloße Verlagerung der Lagerhaltung zum Lieferanten verhindern.

■ Um Störungen und Bedarfsschwankungen ausgleichen zu können, müssen Kapazitätsreserven geschaffen werden.

■ Die Produktion muss ablauforientiert strukturiert sein (minimale Transportwege).

■ Der Lieferant muss ständig über die geforderte Liefermenge und -reihenfolge sowie den genauen Anlieferzeitpunkt informiert sein, damit er entsprechende Maßnahmen ergreifen kann.

■ Mit dem Lieferanten muss vertraglich vereinbart werden, dass er Teile der Kosten übernimmt, die er durch Qualitätsmängel, verspätete Lieferung oder durch Teillieferung (unvollständige Lieferung) verursacht hat.

Vorteile:

Bei konsequenter Anwendung der produktionssynchronen Anlieferung entfallen alle Kosten für Kapitalbindung und Lagerung. Bisherige Lagerflächen können für andere Zwecke genutzt werden. Die Durchlaufzeiten können entscheidend verringert werden, wodurch die Produktivität gesteigert werden kann. Das Unternehmen erfährt einen entscheidenden Kostenvorteil gegenüber Anwendern der übrigen Bereitstellungsprinzipien.

Nachteile:

Die lagerlose Sofortverwendung macht ein Unternehmen sehr verwundbar gegenüber Störungen im Materialnachschub. Das Halten von Sicherheitsbeständen beziehungsweise die Vorgabe von Sicherheitszeiten ist, falls überhaupt realisierbar, dadurch notwendig. Die Abhängigkeit von der Termintreue des Vorlieferanten ist groß. Die Anlieferungen müssen sehr präzise geplant und organisiert sein, damit das Unternehmen vor Störungen im Produktionsablauf geschützt wird.

Anwendung:

Dieses Bereitstellungsprinzip wird zur Versorgung von Produktionsbetrieben mit hohem, genau vorausberechenbarem Bedarf (über bedarfsgesteuerte Disposition) angewendet. Meist sind es großvolumige, sehr hochwertige Teile oder Materialien mit einem hohen Bedarf, die unter diesem Prinzip angeliefert werden. Als Beispiel sind hier Fahrzeugsitze, Achsen, Räder oder auch gesamte Cockpits in der Automobilindustrie zu nennen.

2.4 Materialmanagement/Supply Chain Management

Das Materialmanagement (Materials Management) trägt die ganzheitliche Verantwortung für Material und Waren vom Lieferanten bis zum Kunden. Dies bedeutet die Steuerung, Lagerung und Bewegung der Materialien zwischen den Lieferanten und den Rohstoffquellen bis hin zu den Kunden. Ein Synonym für den Begriff Materialmanagement ist der Begriff integrierte Materialwirtschaft. Bei international tätigen Unternehmen wird die Organisationseinheit Materialwirtschaft oft als Materialmanagement bezeichnet.

2.4.1 Supply Chain Management (SCM)

Das Supply Chain Management bedeutet so viel wie „Steuerung der gesamten Zulieferkette". Mit dem Ansatz SCM erfährt die eingangs vorgestellte Betrachtung des Materialmanagements eine erhebliche Erweiterung.

Eine eindeutige Definition, was unter dem Begriff zu verstehen ist, liegt in der Literatur und Praxis zurzeit nicht vor. Supply Chain Management kann als funktions- und unternehmensübergreifendes Konzept unter Einbindung von Geschäftsprozessen vom Endkunden bis zu den Beschaffungsmärkten definiert werden.

Abbildung 2-1: *Prinzipdarstellung des Supply Chain Managements*

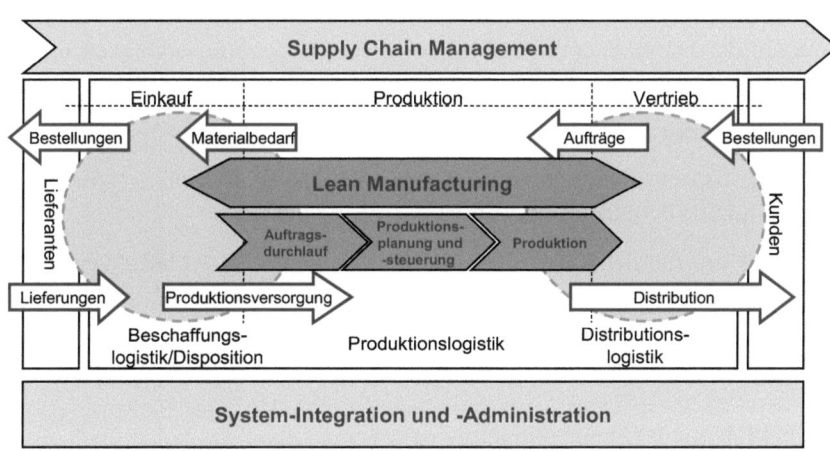

Mit der Umsetzung des SCM-Konzeptes sind folgende Vorteile verbunden:

- reduzierte Durchlauf- und Lieferzeiten,

- verbesserte Termintreue,

- Verringerung von Lagerbeständen und Lagern,

- direkte Kostenoptimierung und -senkung,

- verbesserte Planungsqualität,

- verbesserte Ressourcenauslastung und -effizienz,

- engere Kooperation, Aufbau von Win-win-Beziehungen und

- Vertrauensbildung zwischen den Beteiligten.

Im Bereich des Handels ist das SCM-Konzept unter dem Begriff Efficient Customer (Consumer) Response (ECR) bekannt. Im Idealfall soll der gesamte Wertschöpfungsprozess über den Absatz der Waren beim Endkunden gesteuert werden. Der Verkauf der Ware wird über elektronische Kassen erfasst und daraus werden u. a. Auftragsdaten entlang der gesamten Zulieferkette generiert.

Die Umsetzung derartiger Konzepte erfordert einen grundlegenden Umdenkprozess gegenüber traditionellen Ansätzen der Kunden-Lieferanten-Beziehung. Die umfassende Versorgung mit Informationen wie Auftragsdaten, Lagerbeständen, Lieferzeiten usw. ist eine entscheidende Voraussetzung für die Gestaltung und Steuerung der Zulieferkette über mehrere Wertschöpfungsstufen hinweg. Parallel dazu ist eine vertikale Kooperation mit Lieferanten aufzubauen. Dies bedeutet:

- Verringerung der Lieferantenanzahl

- Auswahl der Lieferanten nach Kernkompetenz, Kooperationsfähigkeit und ihrem Beitrag zur Reduzierung der Durchlaufzeiten

- Einführung eines auf die Zulieferkette zugeschnittenen Informationssystems

Ein wichtiger Erfolgsfaktor für die Umsetzung ist der Aufbau von Win-win-Situationen für alle Beteiligten. Hierfür ist vor allem wichtig:

- Austausch erforderlicher Informationen und Daten über das Maß einer traditionellen Kunden-Lieferanten-Beziehung hinaus (für alle Partner)

- Herausarbeiten der Vorteile dieser Art von Zulieferbeziehung für alle Beteiligten

2.4.2 Green Logistics

Beim Materialmanagement muss zunehmend auf die Auswirkungen, die die Unternehmenstätigkeit auf die Ökologie hat, geachtet werden. Die Gesetzgebung nimmt verstärkt Einfluss auf diesen Bereich. Verbraucher machen ihre Kaufentscheidung neben dem Preis auch von der Umweltverträglichkeit der Produkte und Dienstleistungen abhängig. Verstärkt an Bedeutung gewinnt in diesem Zusammenhang die Problematik des Recyclings beziehungsweise der Rücknahme von ausgedienten Produkten. Unternehmen haben auf diese neuen Herausforderungen z. B. mit der Einführung von Umweltmanagementsystemen (z. B. nach ISO 14000 ff.) und entsprechenden Produktkennzeichnungen für Umweltverträglichkeit reagiert. Für das Materialmanagement bedeutet das im Vergleich zur Vergangenheit ein erweitertes Aufgabenfeld. Dies wird in der aktuellen Diskussion unter dem Stichwort „Green Logistics" zusammengefasst. Zu nennen sind hier als wesentliche Tätigkeitsbereiche:

- ressourcenschonende und damit wirtschaftliche Ausplanung der gesamten Supply-Chain-Prozesse

- Rücknahme von Verpackungen und Produkten

- Stofftrennung, Verwertung, Recycling

- umweltgerechte Entsorgung

- Ausgleichsbemühungen für CO_2-Werte

Bereits in der Phase der Beschaffung kann durch die Wahl der Lieferanten, der Transportmittel oder der Anlieferhäufigkeit ein aktiver Beitrag zum Umweltschutz geleistet werden. Die Betrachtung der gesamten Wertschöpfungsstufen eines zugelieferten Produktes bis hin zur Entsorgung rückt zunehmend in den Mittelpunkt des öffentlichen Interesses. Diskussionen über die Gesamtenergiebilanz von Einweg- oder Mehrwegverpackungen bei Getränken sind ein Beispiel hierfür.

2.5 Logistik

2.5.1 Begriff und Bedeutung

Logistik ist ein unternehmerisches Konzept, das mehr denn je einer flexiblen Unternehmenspolitik entspricht. Sie plant, koordiniert und kontrolliert die Waren und Materialflüsse – verbunden mit allen Informationen – zwischen Absatz- und Beschaffungsmarkt. Die Logistik muss als betriebliche Matrixfunktion betrachtet werden.

Beschaffung, Produktion, Distribution (Absatz) und Entsorgung bilden die Grundfunktionen. Man spricht deshalb auch von der

- Beschaffungslogistik,

- Produktionslogistik,

- Distributionslogistik und

- Entsorgungslogistik.

Diese vier Grundfunktionen werden durch die Matrixfunktionen Logistik, Qualität, Controlling/Finanzen und Personal überlagert. Die nachfolgende Darstellung zeigt die genannte Organisationsstruktur und deren interdisziplinäre Verflechtungen.

Abbildung 2-2:   *Matrixgliederung betrieblicher Funktionen*

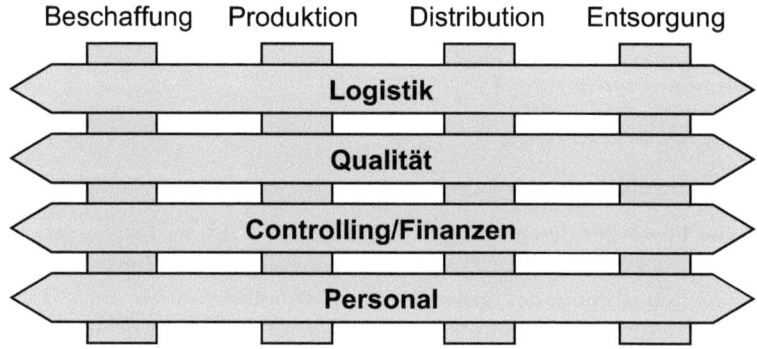

Die Logistik beinhaltet die Analyse, Steuerung und Kontrolle sowie die Optimierung der Geschäftsprozesse nach den Leistungsparametern Zeit, Qualität, Kosten und vorliegendem Know-how-Potenzial. Damit besitzt die Logistik eine wichtige Rolle in der strategischen Ausrichtung eines Unternehmens. Ihr obliegt somit die Aufgabe, die Schnittstellen in der ganzheitlichen Wertschöpfungskette (Lieferant–Hersteller–Handel–Kunde) permanent zu überprüfen und zu verbessern.

Neben der Sicherstellung qualitativer und quantitativer Versorgungsströme sowie deren zeitlicher Überbrückung gestaltet, koordiniert und überwacht die Logistik die dazugehörigen Informationsflüsse.

Grundsätzlich wird der Logistik die strategische Ausrichtung und Optimierung der Prozesse aus ganzheitlicher Sichtweise eines Unternehmens zugeordnet. Demgegenüber ist die Materialwirtschaft für die operative Sicherstellung von Gütern, Materialien und Dienstleistungen vom Beschaffungsmarkt bis hin zum Bedarfsträger (Produktion) innerhalb des Leistungsprozesses zuständig.

Die Schnittstellen liegen dort, wo es sich um die Steuerung von Materialflüssen handelt. So gehört der kommerzielle Einkauf im Gegensatz zur Einkaufsabwicklung nicht zur Logistik, sondern zur Materialwirtschaft. Dagegen ist die Distribution nicht zwangsläufig der Materialwirtschaft, sondern der Logistik zuzuordnen.

Logistik und Materialwirtschaft stehen sich nur dann konträr gegenüber, wenn einer der beiden Begriffe für Machtansprüche im Unternehmen missbraucht wird, andernfalls ergibt sich eine sinnvolle Symbiose.

2.5.2 Grundsätze

Die Aufbauorganisation eines logistischen Systems lässt sich in vier Grundsätzen zusammenfassen:

- Logistische Abläufe müssen sich am physischen Materialfluss und an den wertschöpfenden Prozessen orientieren.

- Oberste Priorität hat die Flussoptimierung. Wird die Durchflussgeschwindigkeit erhöht, kann in einzelnen Teilbereichen durchaus eine Kostenerhöhung in Kauf genommen werden, weil dadurch in anderen Bereichen eine wesentliche Kosteneinsparung erzielt werden kann. So erhöht z. B. der Versand mit Luftfracht die Versandkosten gegenüber dem Versand per Schiff erheblich. Es ist jedoch eine signifikante Reduzierung der Kapitalbindung möglich.

- Logistische Teilfunktionen werden nur dann dezentralisiert, wenn sich damit die Flussoptimierung nachhaltig verbessern lässt.

- Die ganzheitliche Betrachtung im Sinne des Gesamtunternehmens hat Vorrang vor der Optimierung einzelner Teilbereiche. Hier sollte die Unternehmensführung eindeutige Signale setzen, die allen Verantwortlichen als Leitlinien dienen.

Welche hierarchische Position die Logistik im Unternehmen zukünftig einzunehmen hat, mögen zwei Thesen näher erläutern:

- Das Konzept der integrierten Materialwirtschaft ist nur realisierbar, wenn entsprechende organisatorische Konsequenzen in der Unternehmung gezogen werden. Es bedarf hierzu der Bildung eines geschlossenen, organisatorisch abgegrenzten Funktionsbereiches Materialwirtschaft (Logistik), der mit allen Kompetenzen für Beschaffung, Vorratswirtschaft, Distribution und Transport ausgestattet ist und die Verantwortung für die wirtschaftlich optimale Versorgung der Unternehmung trägt.

▪ Das Konzept der integrierten Materialwirtschaft (Logistik) kann nur dann voll zur Entfaltung kommen, wenn die Logistik in der Unternehmung ein gleichberechtigter Partner der anderen Bereiche ist.

2.5.3   Aufgaben

Die Logistik hat folgendes Anforderungsprofil zu erfüllen:

Das vom Kunden gewünschte Produkt muss

▪ in der richtigen Qualität,

▪ in der richtigen Menge,

▪ zum richtigen Zeitpunkt,

▪ zu den richtigen Kosten,

▪ und am richtigen Ort

verfügbar sein.

Um diese Kriterien zu erfüllen, werden folgende Logistikleistungen vorgehalten:

▪ Lagerleistungen

▪ Transportleistungen

▪ Umschlagsleistungen

▪ Kommissionierleistungen

▪ Verpackungsleistungen

▪ logistische Informationsleistungen

Infolgedessen nimmt die Logistik in ihrer Funktionsweise eine gewichtige Rolle für die Aufrechterhaltung des Unternehmens wahr. Sie muss die Zeit-, Raum-, Mengen- und Sortimentsdivergenzen zwischen Erzeugung und Verbrauch bei möglichst geringen Kosten und hoher Qualität ausgleichen. Dabei ist zu beachten, dass die Logistikleistung wie jede Dienstleistung ein immaterielles Ergebnis eines Leistungserstellungsprozesses ist, das sich in Veränderungen von Merkmalsausprägungen eines externen Faktors manifestiert. Als externer Faktor wird das Objekt der Dienstleistung bezeichnet, auf das im Zuge der Leistungserstellung eingewirkt wird. Externe Faktoren können sowohl Personen (Kunden, Lieferanten usw.), als auch materielle und immaterielle Güter sein, welche die aktuellen und zukünftigen Anforderungen an die Logistikleistung stellen.

Logistische Zusatzleistungen unterstützen die Kernleistung, indem sie diese ermöglichen, wirtschaftlich gestalten oder ergänzen. Ein Beispiel wäre hier die fachgerechte, auf das jeweilige Transportmittel ausgerichtete Verpackung des zu transportierenden Gutes. Wenn eine Spedition beispielsweise die zu transportierenden Kühlschränke auch gleich vor Ort installiert beziehungsweise. anschließt, liegt eine ergänzende Zusatzleistung vor.

Abbildung 2-3: *Komponenten der logistischen Systemleistungen*[1]

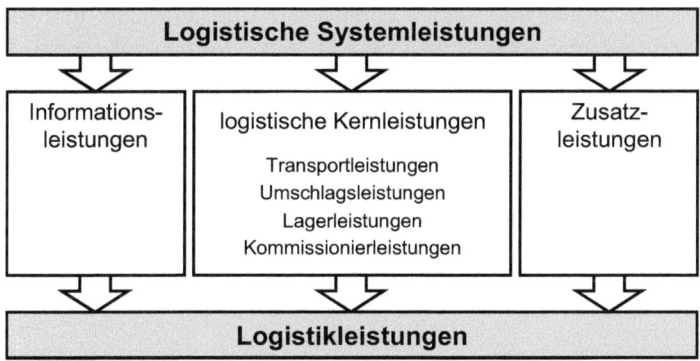

2.6 Logistik-Controlling

2.6.1 Aufgaben und Ziele

Die Hauptaufgabe des Logistik-Controllings ist die zielorientierte Koordination aller logistischen Aufgaben. Ein Schwerpunkt liegt dabei in der Abstimmung zwischen Beschaffungs-, Produktions-, Distributionsplanung und der dazugehörenden Lager- und Transportplanung. Dies hat hauptsächlich Auswirkungen auf die Höhe der Bestände in den Eingangs-, Zwischen- und Fertigwarenlagern.

Eine weitere Aufgabe ist die Unterstützung logistischer Basisentscheidungen, die auf Wirtschaftlichkeits- und Investitionsrechnungen beziehungsweise Nutzwertanalysen gegründet sind. Die hier angewandten Rechen- und Analysemodelle bedürfen immer einer zweckmäßigen Anpassung an die logistischen Anforderungen.

Die vier Hauptaufgaben des Logistik-Controllings sind:

---

1   Eigene Darstellung nach Isermann, Heinz: Logistik, Landsberg 1994.

- das Sicherstellen der Transparenz logistischer Leistungen und deren Kosten

- die entscheidungsreife Aufarbeitung von Informationen aus dem Bereich Logistik

- das Bereitstellen der benötigten Methoden und Instrumente

- die Abstimmung von Planungsaufgaben wie Beschaffungsplanung, Materialfluss-planung und Transportplanung

Dem Logistik-Controlling obliegt es demnach, Transparenz im Bereich Logistik an-hand von Zahlen, Daten und Fakten herzustellen und diese ggf. in anstehende Pla-nungsaufgaben einzubeziehen. Entsprechend seiner Kernaufgabe stellt der Logistik-Controller auch Informationen für Entscheidungsträger wie z. B. die Geschäftsleitung bereit.

Mit der Einführung eines Logistik-Controllings sollen in erster Linie Rationalisie-rungspotenziale aufgespürt sowie der Nachweis über den Erfolg von Verbesserungs-maßnahmen geführt werden. In der Praxis sind damit beispielsweise folgende Ziele verbunden:

- Minimierung logistischer Kosten

- Optimierung der Bestände

- Erhaltung der Lieferbereitschaft

- Verkürzung der Durchlaufzeiten

Um diese Ziele erreichen zu können, sollten dem Logistik-Controlling überwiegend ganzheitliche Aufgaben im Planungs-, Kontroll- und Informationssystem des Unter-nehmens übertragen werden. Bisher besitzen jedoch die koordinierenden, mitwirken-den, beratenden, analysierenden und vorschlagenden Aufgabenstellungen des Logis-tik-Controllings im Rahmen der o. g. Systeme einen vergleichsweise geringen Stellen-wert.

Durch kontinuierliche Soll-Ist-Vergleiche und die bereichs- beziehungsweise abtei-lungsbezogene Dokumentation der abweichenden Ergebnisse wird versucht, das Ver-antwortungsbewusstsein der Abteilungen und ihrer Mitarbeiter für Kosten, Bestände, Lieferbereitschaft und Durchlaufzeiten zu erhöhen sowie die Motivation für richtiges logistisches Handeln zu steigern.

Mittels ständiger Abweichungsanalysen soll das Logistik-Controlling z. B. sicherstel-len, dass die Ist-Kostenentwicklung mit den geplanten Logistikkosten weitgehend übereinstimmt und die entsprechenden Leistungen zu minimalen Kosten erbracht werden.

Für eine nachhaltige Optimierung der Logistik sind daher die folgenden Tätigkeiten als periodisch wiederkehrende Aufgaben im Sinne eines Regelkreises durchzuführen:

- Festlegen von Logistikzielen (z. B. Reduzierung von Beständen, Erhöhung des Servicegrades)

- Ermitteln messbarer Größen zur Bestimmung der Zielerreichung (Kennzahlen)

- permanente Überprüfung der Zielerreichung

- Durchführung von Abweichungsanalysen (Soll-Ist-Vergleiche)

- Initiieren und Durchführen von Verbesserungsprojekten

- Unterstützung der strategischen und operativen Logistikplanung

- Aufstellen von Logistikbudgets in Abstimmung mit anderen Unternehmensbereichen

- permanentes Erfassen von Logistikleistungen und Logistikkosten

- Vergleichen der eigenen Logistikziele und Kennzahlen mit denen anderer Unternehmen (Benchmarking)

2.6.2 Instrumente

Um die oben genannten Aufgaben und Ziele des Logistik-Controllings umzusetzen, sind für die Praxis diverse Instrumente erforderlich. Dies sind in der Regel die bekannten Methoden, wie z. B. die Nutzwertanalyse. Abhängig von den Anforderungen setzen Unternehmen auch selbst entwickelte Instrumente ein wie individuelle Listen, Tabellen oder graphische Auswertungen, die mittels der gängigen Standardsoftware im Unternehmen leicht zu erstellen sind.

Informationen für das Logistik-Controlling stammen aus folgenden EDV-Systemen beziehungsweise Quellen:

- Lagerverwaltungssysteme

- Auftragsabwicklungssysteme

- integrierte Systeme, welche die komplette Prozesskette vom Angebot bis zur Fakturierung abdecken

- Anlagen- und Finanzbuchhaltung

- Einkauf, Entwicklung, Produktion und Vertrieb

- Qualitäts- und Umweltmanagement

- Kunde, Lieferant

- individuelle Aufzeichnungen

Neben den genannten Methoden erfordert ein funktionierendes Logistik-Controlling ein standardisiertes und einfach zu verstehendes Berichtswesen, verbunden mit einem regelmäßigen Reporting an die Entscheidungsträger im Unternehmen.

Bestandteil des Berichtswesens sind Schlüsselkennzahlen, die in verdichteter Form Auskunft über einen bestimmten Sachverhalt geben. Eine Logistikkennzahl komprimiert vorliegende Daten zu einer aussagefähigen Größe, die in Bezug zu den gesteckten Logistikzielen steht. Zu unterscheiden sind im Wesentlichen zwei Arten von Logistikkennzahlen:

- absolute Kennzahlen: Sie lassen sich direkt aus den Betriebsdaten entnehmen; Beispiel: Logistikkosten gesamt [Euro]

- Verhältniszahlen: Sie werden durch die Relation von Betriebsdaten gebildet; Beispiel: Anteil der Personalkosten an den Logistikkosten [%]

Diese vorwiegend finanzorientierten Kennzahlen sollten mithilfe einer Balanced Score Card (BSC) in Zusammenhang mit anderen Perspektiven auf das Unternehmen gebracht werden. Die BSC stellt neben den Finanzen hierbei Kennzahlen zu Kunden, Mitarbeitern und Prozessen dar. Vorteil dieser Methode ist der ganzheitliche Blick auf das Unternehmen mit den verankerten Zielen beziehungsweise Visionen. Wichtig ist jedoch, dass die BSC konzeptionell richtig eingeführt und ständig überarbeitet beziehungsweise aktualisiert wird.

2.6.3   Benchmarking

2.6.3.1   Begriffsabgrenzung

Der englische Begriff Benchmark bedeutet so viel wie „Höhenfestpunkt" beziehungsweise „Maßstab". Benchmarking ist ein kontinuierliches, systematisches Instrument, um Produkte, Dienstleistungen und Prozesse in und von Unternehmen zu messen, zu beurteilen und zu verbessern. Somit lassen sich branchengleiche Unternehmen mithilfe von Kennzahlen vergleichen und bewerten.

Auf der Grundlage von Kennzahlen werden Unternehmensleistungen vergleichbar und es lassen sich Rankings erstellen. Ziel und Orientierung bietet dabei das „klassenbeste" Unternehmen. Es stellt den Benchmark (Maßstab) für die anderen Unternehmen dar. Durch eine systematische Analyse werden die Erfolgsfaktoren, die zu dieser Führungsposition beigetragen haben, ermittelt und deren Eignung und Übertragbarkeit auf das eigene Unternehmen untersucht. Benchmarking kann auch unternehmensintern angewendet werden. So lassen sich z. B. Divisionen, Funktionsbereiche und Abteilungen einer Organisation miteinander vergleichen.

Einer der Hauptgründe für die Anwendung des Benchmarkings liegt in der Verbesserung der Organisation und der Entscheidungsgrundlage z. B. für Investitionen, Veränderungen von Produkten, Prozessen. Diese Entscheidungen hängen stark von der Kenntnis darüber ab,

■ wie das Unternehmen im Markt positioniert ist,

■ welche Leistungsfähigkeit beziehungsweise Potenziale vorliegen und

■ wie das Unternehmen im direkten Vergleich mit den Wettbewerbern abschneidet.

Nachfolgend werden einige Bereiche aufgeführt, in denen das Benchmarking bevorzugt Verwendung findet und die aus Sicht der Logistik von Bedeutung sind:

Strategische Unternehmensplanung

Die strategische Planung erfordert umfassende Marktkenntnisse, Kenntnisse über mögliche Aktivitäten der Wettbewerber, den Stand der Produktionstechnik und Dienstleistungen, über finanzielle Anforderungen an die Geschäftätigkeiten in den verschiedenen Märkten und über den Kundenstamm. Benchmarking ist ein sehr nützliches Managementinstrument, um für die strategische Planung Informationen zu sammeln. Die durch das Benchmarking ermittelten Informationen können wichtige Informationen für die Ausarbeitung von Unternehmensstrategien liefern und helfen, die Risiken einer Geschäftätigkeit in den Märkten aufzuspüren und zu reduzieren. Die Unternehmen werden durch Benchmarking mit den Vorgehensweisen und Strategien anderer Unternehmen konfrontiert.

Vertriebs- und Marketingplanung

Benchmarking-Informationen werden auch dazu benutzt, den Zustand des Marktes zu beurteilen und Marktpotenziale zu prognostizieren. Benchmarking ist eine Informationsquelle, die z. B. über die Stoßrichtung der Mitbewerber auf dem Markt, über Trends in der Entwicklung von Produkten und Dienstleistungen und über das Verbraucherverhalten Auskunft gibt. In vielen Industriezweigen wird der Kurs des eigenen Unternehmens von wenigen Großunternehmen beeinflusst. Mit einer Prognose der Tätigkeit dieser Unternehmen werden deren Wettbewerber und Zulieferer mit wichtigen Informationen über zukünftige Auswirkungen auf die eigene Geschäftsentwicklung versorgt. Anhand der Geschäftätigkeit von einigen wenigen Unternehmen beurteilen Industrieanalysen häufig die gesamte Marktrichtung.

Produktvergleiche

Dieses Benchmarking wird auch als Konkurrenz-Benchmarking bezeichnet. Die Produkte und Dienstleistungen der konkurrierenden Unternehmen werden systematisch und detailliert analysiert und mit dem Produkt oder der Dienstleistung des eigenen Unternehmens verglichen.

Prozess- und Methodenvergleiche entlang der Wertschöpfungskette

Durch das Sammeln von Informationen über die Prozesse und Methoden der Wettbewerber sollen Unterschiede zu anderen Unternehmen offengelegt sowie die Ursachen für die existierenden Unterschiede und Verbesserungsmöglichkeiten aufgezeigt werden.

Informationsquellen für das Benchmarking sind beispielsweise:

- Geschäftsberichte

- Werbe- und Verkaufsunterlagen, Messen

- Benchmarking-Börsen (z. B. von Universitäten und anderen Forschungseinrichtungen)

- Fachtagungen, Vorträge

- Studien, Forschungsberichte, Diplomarbeiten

- Verbände, Handelskammern

- Statistische Ämter

- Fachzeitschriften

In einigen Fällen wird Benchmarking auch als Projekt, an dem sich mehrere, meist branchenverschiedene Unternehmen beteiligen, durchgeführt. In diesem Fall sind die Ergebnisse nur bedingt vergleichbar beziehungsweise übertragbar. Da die Unternehmen nicht in einem direkten Wettbewerb stehen, ist jedoch die Bereitschaft der Unternehmen größer, detaillierte Informationen preiszugeben.

2.6.3.2   Best Practice/Best in Class

Best Practice bezeichnet die hinsichtlich Effektivität und Effizienz beste Lösung einer Branche, z. B. in den Bereichen Geschäftsprozess, Technikeinsatz (Software, Maschinen, Anlagen) oder Organisation (Produktionssystem, Distributionslogistik u. Ä.). Analog zu Benchmarking bietet die Betrachtung von Best-Practice-Unternehmen oder -Lösungen die Möglichkeit der eigenen Standortbestimmung und Generierung von Verbesserungspotential. Hierbei wird auch der Begriff Best in Class verwendet. Dieser wird für das Unternehmen verwendet, das hinsichtlich bestimmter Eigenschaften als bestes Unternehmen in der Branche gilt.

Best-Practice-Lösungen oder Best-in-Class-Unternehmen werden oftmals als Zielwerte für Verbesserungsprozesse eingesetzt.

2.6.3.3 Kennzahlen aus der Praxis

Das Benchmarking erfolgt auf der Grundlage von Kennzahlen. Für die Logistik stellt das Logistik-Controlling entsprechende Informationen zur Verfügung. Abhängig vom Untersuchungsgegenstand des Benchmarkings müssen Kennzahlen durch Sonderanalysen ermittelt werden. Es bietet sich an, die zu vergleichenden Logistikkennzahlen in A-, B- und C- Kennzahlen (Key Performance Indicators/KPI) zu unterteilen. Dies ermöglicht eine Strukturierung und erleichtert das systematische Vorgehen.

Nachfolgend werden Beispiele für Kennzahlen aus dem strategischen (= A), dispositiven (= B) und aus dem operativen (= C) Bereich aufgeführt:

A-Kennzahlen

$$\frac{\text{Gesamtlogistikkosten}}{\text{Gesamtkosten des Unternehmens}} \qquad \frac{\text{Logistikkosten des Werks}}{\text{Anzahl der Mitarbeiter der Werkslogistik}}$$

$$\frac{\text{Beschaffungskosten (Verwaltung)}}{\text{Gesamtbeschaffungsvolumen}} \qquad \frac{\text{Gesamtbeschaffungsvolumen}}{\text{Anzahl der Lieferanten}}$$

B-Kennzahlen

$$\frac{\text{Beschaffungskosten}}{\text{Einkaufsvolumen}} \qquad \frac{\text{Einkaufsvolumen}}{\text{Anzahl Einkaufsteile}}$$

$$\frac{\text{Bestandskosten}}{\text{Logistikkosten (Werk)}} \qquad \frac{\text{Kosten des innerbetrieblichen Transports}}{\text{Gesamtkosten (Werk)}}$$

C-Kennzahlen

$$\frac{\text{Warenannahmekosten gesamt}}{\text{Anzahl eingehender Sendungen}} \qquad \frac{\text{Wareneingangsvolumen per Bahn/LKW}}{\text{Gesamtbeschaffungsvolumen}}$$

$$\frac{\text{Anteil der Barcode-Lieferscheine}}{\text{Gesamtzahl der Lieferscheine}} \qquad \frac{\text{Summe der Lagerungskosten}}{\text{Logistikkosten}}$$

Teil 2

Beschaffung

1 Beschaffung als Grundfunktion unternehmerischen Handelns

1.1 Begriff und Bedeutung der Beschaffung

Bereits im ersten Kapitel wurde die Beschaffung als eine Funktion bezeichnet, die mit dem Bezug von Rohstoffen, Hilfs- und Betriebsstoffen, Anlagegütern und Dienstleistungen sowie Rechten verbunden ist. Der Begriff der Beschaffung wird mit dem Begriff des Einkaufs gleichgestellt.

Die Hauptaufgabe der Beschaffung im Industrieunternehmen besteht darin, Materialien und Teile nach den von der zuständigen Fachabteilung vorgegebenen Qualitätsvorschriften, zu günstigen Konditionen und zum richtigen Zeitpunkt einzukaufen, wodurch die termingerechte Produktion zu sichern ist. Dabei sind die Lagerbestände niedrig und die Verweildauer im Lager kurz zu halten. Weitere Aufgaben des Einkaufs sind die Analyse des Beschaffungsmarktes sowie die Aufbereitung und Weitergabe von Informationen an den Vertrieb. Eine wesentliche Aufgabe der Beschaffung ist die Umsetzung der Kundenwünsche auf dem Beschaffungsmarkt.

1.2 Aufgaben der Beschaffung

1.2.1 Hauptaufgabe

Wichtigste Aufgabe der Beschaffung ist es, die Hersteller auf dem Markt zu suchen und zu katalogisieren, welche die benötigten Materialien in gleichbleibender Qualität und zu günstigen Preisen bei pünktlicher Lieferung in der zugesagten Menge liefern können. Auch sollte der Hersteller in der Lage sein, seine Erzeugnisse qualitativ weiterzuentwickeln und wertanalytisch zu beurteilen.

1.2.2 Detailaufgaben

Folgende Detailaufgaben der Beschaffung gibt es:

- Durchführung der Beschaffungsmarktforschung, d. h. Sammeln, Analysieren, Aufbereiten und Weitergeben von Informationen für eine fundierte Einkaufsentscheidung

- Durchführung der Lieferantenauswahl, d. h. Auswahl der Lieferanten, die aufgrund der Informationen der Beschaffungsmarktforschung für eine Anfrage in Betracht kommen

- Festlegung des Bedarfs (Angabe, welcher Artikel wann, in welcher Menge und in welchem Zeitraum benötigt wird) und der Zahlungs- und Lieferkonditionen (Serien- oder Einzelfertigung)

- Zusammenstellen und Vergleichen der Angebote durch den Einkauf

- endgültiger Preisvergleich und Auswahl des Lieferanten, der bereit ist, zu günstigen Bedingungen und bei Zusicherung einer hohen Qualität termingerecht zu liefern

- Führen von Verhandlungen mit dem Ziel, nicht nur eine Senkung des Einkaufspreises durchzusetzen, sondern auch den Lieferanten langfristig (mittels geeigneter Verhandlungsstrategien) an sich zu binden

- Auslösen der Bestellung, d. h. Festlegung der Gesamtbestellmenge, eventuell Teillieferungen zu bestimmten Terminen (auf Abruf), Festlegung der Preise, der Art der Verpackung, der Garantie, weiterer Serviceleistungen und Ähnliches.

- Kontrolle der Bestellung, d. h. nötigenfalls Mahnen und In-Verzug-Setzen des Lieferanten, Überwachung der Lieferung

- Kontrolle nach Wareneingang, d. h. Wareneingangsprüfung, Qualitätskontrolle, Lieferanten- und Rechnungsprüfung

- Durchführen der Lieferantenbeurteilung

2 Beschaffungsmanagement

2.1 Ansatzpunkte

In den vergangenen Jahrzehnten ist die Bedeutung der Beschaffung im Unternehmen stark gestiegen. Spätestens seit dem Zeitpunkt, zu dem große Konzerne damit begonnen haben, geeignete Manager aus den Bereichen Materialwirtschaft oder Logistik in den Vorstand zu berufen, wird sichtbar, dass hier ein Umdenken im Gange ist.

Dieses Umdenken wurde dadurch beeinflusst, dass die Ratiopotenziale im Bereich der Produktion nur durch einen enormen Kapitaleinsatz verbessert werden können. Eine Erhöhung der Automatisierung hilft dabei, Material- und Personalressourcen effizienter einzusetzen und damit weiterhin wettbewerbsfähig zu bleiben. Sie bringt aber auch eine Abhängigkeit mit sich, da mehr Anlagen auch unabhängig vom Einsatz mehr fixe Kosten verursachen. Demgegenüber kann jedoch eine Automatisierung im Bereich des Lagers für mehr Flexibilität sorgen, wenn die Nutzungsmöglichkeiten hierdurch erweitert werden. Die Erhöhung der Kapitalintensität ist daher ein langfristiger Trend.

Zugleich sind aber im Materialbereich enorme Ergebnisverbesserungen zu erreichen, wenn diesem die entsprechende – logistische – Bedeutung zugestanden wird. Denn der Materialanteil beträgt ca. 30 % bis 60 % des Umsatzes, kann jedoch durch entsprechende Einkaufsstrategien beziehungsweise eine Verringerung der Fertigungstiefe verändert werden.

Es wird in Zukunft daher immer bedeutender, inwieweit die Teilbereiche Konstruktion und Entwicklung, Vertrieb, Produktion und Absatz mit dem Beschaffungsbereich – und damit auch dem Beschaffungsmarkt – konstruktiv zusammenarbeiten und miteinander kommunizieren.

2.2 Aufgaben der Beschaffung

Die wachsende Bedeutung der Beschaffung musste zu einem veränderten Selbstverständnis im Beschaffungswesen führen. Aus der früher üblichen Hilfsabteilung mit der Funktion eines Bestellbüros entwickelte sich die Beschaffung zu einem Bereich, der nicht nur einen wesentlichen Beitrag zur Wettbewerbsfähigkeit des Unternehmens leistet, sondern zusätzlich als Know-how-Drehscheibe die zukünftige Struktur der Unternehmen entscheidend prägt. Die Aufgabenschwerpunkte der Beschaffung liegen

- in der intensiven Beschaffungsmarktforschung,

- in der Ausweitung des internationalen Einkaufs,

- im Aufbau eines partnerschaftlichen Systems zur Lieferantenpflege,

- in der Realisierung und Pflege eines Kooperationsmanagements (Netzwerke),

- im verstärkten Einsatz integrierter EDV-Anwendungen,

- in der intensiven Nutzung des Internets, insbesondere elektronischer Marktplätze,

- in der stetigen Ausnutzung von Kostensenkungsmöglichkeiten zum Abbau der eigenen Fertigungstiefe mithilfe von Wertanalysen beziehungsweise Make-or-Buy-Analysen und

- in der intensiven Beratung der Funktionsbereiche Konstruktion und Entwicklung zur Bereinigung oder Reduzierung des Materialsortimentes.

Diese Aufzählung zeigt deutlich, dass die Anforderungen an die Beschaffung – im Vergleich zu jenen an den Einkäufer früherer Tage – drastisch gestiegen sind. Strebte der Einkäufer früherer Prägung lediglich nach einer Preisoptimierung, so hat die Beschaffung heute zusätzlich die Gewinnbeschaffung und den Know-how-Transfer vom Beschaffungsmarkt mit dem Ziel der Umsetzung von Kundenwünschen zur Aufgabe. Hierfür muss der Einkäufer zum Beschaffungsmanager ausgebildet werden, der aus seiner bisherigen Introversion und der Funktion als Preisdrücker heraustritt, zum kompetenten Manager wird und entsprechend aktiv das Umfeld der Beschaffung mit den vorgegebenen Zielen zu gestalten in der Lage ist.

2.3 Wege zum Beschaffungsmanagement

2.3.1 Aufgaben und Ziele

Die Zukunft und Leistungsfähigkeit der Unternehmen hängt davon ab, wie und ob es gelingt, neue Märkte und Lieferanten zu finden und die Versorgung der Unternehmen mit Material, Dienstleistungen und Know-how langfristig zu sichern. Die Stellung der Beschaffung im Unternehmen lässt sich an Art und Umfang der ihr übertragenen Aufgaben ablesen. Dabei kann man unterscheiden zwischen:

Unternehmen, in denen die Beschaffung eine operative Ausrichtung innehat.

Zur Berichterstattung dienen quantifizierbare Ziele, z. B.

- die Anzahl der Bestellungen,

- die Höhe der Bestände,

- die Höhe der Lieferbereitschaft,

- die Größe der Auftragsdurchlaufzeit und

- die Einsparungen bei Kostensenkungsmaßnahmen.

Unternehmen, in denen die Beschaffung in den strategischen Planungsprozess integriert ist.

Die Beschaffung ist hierbei in die Unternehmensplanung integriert. Zur Berichterstattung dienen verstärkt qualitative – logistische – Ziele, z. B.

- der Abbau der Fertigungstiefe zur Reduzierung der Durchlaufzeiten,

- die Reduzierung der Teilevielfalt,

- das Back Sourcing,

- die Nutzung des Lieferanten-Know-hows für die Konstruktion und Entwicklung zur Verkürzung der Entwicklungszeiten,

- die Mitwirkung bei der Verbesserung der Termintreue,

- der Aufbau eines partnerschaftlichen Verhältnisses zu den Lieferanten,

- die Erstellung von Risikoanalysen.

Angestrebt wird hier eine bereichsübergreifende (interdisziplinäre) Einbeziehung der Beschaffung in das Unternehmen, um strategische Ziele zu erreichen.

2.3.2 Sourcing-Strategien

Um die Ziele des Beschaffungsmanagements erreichen zu können, sind verschiedene Sourcing-Strategien, abgestimmt auf den jeweiligen Anwendungsfall, erforderlich.

Abbildung 2-1: Gliederungsmöglichkeiten der Beschaffungsstrategien

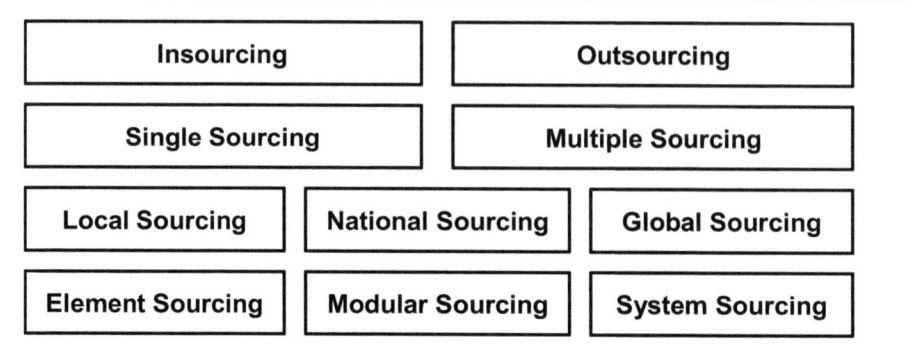

Insourcing

Insourcing bedeutet, dass Leistungsumfänge, die zunächst ausgelagert waren, in das Unternehmen reintegriert werden. Prozesse und Funktionen werden wieder in eigener Verantwortung durchgeführt, was die Abhängigkeit von externen Zulieferern verringert. Weitere Motive für das Insourcing:

■ Wirtschaftlichkeit für zunächst getätigtes Outsourcing ist nicht mehr gegeben

■ Anpassung des Geschäftsmodells an veränderte Rahmenbedingungen

■ Abhängigkeit von Zulieferern soll verringert werden

■ Wiederaufbau von Know-how im eigenen Unternehmen

Outsourcing

Das Auslagern von Teilprozessen des Unternehmens wird als Outsourcing bezeichnet. Dabei kann es sich sowohl um Teile der Produktion als auch um Dienstleistungen wie beispielsweise EDV oder Logistik (z. B. innerbetrieblicher/außerbetrieblicher Transport, Lagerhaltung) handeln. Das Unternehmen versucht auf diese Art, sich vermehrt auf Kernkompetenzen zu konzentrieren und gibt Bereiche, die auf dem Markt qualitativ hochwertig und kostengünstiger bearbeitet werden können, an externe Unternehmen ab. Die Probleme des Outsourcings werden im Abschnitt Make or Buy beim Fremdbezug ausgeführt.

Die Leistungen wiederum können sowohl von einem einzigen (Single Sourcing) als auch von mehreren Unternehmen (Double oder Multi Sourcing) erbracht werden.

Single Sourcing

Unter Single Sourcing versteht man die Konzentration auf eine Beschaffungsquelle. Das Unternehmen bezieht ein bestimmtes Einkaufsteil oder eine Dienstleistung von lediglich einem einzigen, und zwar dem leistungsfähigsten Lieferanten. Voraussetzungen für die Entscheidung ist eine 100%ige Qualitätssicherung durch den Lieferanten und die Möglichkeit der Just-in-Time-Belieferung.

Gründe dafür sind z. B.:

- günstigerer Preis durch erhöhtes Bestellvolumen

- gleichbleibende Qualität

- logistische Vorteile

- geringerer Bestellaufwand

Es besteht hierbei die Gefahr, dass der Marktbezug verloren geht und somit unter Umständen ein höherer als der aktuelle Marktpreis bezahlt wird. Ebenfalls bedenklich ist die entstehende Abhängigkeit, die sich bei Preisverhandlungen und Lieferschwierigkeiten negativ bemerkbar macht.

Double Sourcing/Multiple Sourcing

Das Double Sourcing ist ein Kompromiss zwischen den Vor- und Nachteilen des Single Sourcings. Das Einkaufsteil wird von zwei Lieferanten bezogen, wobei diese in einem permanenten Wettbewerb miteinander stehen. Der Lieferant, der zu günstigeren Konditionen anbietet oder die bessere Qualität liefert, erhält ein entsprechend höheres Auftragsvolumen. Dieses Verfahren kann auch mit mehreren Lieferanten durchgeführt werden (Multiple Sourcing).

Local Sourcing

Beim Local Sourcing kommt nur die lokale Region zur Beschaffung in Betracht. Das kann qualitative, natur- oder imagebedingte, aber auch wirtschaftliche Gründe haben.

National Sourcing

National Sourcing ist eine Höherstufung des Local Sourcings, wobei neben den genannten Gründen noch gesetzliche Vorgaben einen Einfluss haben können. Im europäischen Wirtschaftsraum ist durch die Vereinfachung des länderübergreifenden Handels das National Sourcing auch als European Sourcing zu sehen, wobei die Transportdistanzen hierbei nicht zu unterschätzen sind.

Global Sourcing

Das Global Sourcing wird als eine systematische Ausdehnung der Beschaffungspolitik auf internationale Beschaffungsquellen unter strategischer Ausrichtung verstanden. Es impliziert automatisch eine gewisse Streuung der Beschaffungsquellen. Das Ziel besteht darin, die im eigenen Land knappen beziehungsweise nicht vorhandenen oder zu teuren Güter, Dienstleistungen oder Verarbeitungskapazitäten in der gewünschten Qualität und Menge preisgünstig und termingerecht im Ausland zu beziehen.

Voraussetzungen:

- Handels- und Rechtssicherheit sowie politische Stabilität sind äußere beziehungsweise externe Grundvoraussetzungen für eine internationale Beschaffung.

- Innerhalb des Unternehmens sind organisatorische Veränderungen – z. B. der Aufbau einer zentralen Arbeitsgruppe (Task Force) „Beschaffung" mit weltweiter Verantwortung – erforderlich, um den neuen Anforderungen an die Beschaffung gerecht zu werden.

- Der Aufbau einer spezifischen und datentechnischen Infrastruktur ist die Basis für die Funktionsfähigkeit der immer komplexer werdenden logistischen Kette.

- Bei den Mitarbeitern werden ein umfassendes Know-how-Potenzial hinsichtlich der Technik und des Marktes, der Fähigkeit zur Zusammenarbeit mit anderen Unternehmensbereichen sowie ein leistungsorientiertes Managementverhalten auf der Führungsebene vorausgesetzt.

Das Global Sourcing erfordert eine geplante, systematische und methodische Beschaffungsmarktforschung auf den Weltmärkten. Hier müssen systematisch Informationen über die Bedingungen und Vorgänge auf den für die jeweilige Unternehmung relevanten Beschaffungsmärkten erfasst, aufbereitet und bereitgestellt werden. Die Quellen für die Informationsbeschaffung werden nach ihrer Qualität in Primär- und Sekundärquellen unterteilt. Die Sekundärforschung greift auf bestehende Daten zurück, während die Primärforschung zunächst originäres Material erheben muss. Aufgrund der hohen Kosten für die Ermittlung von Primärdaten greifen viele Unternehmen auf Sekundärdaten zurück, was jedoch Risiken birgt.

Folgende Chancen eröffnen sich dem Unternehmen durch das Global Sourcing:

- Kosteneinsparungen: Der Preisvorteil gegenüber den inländischen Anbietern gilt als überragendes Motiv für den internationalen Einkauf. Hierbei spielen nicht nur die niedrigen Lohn- und Sozialkosten, sondern auch Kosten der Energie, der Rohstoffe, des Lagerns und der Unternehmensbesteuerung eine sehr große Rolle.

- Sicherung neuer Bezugsquellen: Um die Beschaffungsquellen auf Dauer zu sichern, ist es notwendig, sich rechtzeitig mit der Erschließung neuer Lieferantenmärkte zu beschäftigen. Durch die Ausdehnung der internationalen Beschaffungsaktivitäten können bei erfolgreicher Vertiefung der Kontakte zusätzlich neue Absatzmärkte entstehen.

- Größere Produktpalette: Nicht nur für die Unternehmen bieten sich im Einkauf größere Produktdifferenzierungen in Preis, Qualität und Menge, sondern auch den Verbrauchern stehen größere Güter- und Produktpaletten offen.

■ Partnerschaft als Grundstrategie – Joint Venture: Durch eine enge Zusammenarbeit zwischen Zulieferer und Abnehmer kann sich eine Partnerschaft entwickeln, die das gemeinsame wirtschaftliche Überleben garantiert. Eine häufig in der Praxis gewählte Kooperationsform stellt das Joint-Venture-Unternehmensrahmenmodell dar, das den Einstieg in die ausländischen Märkte erleichtert. Zudem wird diese Kooperationsform oftmals von den Regierungsstellen der ausländischen Beschaffungsmärkte vorgeschrieben, um von den Technologien (z. B. über die Vergabe von Lizenzen) der Hightech-Länder profitieren zu können.

■ Produktion im Ausland: Eine optimale Nutzung der spezifischen Vorteile internationaler Standorte bietet das Global Outsourcing. Hersteller und Zulieferer kombinieren ihren Internationalisierungsdrang und schaffen somit eine wettbewerbsfähige Grundlage für eine zukünftige Zusammenarbeit (Aufbau von sogenannten Transplants beziehungsweise Fabriken in Übersee). Demnach induziert der Trend zur Reduzierung der Fertigungstiefe die Entwicklung strategischer Global-Outsourcing-Programme der Hersteller.

Das Global Sourcing birgt jedoch auch eine große Zahl an Risiken:

■ Die Kosten des Global Sourcings werden oft unterschätzt. Um solche Fehler zu vermeiden, ist darauf zu achten, dass bei der Planung frühzeitig alle Kostenbestandteile erfasst und diese auch nach Abschluss laufend überprüft werden. Dies kann nur mithilfe interdisziplinärer und unternehmensüber-greifender Projektteams realisiert werden.

■ Durch die Auslandsanlieferung treten verstärkt Termin- und Transportprobleme auf. Eine produktionssynchrone Anlieferung ist kaum mehr möglich. Diese logistischen Probleme müssen zunächst durch höhere Lager- und Sicherheitsbestände und damit durch höhere Kapitalbindungskosten ausgeglichen werden.

■ Das Qualitätsbewusstsein in anderen Ländern unterliegt oft ganz anderen Voraussetzungen und kann mit hiesigen Maßstäben nicht immer verglichen werden. Auch unterschiedliche Normen, Gewichts- und Längenmaße erschweren die Zusammenarbeit.

■ Weitere Hemmnisse können fremde Sprachen und Kulturen, politische Systeme und komplexe Rechts-, Steuer- und Wirtschaftsgrundlagen darstellen.

Diese Risiken können unter dem Thema Transaktionskosten zusammengefasst werden. Diese gilt es bei Beschaffungsentscheidungen zum Global Sourcing mit in die Betrachtung einzubinden.

Element Sourcing

Das Element Sourcing umfasst die Beschaffung von Material, eines Teils beziehungsweise einer Funktionsgruppe, die einer Weiterbearbeitung bedürfen. Kürzere Innovationszyklen, eine ständig steigende Komplexität der Produkte und Prozesse sowie ein rasanter Technologiewandel zwingen Unternehmen verstärkt dazu, Modul- oder Systemlieferanten aufzubauen. Die Unterscheidung zwischen Modul- und Systemlieferanten ist nicht immer eindeutig. Eine einheitliche Definition ist derzeit in der Literatur nicht gegeben, deshalb muss eine an der Praxis orientierte Begriffsbestimmung für beide Lieferantenstufen genügen.

Modular Sourcing

Beim Modular Sourcing liefert der sogenannte Modullieferant eine mehrteilige einbaufähige Funktionsgruppe (Baugruppe) komplexer Struktur, die aus verschiedenen Komponenten und Standardteilen besteht, und die funktional nicht abgrenzbar ist. Beispiele hierzu sind der Unterbau für Autositze, Fahrwerks- und Antriebseinheiten (Bremsanlagen, Dämpfungssysteme), Armaturentafel u. Ä. Der Modullieferant wird innerhalb der Lieferantenpyramide (Organisationsstrukturform aus Sicht der Automobilhersteller) als Lieferant zweiten Grades bezeichnet.

System Sourcing

Beim System Sourcing agiert der Lieferant als Zulieferer von komplex strukturierten Baugruppen beziehungsweise Teile-/Funktionskonfigurationen höchster Ordnung, die aus mehrteiligen Funktionsgruppen gefertigt sind. Dabei unterscheiden sie sich gegenüber den Modulen mithilfe nachfolgender Kriterien beziehungsweise Spezifikationen:

- Komplexitäts- und Integrationsgrad
- Innovationsgrad
- klare und eindeutige Abgrenzung der Funktionsweise

Systeme können am Beispiel des Automobils vorgestellt werden. Zu den Systemen zählen z. B. der komplette Motor, die gesamte Innenausstattung, der Autositz inklusive Unterbau, das Getriebe oder auch die Fahrwerks- und Lenkungssysteme. Als Lieferant ersten Grades nimmt der Systemlieferant die höchste Stufe in der Lieferantenstruktur ein.

Das Hauptmerkmal des Bezuges von Modulen oder Systemen ist, dass ein Großteil der Verantwortung an den Lieferanten abgegeben wird. Der Lieferant ist verantwortlich für die Planung, Entwicklung, Beschaffung, Qualität, Kosten, Produktion und die Lieferung des ihm übertragenen Teil- beziehungsweise Subsystems.

Dadurch wird der Lieferant für die Optimierung seines Teilsystems verantwortlich, während das Unternehmen für die Integration, die Erprobung und die Qualität der gelieferten Teilsysteme im Gesamtsystem verantwortlich ist.

Vorteile:

- Der Entwicklungsaufwand kann auf den Lieferanten abgewälzt werden.
- Know-how und funktionale Potenziale der Zulieferer können genutzt werden.

- Die Anzahl der direkt zu betreuenden Lieferanten kann reduziert werden. Dadurch reduzieren sich die Transaktionskosten.

- Durch die Verminderung der Lieferantenstufen kann verstärkt auf die einzelnen Modul- und Systemlieferanten eingegangen werden.

- Teilweise erfolgt eine Risikoabwälzung auf den Lieferanten.

Nachteile:

- Es entsteht eine große Abhängigkeit des Unternehmens von den Modul- und Systemlieferanten, da ein Lieferantenwechsel nur sehr schwer möglich ist.

- Das Unternehmen verliert Know-how-Potenziale, da die Entwicklung, Beschaffung und Produktion an den Lieferanten abgegeben wurden.

- Die Weitergabe von eigenem spezifischem Know-how an den Lieferanten birgt Risiken.

Die Entscheidung für den Aufbau eines Systemlieferanten muss frühzeitig und gut vorbereitet werden, da ein Wechsel meist nur möglich ist, wenn das Produkt vom Markt genommen wird. Zudem muss der Lieferant u. a. das Vertrauen des Unternehmens genießen, Innovationspotenziale und ein kompetentes Finanzmanagement vorweisen sowie ein hohes Qualitätsniveau seines Geschäftsprozesses beziehungsweise seiner Teilprozesse unter Beweis stellen können.

2.3.3 Internationalisierung der Beschaffung

Für viele Unternehmen wird es immer schwieriger, auf dem nationalen Beschaffungsmarkt Lieferanten zu finden, die die notwendigen Voraussetzungen wie zum Beispiel Kapazitäten, Kosten, Qualität, Kommunikationseinbindung und JIT-Anlieferung mitbringen. Daraus folgt die Notwendigkeit, auf internationalen Beschaffungsmärkten aktiv zu werden, um die Wettbewerbsfähigkeit des Unternehmens – und damit die vorhandenen Arbeitsplätze – langfristig zu sichern. Weitere Gründe für eine internationale Beschaffung können sein:

- Preis

- Know-how

- Verfügbarkeit/Kapazitäten

- Gesetzgebungen (Local-Content-Vorgaben bei internationaler Produktion)

- Notwendigkeit von Gegengeschäften

- Beschaffungsmarkt ist gleich dem Absatzmarkt

■ Grad der Lieferantenintegration

In den letzten Jahren ist ein klarer Trend zur Globalisierung der Märkte und damit einhergehend die Internationalisierung der Unternehmen erkennbar. Zurückzuführen ist dies u. a. auf die Liberalisierung der Güter-, Kapital- und Personalmärkte sowie auf die deutliche Leistungssteigerung bei Logistik- und Kommunikationsunternehmen. Zu sehen ist der Trend auch am Zusammenschluss internationaler Großkonzerne (z. B. EADS, Volkswagen AG).

Die logische Konsequenz daraus ist, dass der internationale Beschaffungsmarkt und damit das Global Sourcing, das Worldwide Sourcing, noch stärker als bisher in die strategischen Beschaffungsüberlegungen einbezogen werden muss. Dabei darf nicht übersehen werden, dass die Beschaffung auf internationalen Märkten nicht ohne Auswirkungen auf die einheimischen Zulieferunternehmen und die der Lieferländer ist. Nicht nur der Konzentrationsprozess innerhalb der einheimischen Industrie wird dadurch gefördert; verstärkt hat sich auch die Notwendigkeit, Fragen des Umweltschutzes mit in die Lieferbeziehungen zu integrieren.

2.3.4   Lieferantenmanagement

Die Veränderung vom Einkäufer zum Beschaffungsmanager erfordert entsprechend auch ein umfassendes Lieferantenmanagement. Der Lieferant soll Standards des Unternehmens übernehmen und damit den Material- und Informationsfluss in der Supply Chain erleichtern. Dies gelingt nur bei einer engen Verzahnung beider Unternehmen und guter Pflege des Lieferanten. Da hierfür ein entsprechender Aufwand erbracht wird, steigt die Lieferantenintegration antiproportional zur Anzahl der Lieferanten.

Neben regelmäßiger, auch informeller Kommunikation sind für die Integration folgende Punkte relevant:

■ Workshops, Schulungen

■ Lieferantentage

■ Simultaneous Engineering

Workshops beziehungsweise Schulungen helfen u. a. dabei, Lieferanten mit den gesetzten Standards vertraut zu machen, sowohl auf der operativen Ebene als auch auf der des Managements.

Lieferantentage sind Veranstaltungen mit Marktpartnern zur Abstimmung der Zusammenarbeit. Zum einen gibt es Einkaufsveranstaltungen mit einem wichtigen Lieferanten und zum anderen Seminare des Einkaufs, zu denen mehrere Lieferanten eingeladen werden. Generell gilt, dass Lieferantentage nur für wichtige Lieferanten abgehalten werden. Sie ermöglichen einen Informationsaustausch auf gleicher Ebene.

Dem Lieferanten werden die Zukunftspläne des Unternehmens erläutert, man erklärt ihm die Beschaffungspolitik und -ziele und die daraus abgeleiteten Erwartungen, die an ihn gestellt werden. Auch der Anbieter hat die Möglichkeit, seine technischen Neuheiten, Strategien und Vorstellungen darzulegen. Zusätzlich werden lieferantenspezifische Probleme besprochen. Die Kommunikation und das Wachsen des Vertrauensverhältnisses der Geschäftspartner stehen dabei eindeutig im Vordergrund.

Werden Entwicklungen in Zusammenarbeit mit dem Lieferanten unternommen, so spricht man vom Simultaneous Engineering. Diese Kooperation kann sich sowohl auf Teilelieferanten des später erzeugten Produkts als auch auf die reine Entwicklungsarbeit beschränken und hat eine hohe strategische Bedeutung, weshalb dieses Thema an anderer Stelle vertieft werden soll.

Das Ziel des Lieferantenmanagements ist es, die partnerschaftlichen Beziehungen zu intensivieren. Aufgrund der sich ändernden Anforderungen an den Markt muss über neue Strategien der intensiven Zusammenarbeit mit den Lieferanten nachgedacht werden, um zu einer längerfristigen, für beide Seiten erfolgreichen Kooperation zu gelangen und Netzwerke aufzubauen. Die Lieferanten sollten in die betrieblichen Abläufe der Produktion, Konstruktion und Entwicklung frühzeitig gedanklich eingebunden werden, um so möglichst viel Know-how in kürzester Zeit in das eigene Unternehmen transferieren zu können.

2.3.5 Informationen ersetzen Bestände

Da der Materialbereich einer der wesentlichen Kostenverursacher im Unternehmen ist, müssen zwingend Strategien für die Optimierung des Waren- und Informationsflusses in den betrieblichen Bereichen Materialeinkauf, Materialdisposition und Materialverwaltung entwickelt werden. Ziel ist es, die Kosten zu reduzieren, ohne dass dadurch die Versorgung der Produktion mit Teilen gefährdet wäre.

In Zukunft wird sich der Trend noch verstärken, operative und dispositive Aufgaben des Materialeinkaufs, der Materialdisposition und insbesondere der Materialverwaltung auf Dienstleister – in der Regel Spediteure oder technische Großhändler – zu übertragen. Industrieunternehmen haben schon immer versucht, ihre Lagerbestände auf ein Minimum zu reduzieren. Doch aus Kommunikationsgründen war es notwendig, Bestände sowohl beim Lieferanten, dem Abnehmer als auch beim Kunden zu halten. Demnach führten Schnittstellenprobleme zu Beständen.

Der Einsatz von Informations- und Kommunikationstechnologien ermöglicht es, die Waren- und Materialflussströme und damit die Bestände weiter zu optimieren. Hohe Bestände innerhalb der Versorgungskette Lieferant–Abnehmer–Kunde sind ein Indiz für mangelhafte Kommunikation und einen unzureichenden Informationsaustausch der beteiligten Partner.

Ein integriertes Konzept sollte sich an den folgenden Zielen orientieren:

- Die Anlieferung der einzelnen Teile oder Baugruppen muss direkt an den Verbrauchsort erfolgen.

- Die Anlieferung sollte in geeigneten Ladehilfsmitteln oder Verpackungsformen erfolgen, sodass möglichst geringe Handlingkosten anfallen.

- Der Zulieferer sollte nicht nur die Liefereinteilung selbständig übernehmen, er sollte auch in der Lage sein, z. B. im C-Teilebereich eigenständig die Lieferantenauswahl und die Bevorratung zu übernehmen. Damit werden nicht nur Aufgaben der Lagerhaltung, sondern auch Verwaltungsaufgaben an den Lieferanten übertragen.

2.4   Strategische Bedeutung

2.4.1   Make or Buy

Eine klassische Aufgabe für die Beschaffung von produzierenden Unternehmen ist die Frage: Eigenfertigung oder Fremdbezug? Bei dieser Entscheidung (Make or Buy) geht es darum, ob es kostengünstiger und damit finanziell lohnender ist, diese von Lieferanten herstellen zu lassen und anzukaufen (Fremdbezug), oder ob die Komponenten des Produktspektrums im eigenen Unternehmen produziert werden sollen (Eigenproduktion). Der Trend geht je nach konjunktureller Marktsituation in die eine oder andere Richtung. Beeinflusst wird die Entscheidung auch dadurch, inwieweit das Unternehmen den Ansatz der schlanken Produktion (Lean Production) unterstützt. Durch einen möglichen Wechsel zum Fremdbezug bleibt ein interner Optimierungsdruck, der dazu anregt, dass die Produktion eigenverantwortlich stetige Verbesserungen sucht. Da der Fremdbezug sich meist auf Komponenten- und Teileniveau bewegt, bringt er einen Abbau der Fertigungstiefe mit sich. Daher ist es erforderlich, leistungsfähige Versorgungsketten aufzubauen, sodass dieser Schritt in Summe keine oder nur positive Auswirkungen auf nachgelagerte Produktionsschritte hat.

Eine solche Versorgungskette umfasst die Zulieferer, die Funktionsbereiche Entwicklung/Konstruktion, Materialwirtschaft, Produktion, Vertrieb und den Abnehmer. In der Vergangenheit mangelte es häufig an durchgängigen Logistiksystemen, die eine klare und umfassende Reduzierung der Fertigungstiefe hätten ermöglichen können. Der Material- wie auch der Warenfluss war starr auf das eigene Unternehmen konzentriert. Ein notwendiger Abstimmungsprozess unterblieb beziehungsweise konnte nur mit einem hohen Aufwand durchgeführt werden. Der Zulieferer übergab das Material laut seiner Liefereinteilung an den Spediteur, der es zum Empfängerwerk brachte. Dort wurde es vereinnahmt, transportiert, gelagert, kommissioniert, transportiert und schließlich bearbeitet.

Eine derartige logistische Kette ist geprägt von einem hohen Handlingsaufwand, einem hohen und komplizierten Abstimmungs- und Koordinationsbedarf sowie einem großen Bedarf an Lager- und Umschlagsflächen. Ein weiterer Nachteil ist die mangelnde Flexibilität des Systems. Häufig besaßen die Kommunikationsschnittstellen zwischen Zulieferern und Abnehmern ein technisch niedriges Niveau. Der Informationsaustausch fand fast ausschließlich mit Telefax oder individualisierten Dateien (Excel-Formate) statt, wodurch Wünsche nach Schnelligkeit und Qualität des Datenaustausches nicht befriedigt werden konnten. Auch konzentrierte sich jeder der Partner nach Unterzeichnung des Liefervertrages wieder auf sein Unternehmen. Ein permanenter Abstimmungsprozess, der eigentlich hätte erfolgen sollen, unterblieb. Die Werksgrenzen bildeten gleichzeitig auch weitgehend die Informationsgrenzen. Die regelmäßige Einbeziehung des Zulieferers in die logistischen Bereiche des Herstellers fand nicht statt.

Durch die Make-or-Buy-Analyse wird festgelegt, ob der Unternehmer bestimmte Produkte oder Teile (weiterhin) selbst fertigt, oder vom Markt bezieht. Make-or-Buy-Entscheidungen müssen im Unternehmen einen angemessenen Stellenwert einnehmen, da sie von strategischer Bedeutung sind. Die hohe Aktualität des Themas resultiert aus folgenden Gründen:

- generelle Spezialisierungstendenz

- zunehmende Kapitalintensität der Produktion

- Einbeziehung neuer, internationaler Beschaffungsmärkte (Global Sourcing)

- Kostenoptimierung wegen des zunehmenden Wettbewerbsdrucks

Zunächst muss eine sinnvolle Unterscheidung zwischen ausgliederbaren und nicht ausgliederbaren Teilleistungen erfolgen. Bei den sich ergebenden, als geeignet erscheinenden Teilleistungen sind die Vor- und Nachteile abzuwägen. Allerdings ist eine ausschließlich an Kostenargumenten orientierte Entscheidung nicht möglich, da die Bestimmungsgründe teils qualitativen, teils quantitativen Charakter haben. Optimal ist es, die Make-or-Buy-Entscheidungen laufend zu hinterfragen und zu überprüfen, was unternehmerischen Weitblick und damit ganzheitliche Lösungskonzepte für das jeweilige Unternehmen erfordert.

Richtungsweisend für die Entscheidungsfindung bei einer Make-or-Buy-Analyse sind die Unternehmensziele. Es muss beispielsweise geklärt werden, ob das Unternehmen die Sicherung der Arbeitsplätze oder die Gewinnmaximierung als Unternehmensziel anvisiert. So sind z. B. bei einem aus Kostengründen angestrebten Abbau der Fertigungstiefe Arbeitsplätze in Gefahr und es werden zumeist Know-how-Potenziale abgegeben.

2.4.2 Lieferanteneinbeziehung in die Konstruktion und Entwicklung

Mit der Integration der Beschaffung in die Logistik werden Kreativität, Innovationsfähigkeit sowie das Know-how des Lieferanten und der Vorteil seiner Spezialisierung mit in den Gesamtprozess eingebunden sowie vorteilhafte Einflüsse auf den laufenden betrieblichen Leistungsprozess sichergestellt.

Als Schnittstelle zwischen Lieferant und eigener Produktion funktioniert die Beschaffung als Know-how-Drehscheibe. Eigenes Know-how wird an die Lieferanten weitergegeben und Lieferanten-Know-how kommt dem eigenen Unternehmen zugute. Über eine partnerschaftliche Zusammenarbeit wird die Kostensituation für beide Marktpartner verbessert. Wegen der stark wachsenden Entwicklungskosten, immer kürzerer Produktlebenszyklen und notwendiger kürzerer Innovationszeiten muss der Bereich Konstruktion und Entwicklung Lösungen finden, wie die dabei entstehenden Kosten und auch die Entwicklungszeiten reduziert werden können. Und dies bei der gleichzeitigen Steigerung insbesondere der logistischen Anforderungen in Bezug auf Qualität, Herstellungskosten und Anlieferung der Teile oder Baugruppen.

Ein Ansatzpunkt ist, in der Entwicklung von Eigenfertigungs- und Zukaufteilen die Zusammenarbeit zwischen Abnehmer und Lieferant zu verstärken, man spricht hier vom Simultaneous Engineering. Begünstigt durch die zunehmende Spezialisierung sowie die hohe Flexibilität, verfügt der Lieferant oftmals über ein besseres Know-how als der Abnehmer. Ist man gewillt, den Lieferanten in die Konstruktion und Entwicklung einzubeziehen, so ergeben sich für den Abnehmer Vor- und Nachteile.

Vorteile:

■ Kostenreduktion im Bereich Forschung und Entwicklung

■ frühes Erkennen fehlerhafter Entwicklungstendenzen

■ größere Zeitpuffer für den Qualitätsanpassungsprozess

■ Verminderung der Fertigungstiefe und Reduzierung der Durchlaufzeit

■ Know-how-Transfer vom Lieferanten zum Produzenten

■ erhöhtes Lieferanteninteresse an Produkt- und Qualitätsverbesserungen

■ Steigerung der Informationsqualität und damit Beschleunigung der Entscheidungsprozesse

■ Synergien durch die Kooperation

Nachteile:

■ Abhängigkeit des Produzenten vom Lieferanten

■ Unsicherheit bei der Lieferbereitschaft

- Gefahr, dass Wettbewerbsunternehmen sich einen Vorteil verschaffen können, weil Entwicklungsaufträge frühzeitig außer Haus gegeben werden

- hohe Investitionen für den Aufbau beziehungsweise die Einbindung in bestehende Kommunikationssysteme sind erforderlich

Bevor jedoch derartige Vereinbarungen mit Lieferanten abgeschlossen werden, sollte von der Beschaffung ein detailliertes Konzept erarbeitet werden, das die gegenseitigen Anforderungen definiert.

Anforderungen an den Lieferanten beim Simultaneous Engineering:

- Er muss eine hohe Innovationsfähigkeit in der Entwicklung neuer Produkte und Produktionsverfahren besitzen, um langfristig auf dem Markt konkurrenzfähig zu bleiben.

- Er benötigt moderne, rationelle und flexible Produktionsanlagen mit einem hohen Technologiestandard zur Gewährleistung einer wirtschaftlichen Produktion der zu liefernden Teile.

- Die Produktion ausreichender Mengen muss sichergestellt sein, um den schwankenden Bedarf des Abnehmers jederzeit befriedigen zu können.

- Er muss die gefertigten Bauteile und Baugruppen in einer hohen, gleichbleibenden Qualität liefern, um Nachbearbeitungen beim Abnehmer zu vermeiden sowie eine problemlose Montage zum Fertigungsprodukt zu garantieren.

- Er muss ein überzeugendes Logistikkonzept besitzen, d. h. die gegenseitige Einbindung in die Planung und Steuerung der jeweiligen Systeme muss gewährleistet sein.

- Die Produktion muss in kleinen Losen erfolgen, um die Lagerbestände beim Abnehmer und im eigenen Unternehmen möglichst niedrig zu halten beziehungsweise dem Kunden die Produktion von Kleinserien zu ermöglichen.

- Der Lieferant muss die Bereitschaft zur Sonderanfertigung von Bauteilen und Baugruppen haben, um dem Abnehmer auch spezielle Kundenwünsche erfüllen zu können.

- Feste Liefertermine müssen garantiert werden, um dem Abnehmer eine auftragsbezogene Produktion mit kurzen Lieferzeiten gegenüber seinen Kunden zu ermöglichen.

- Seine wirtschaftliche Stellung muss gesichert sein, um eine fundierte, langfristig orientierte Zusammenarbeit mit dem Partner zu garantieren.

- Er muss integrierte EDV-Anwendungen zur Auftragsabwicklung, Bestandspflege und leistungsfähige Kommunikationssysteme zur Informations- und Datenübertragung nutzen.

Anforderungen an den Abnehmer selbst :

■ Er muss bereit sein, den Lieferanten frühzeitig in die Konstruktion und Entwicklung einzubinden.

■ Eventuell muss er den Lieferanten bei der Installation von EDV-Anwendungen und Kommunikationssystemen unterstützen oder diese bereitstellen.

■ Er muss die Bereitschaft zu aktiver Zusammenarbeit und damit zum Know-how-Transfer besitzen.

■ Er muss eine neutrale und objektive Kosten-Nutzen-Analyse durchführen, um die Chancen einer partnerschaftlichen Zulieferung erkennen zu können.

In der Praxis wird diese Art der Zusammenarbeit zwischen Lieferant und Abnehmer schon in vielen Bereichen, z. B. bei sogenannten Systempartnerschaften in der Automobilindustrie, praktiziert. Durch eine partnerschaftliche Zusammenarbeit wird erreicht, dass aus einem Preiswettbewerb ein Leistungswettbewerb wird, wobei neben dem Preis ebenso die Leistung des Lieferanten hinsichtlich seines Know-hows, seiner Maßnahmen zur Qualitätssicherung, der Innovationsfähigkeit und der Kommunikationsmöglichkeiten in die Kalkulationen/Überlegungen einbezogen werden müssen.

Mit den neuen Wegen, die in der Logistik demnächst beschritten werden, stirbt der Einkäufer alter Zeiten aus. An seine Stelle tritt der qualifizierte, kreative und bereichsübergreifende Beschaffungsmanager. Seine logistischen Kenntnisse, die er zum Nutzen aller Unternehmensteile einbringt, sind die Garantie für eine Verbesserung der Wettbewerbsfähigkeit der Unternehmen. Ein leistungsfähiger Beschaffungsbereich ist der erste Schritt zu einer Optimierung der Input-Seite eines Unternehmens. Die zunehmende Bedeutung der Beschaffung erfordert verstärkt qualifizierte Weiterbildungsmaßnahmen. Das Erkennen logistischer Zusammenhänge bildet die Grundlage für ein erfolgreiches Beschaffungsmanagement im Unternehmen.

3 Beschaffungsmarketing und Beschaffungsmarktforschung

3.1 Begriffsbestimmungen

Das Beschaffungsmarketing ist ebenso wie das Absatzmarketing ein strategisches Instrument zur Analyse und Beeinflussung des Marktes. Es kann als ein Instrument der Rationalisierung bezeichnet werden, denn es hilft, Risiken und Fehlleistungen bei der Beschaffung zu vermeiden.

Unter Beschaffungsmarketing werden diejenigen Aktivitäten verstanden, die darauf ausgerichtet sind, den Beschaffungsmarkt auf der Basis aller relevanten Informationen entsprechend den eigenen Zielvorstellungen zu gestalten. Aus den Erkenntnissen der Beschaffungsmarktforschung werden die betriebsspezifischen Beschaffungsstrategien entwickelt, sodass ein fehlerloser und produktionsgerechter Einkauf erfolgen kann.

Die Beschaffungsmarktforschung ist die zielgerichtete, systematische und methodische Erfassung der Vorgänge auf den Beschaffungsmärkten eines Unternehmens.

Grundvoraussetzung für ein erfolgreiches Beschaffungskonzept ist die Ausarbeitung und Festlegung einer betriebsspezifischen Beschaffungspolitik. Hierbei können u. a. folgende Teilziele angestrebt werden:

- Aufbau eines langfristigen Beschaffungskonzeptes

- Aufbau eines Beschaffungsmarketings und einer Beschaffungsmarktforschung

- Optimierung des Wertschöpfungsprozesses

- bestandsarme Warenbereitstellung für die Produktion

- Abbau der Fertigungstiefe durch Baugruppenbeschaffung

- stärkere internationale Ausweitung des Beschaffungsmarktes

- verstärkte partnerschaftliche Zusammenarbeit mit den Zulieferern, wie z. B. Simultaneous Engineering

3.2   Beschaffungsmarketing

3.2.1   Anspruch und Struktur

Das Beschaffungsmarketing wird heute als marktorientierte Managementphilosophie unternehmerischen Agierens verstanden. Man reagiert nicht nur auf Entwicklungen des Marktes, sondern versucht, durch eine systematische, methodische und kreative Vorgehensweise den Markt zu beeinflussen. Das Beschaffungsmarketing besitzt damit eine strategische Komponente und sollte deshalb in die Gesamtstrategie eines Unternehmens integriert werden.

Die Hauptaugenmerke des Beschaffungsmarketings liegen in folgenden Bereichen:

■ **Lieferantenorientierung:** Die Einkäufer eines Unternehmens müssen ihre Position zu den Lieferanten neu überdenken, d. h. es erfolgt eine Orientierung hin zum Lieferanten mit dem Ziel, dessen Interesse für das beschaffende Unternehmen zu wecken.

■ **Kreativität:** Die Beschaffung sollte sich von ihren alltäglichen Routinearbeiten lösen, denn das Beschaffungsmarketing verlangt mehr aktives Handeln sowie interdisziplinäres und kreatives Denken.

■ **Strategische und systematische Entscheidungsfindung:** Innerhalb des Beschaffungsbereiches dürfen keine Entscheidungen mehr gefällt werden, ohne entsprechende Alternativen im Voraus zu berücksichtigen. Darüber hinaus sollten sämtliche Aktivitäten sorgfältig geplant sein und sich an den Zielsetzungen sowie an der eingeschlagenen Grundstrategie der Unternehmung orientieren.

■ **Konzeptionelle Vorgehensweise und betriebliche Koordination:** Innerhalb des Beschaffungsbereiches sind alle marktbezogenen Ziele und Maßnahmen (Marketinginstrumente) für die optimale Lösung aufeinander abzustimmen, damit ein einheitliches Marketingkonzept (Marketing-Mix) entsteht. Insbesondere kann die Realisierung eines wirkungsvollen Beschaffungsmarketings nur durch entsprechend qualifizierte Fachkräfte und mittels einer zweckmäßigen Organisationsstruktur (marktorientierte Organisationsstruktur) gewährleistet werden. Zuletzt bedingt die Einführung eines Marketingkonzeptes, dass die Beschaffungsfunktion in die Entwicklung einer unternehmens-politischen Mission (Grundstrategienbündel) auf normativer Managementebene eines Unternehmens eingebettet ist.

3.2.2 Aufgaben und Instrumente

Zu den Hauptaufgaben des Beschaffungsmarketings gehören

- die Erforschung und Bereitstellung unternehmens- und marktbezogener Informationen und

- die Umsetzung der gewonnenen Erkenntnisse in beschaffungspolitische Aktivitäten.

Hierzu bedient sich das Beschaffungsmarketing der Instrumente der Marktforschung.

3.2.3 Marktbeeinflussung

Die Marktbeeinflussung beziehungsweise -wahl kann durch verschiedene Strategien des Unternehmens erfolgen:

- **Quantitätspolitik:** Sie bezieht sich auf die Festlegung der für die Produktion beziehungsweise den Ersatzteilbedarf benötigten Mengen als Anforderung an die Beschaffung. Zu den Detailinstrumenten zählen hier z. B. eine ganzheitliche Unternehmensplanung (z. B. MRP-II), Bedarfsvorhersage- und Dispositionsmethoden sowie die Strategie der Vorratsplanung.

- **Qualitätspolitik:** Sie bezieht sich auf die Parameter Materialart und -güte und umfasst alle fehlervorbeugenden, qualitätssichernden Maßnahmen bei Einkauf, Transport und Weiterverarbeitung, wie z. B. Qualitätsvereinbarungen, Eingangskontrollen oder Audits.

- **Preispolitik:** Die Aufgaben der Preispolitik bestehen in der systematischen Auslotung der möglichen Preise auf der Grundlage theoretischer und praktischer Marktgegebenheiten. Als Hauptunterscheidungspunkte sind hier die Analyse der Preiselastizität, der Marktgegebenheiten sowie der Marktformen zu nennen.

- **Kommunikationspolitik:** Sie hat die Aufgabe, leistungsfähige, lieferwillige und vertragstreue Marktpartner zu gewinnen, zu erhalten und zu fördern. Dabei bedient sie sich der Informationspolitik, der Beschaffungswerbung, der Lieferantenförderung, der Öffentlichkeitsarbeit sowie der partnerschaftlichen Zusammenarbeit in Form von unternehmensübergreifenden Projektteams.

- **Selektionspolitik:** Sie hat die Aufgabe, die für das Unternehmen optimale Marktauswahl zu treffen, wobei dieser Entscheidung höchste Bedeutung zukommt, da sie nur langfristig revidiert werden kann.

3.3 Beschaffungsmarktforschung

3.3.1 Objekte und Aufgaben

Die zunehmende Differenzierung in der Herstellung und Beschaffung von Waren sowie die Entwicklung neuer Rohstoffe haben den Beschaffungsmarkt in immer kleinere Teilmärkte aufgespaltet. Die Beschaffungsmarktforschung beobachtet und sondiert bestimmte, für das Unternehmen wichtige Teile des Beschaffungsmarktes. Sämtliche auf den einzelnen Teilmärkten auftretenden Vorgänge werden aufgezeigt, analysiert und laufend in ihrer Entwicklung verfolgt, sodass das Marktgeschehen detailliert beurteilt werden kann.

Die Beschaffungsmarktforschung kann dabei nach den Objekten ihrer Analysen unterschieden werden in:

▪ **Lieferantenforschung:** Sie erfasst und erkundet neue Lieferquellen und Lieferanten sowie Produzenten, die durch technische Beratung zu Lieferanten gemacht werden können.

▪ **Produktforschung:** Sie findet neue Materialien und Ersatzmaterialien auf, um z. B. einer Rohstoffverteuerung ausweichen zu können.

▪ **Konkurrenzforschung:** Sie vergleicht die einzelnen Lieferanten und deren Produkte und Liefer- und Produktionsbedingungen.

▪ **Benchmarking:** Es vergleicht systematisch und kennzahlenbasiert die Lieferanten, z. B. bezogen auf ihre Geschäftsprozesse, Produkte, Innovationskraft und Marktposition.

Weiterhin wird hierbei unterschieden zwischen folgenden Forschungsmethoden:

Demoskopische Marktforschung:

▪ Beobachtung

▪ Experiment (z. B. Probekauf)

▪ Befragung (z. B. Delphi-Befragungen und -Studien)

Ökoskopische Marktforschung:

▪ Marktanteilsberechnungen

▪ Lieferantengruppenanalysen

▪ Trendberechnungen

▪ Konjunkturanalysen

- Elastizitätsberechnungen

- Benchmarking

Die Arbeit der Beschaffungsmarktforschung basiert auf der

1. Marktbeobachtung,

2. Marktanalyse,

    - Lieferantenanalyse

    - Konjunkturanalyse

    - Preisanalyse

    - Wertanalyse

    - Sammlung allgemeiner wirtschaftlicher Daten

    - Produktanalyse mit dem Schwerpunkt Innovationen und technischer Fortschritt

    - Beobachten von Spezial-Beschaffungsmöglichkeiten (z. B. Gegengeschäfte, Naturaltausch)

    - Analyse von Artikeln in Fachzeitschriften

    - Aufspüren neuer Beschaffungswege, z. B. über das Internet

3. Marktprognose

Aus den Marktuntersuchungen und -analysen resultieren die folgenden Aufgaben:

- Festlegung von Kriterien zur Beurteilung vorhandener Lieferanten

- Sammlung von Informationen über Konkurrenzverhältnisse bestehender Lieferanten

- Beurteilung der Lieferanten, z. B. nach

    - Umsatz

    - Gewinn

    - Beschäftigtenzahl

    - Marktanteil

    - Know-how

    - Investitionen

- Fertigungsmethoden

- Standortbedingungen

- Beteiligungsverhältnissen

- Liefertreue

- Vertragstreue

- Kundendienstumfang

- Produktionsprogramm und -kapazitäten

- Qualität der Produkte

- Lieferantenbeurteilung nach den Produkten, wie z. B. Preis, Lagerungs- und Verarbeitungseignung

- Entwicklung und Förderung zukünftiger Lieferquellen

- Analyse von Marktkonzentrationsprozessen

- Trendvoraussagen in technischer, wirtschaftlicher, konjunktureller und politischer Hinsicht

- Vorschläge für Kooperation und Kompensation mit bestimmten Lieferanten

- interne Weitergabe der Ergebnisse der Marktuntersuchung sowie Schulungen der Mitarbeiter

Die Beschaffungsmarktforschung erfolgt sukzessive in den Schritten Informationsbeschaffung und Analyse der gesammelten Informationen, die im Folgenden näher beschrieben werden.

3.3.2 Die Informationsbeschaffung

Die Voraussetzung für eine wirtschaftliche Einkaufspolitik ist die genaue und systematische Beobachtung und Erfassung aller das Beschaffungsmarktgeschehen eines Industriebetriebes bestimmenden Daten. Die Führungskräfte im Einkauf benötigen wie kaum andere Führungskräfte des Unternehmens aktuelle und zuverlässige wirtschaftliche, technische und wissenschaftliche Informationen, um richtig und vorausschauend disponieren zu können. Dabei kann sich die Beschaffungsmarktforschung in ihrer Arbeit auf inner- und außerbetriebliche Informationsquellen stützen.

Innerbetriebliche Informationsquellen sind:

- Einkauf und Lagerhaltung

- Absatzmarktforschung/Produktmarketing

- betriebswirtschaftliche Abteilungen/Controlling

- Dokumentationsabteilung

- Produktions- und Investitionsplanung

- Entwicklungs- und Konstruktionsabteilung

- Produktmanagement

- Vertrieb

Außerbetriebliche Informationsquellen sind:

- Internet: Firmen-Homepages, Kooperationsdatenbanken u. Ä.

- Hersteller und Vertreter der Hersteller

- Messen und Ausstellungen

- Veröffentlichungen der statistischen Ämter, der Verbände und Kammern

- Marktforschungsinstitute

- Fachliteratur und Fachzeitschriften, Wirtschafts- und Tageszeitungen

- Lieferantenkataloge und Prospekte

- Geschäfts-, Bank- und Börsenberichte

- Erfahrungsaustausch mit Fachkollegen

- Marktberichte, Industrie- und Verbandsstatistiken

- Informationen aus Einkaufsreisen

- Branchenhandbücher, Adressbücher und technische Handbücher

3.3.3 Die Informationsarten

Grundsätzlich stehen der Beschaffungsmarktforschung zwei Arten von Informationen zur Verfügung:

unmittelbare, direkte Daten (Primärdaten)

- telefonische Befragungen

- schriftliche Befragungen

- Firmen- und Objektbesichtigungen

mittelbare, indirekte Daten (Sekundärdaten)

- Informationen von Fachverbänden

- Informationen von Forschungsinstituten

- Informationen aus Fachzeitschriften und -literatur

- Informationen von kooperierenden Unternehmen

- Informationen von Auskunfteien

- Internetrecherche

- Informationen durch Erfahrungswissen

Aus Kostengründen gilt es, grundsätzlich alle Möglichkeiten der Sekundäranalyse zu nutzen, bevor man auf die meist kostenintensiveren Möglichkeiten der Primärerhebung zurückgreift. Trotz dieses Grundsatzes liegt der Schwerpunkt der Beschaffungsmarktforschung bei der systematischen Markterhebung, weil die für eine Sekundäranalyse in Betracht kommenden Statistiken sowie das sonstige Informationsmaterial mehr oder weniger sporadisch anfallen. Sie wurden in der Regel für spezifische Sachfragen und Gegebenheiten ermittelt und entsprechen damit den Erfordernissen einer systematischen und aktuellen Beschaffungsmarktforschung nur in den seltensten Fällen.

3.3.4 Analyse der gesammelten Informationen

Zur systematischen Arbeit der Beschaffungsmarktforschung gehören die Analyse und Speicherung der Informationen. Der Erfolg der Beschaffungsmarktforschung hängt entscheidend davon ab, dass die vorhandenen Informationen jederzeit zugänglich sind, entweder für den Einkäufer, der sich informieren will, oder für die Beschaffungsmarktforschung selbst, wenn sie die Daten wieder benötigt.

3.3.4.1 Datenbanken

Unentbehrlich für die Sicherung der Informationen ist eine Datenbank, die es erlaubt, schnell und gezielt auf die gewünschten Informationen zuzugreifen. Die Datenbank kann folgende Angaben enthalten:

Lieferantendaten

- Kapitaleigner

- Beteiligungen

- Bilanzzahlen

- Herstellungskapazitäten

- Produktqualität

- Liefertreue

- Standort

- Absatzgebiete

- Herstellungsverfahren

- verwendete Rohmaterialien

- Preise

- Mitarbeiterzahl

volkswirtschaftliche Daten

- Sozialprodukt

- Zahlungsbilanz

- Diskont- und Lombardsätze

- Energie- und Lohnkosten

strategische Kennzahlen

- Beschaffungsvolumen im Vergleich zum Umsatz oder Gewinn

- Beschaffungsdauer im Vergleich zum Branchendurchschnitt

- Anzahl zu beschaffender Fremdbauteile

- Anzahl der Falschlieferungen

- prozentualer Anteil der Baugruppen am Gesamtbeschaffungsvolumen

- Reichweitenanalyse der Zulieferer

3.3.4.2 Analyseinstrumente

Als Instrumente für die Analyse in der Beschaffungsmarktforschung dienen:

- ABC-Analyse

- Materialanalyse

- Angebotsanalyse

- Lieferantenanalyse

- Preis- und Kostenstrukturanalyse

- Wertanalyse

- Bestellanalyse

- Analyse der relevanten in- und ausländischen Gesetze

ABC-Analyse

Die ABC-Analyse ist ein Verfahren zur Clusterung von Mengen. Dem Beschaffungs-management dient sie als Instrument zur Minderung des Beschaffungsrisikos. Unter der praxisnahen Annahme, dass mit ca. 20 % der beschafften Teile ein Beschaffungs-wert von ca. 80% erreicht wird (die 80/20-Regel wird auch als „Pareto-Prinzip" be-schrieben), kann der Beschaffungsvorgang noch durch eine weitere Aufteilung öko-nomischer gestaltet werden. Diese Aufteilung erfolgt nach dem Grad der potenziellen Beschaffungsstörungen in

- A – sehr risikoreiche,

- B – risikoreiche und

- C – nicht risikoreiche

Materialien.

Materialanalyse

Bevor der Beschaffungsmarktforscher an den Markt herantreten kann, muss ihm das zu beschaffende Produkt genauestens bekannt sein. Dazu gehört

- das Ermitteln der Produkteigenschaften (technologische, physikalische und chemi-sche Eigenschaften),

- das Analysieren der Materialbestandteile, gegebenenfalls bis zurück zum Urpro-dukt,

- das Beschreiben des Herstellungsprozesses und

- das Ermitteln aller in Betracht kommenden Ver- und Bearbeitungsverfahren.

Angebotsanalyse

Die Angebotsanalyse dient der Feststellung des technischen und kaufmännischen Inhaltes der Angebote, und zwar nach

- Qualität,

- Quantität,

▨ Preis,

▨ Lieferzeit und

▨ Sonder- beziehungsweise Zusatzleistungen.

Lieferantenanalyse

Bei der Lieferantenanalyse geht es darum, die Lieferanten nach der Qualität ihrer Waren, der möglichen Liefermenge, Lieferschnelligkeit und kaufmännischen Zuverlässigkeit zu bewerten und zu klassifizieren. Je zuverlässiger ein Lieferant ist, desto kleiner können u. a. die Sicherheitsbestände und damit die am Lager gebundenen Mittel gehalten werden.

Preis- und Kostenstrukturanalyse

Durch die Preisanalyse werden die Preisentwicklung und die Preisstruktur untersucht. Sie ist eigentlich ein Teil der Angebotsanalyse und stets dann erforderlich, wenn die einzelnen Angebote mit unterschiedlichen Preisstellungen (Brutto- oder Nettopreise), Zahlungsbedingungen (Skonto, Ziel) oder Lieferbedingungen (Verpackungs-, Transport- und Risikokosten) versehen werden. Hier muss eine Umrechnung auf einen einheitlichen Vergleichspreis vorgenommen werden, um das günstigste Angebot ermitteln zu können.

Wertanalyse

Bei der Wertanalyse wird ein Produkt mit dem Ziel systematisch untersucht, seine Herstellung mithilfe kostengünstigerer Teile (alternative Werkstoffe, Verfahren, Veredelungstechniken usw.) ausführen zu lassen, ohne dass dadurch die technische Verwendungsfähigkeit gemindert wird. Ziel der Wertanalyse ist es, ein Produkt gleicher Funktionsfähigkeit (realistisches Ziel) oder besserer Funktionsfähigkeit (optimistisches Ziel) zu niedrigeren Kosten mit der vom Kunden gewünschten Qualität herzustellen. Dies kann erreicht werden durch

▨ die Änderung der Konstruktion,

▨ die Änderung des Herstellungsverfahrens und/oder

▨ die Verwendung anderer Materialien (z. B. Kunststoff anstelle von Stahl).

Bestellanalyse

Wesentliche Impulse für die Einkaufspolitik gibt eine Analyse der Bestellungen. Der Beschaffungsmarktforscher erkennt durch eine Analyse der Bestellungen nach Art,

Größe und Häufigkeit, inwieweit ein Entscheidungsspielraum bei Einkaufsverhandlungen besteht, und inwieweit der Einkäufer in der Lage ist, die eigene Marktmacht preis- und konditionsverbessernd ins Spiel zu bringen.

Eine Analyse der Bestellungen nach ihrer geographischen Streuung zeigt, inwieweit der Einkauf durch Fracht und sonstige Kosten belastet wird. Zusätzlich liefert die Analyse Daten für den Vergleich der Beschaffungsmöglichkeiten in unterschiedlichen geographischen Regionen, zeigt günstigere Anbieter auf und gibt Ansatzpunkte für eventuelle Preis- und Kostensenkungen. Die Überprüfungen der Bestellungen hinsichtlich ihrer Streuung auf mehrere Lieferanten offenbart, ob die Risiken durch die Vergabe von Aufträgen an mehrere Lieferanten (vor allem bei A-Artikeln) in ausreichendem Maße beherrschbar sind, oder ob Risiken bei der Zusammenarbeit mit Lieferanten entstehen können.

Eine derartige Betrachtung diagnostiziert zudem, ob die günstigsten Preise durch eine entsprechende Bündelung der Bestellungen erzielt wurden. Bestellungen lassen sich auch nach Häufigkeit und Regelmäßigkeit analysieren, was Erkenntnisse über die Bündelung der Bedarfsdeckung und die Gestaltung optimaler Einkaufsmengen liefert. Insgesamt geht es darum, die Kriterien herauszuarbeiten, die das Einkaufsgeschehen eines Unternehmens bestimmen und zu prüfen, inwieweit der Einkauf optimiert werden kann.

Analyse relevanter in- und ausländischer Gesetze

Neben den Kostenbestandteilen sind auch die Einflüsse der in- und ausländischen Gesetzgebung auf den Gebieten Steuern, Zölle, Subventionen, Wettbewerbsbeschränkungen, Abschreibungsmöglichkeiten und Exportförderungsmaßnahmen auf den Beschaffungsvorgang zu analysieren und zu bewerten.

4 Anfrage und Angebot

4.1 Inhalt der Anfrage

Anfragen werden ausgestellt auf der Grundlage freigegebener Zeichnungen, Liefervorschriften, DIN-Angaben, der Konditionen- und Lieferantendatenbank und in Abstimmung mit der Produktionsplanung sowie der Entwicklung/Konstruktion. In der Regel sollten mindestens drei und maximal zehn bis zwölf Anfragen an Lieferanten geschickt werden. Wichtig ist dabei, die Anfragen zu standardisieren. Denn nur solche können gut verglichen werden.

Die Anfrage sollte alle technischen Spezifikationen, soweit diese nicht durch ein Muster demonstriert werden, sowie die wirtschaftlichen Bedingungen enthalten. Im Einzelnen sind dies:

- Mengen (Gesamtmenge, Teillieferungen)

- Benennung

- Materialart

- Oberflächenbearbeitung

- Art der beabsichtigten Be- oder Verarbeitung

- Zeichnung oder Beschreibung

- erwartete Garantie-, Kundendienst- oder Belastungsleistung

- Verpackungsvorschriften, Verpackungsrücknahme

- Liefervorschriften (z. B. frei Haus)

- Zahlungsweise

- Versandvorschriften, Erfüllungsort

- Rabatt, Skonto, Bonus

- Liefertermin

- gegebenenfalls Frist bis zur Vorlage des Angebots

4.2   Antwort des Lieferanten

Der Lieferant erhält die Anfrage in den meisten Fällen per E-Mail, ansonsten auf dem Postweg. Die Anfrage kann als Formular versandt werden, in das der Anbieter nur den Preis für jede Position einträgt und es dann unterschreibt. Dieses Exemplar dient dann als Angebot. Eine andere Möglichkeit besteht darin, dass der Lieferant die Daten der Anfrage in das eigene Kalkulations- beziehungsweise Angebotssystem (EDV-System) überträgt und dann ein Angebot erstellt und dem Kunden zusendet. Durch die Vorgabe der Angebotsstruktur durch das ausschreibende Unternehmen ergibt sich später ein vereinfachter Angebotsvergleich.

Der Lieferant wird in jedem Fall die Anfrage sorgfältig prüfen und sich vor Abgabe eines Angebots vergewissern, ob er die notwendigen Einrichtungen und Kapazitäten besitzt, um die angefragten Mengen zu bestimmten Terminen liefern zu können.

Ergibt das Angebot einen Preis, der unter dem bisherigen Einkaufspreis liegt, und versichert der Lieferant im Angebot, alle technischen Spezifikationen erfüllen zu können, sollte der Einkäufer Musterteile anfordern. Fällt deren Prüfung positiv aus, kann der neue Anbieter als Lieferant mit einem ersten Probeauftrag seine Leistungsfähigkeit unter Beweis stellen.

Bewusst sollte der Einkäufer bei neuen Lieferantenbeziehungen, auch wenn der Preis günstig ist, erst Probe- und Kleinaufträge vergeben. Oft stellt sich nach einer gewissen Zeit heraus, dass der Anbieter mit sogenannten Kampfpreisen unter seinen Selbstkosten operiert, um „ins Geschäft" zu kommen. Ein solches Verhalten ist unseriös und trägt nicht dazu bei, ein langfristig ausgerichtetes Vertrauensverhältnis zwischen Kunden und Lieferanten aufzubauen.

4.3   Angebotsauswertung und Preisvergleich

Vergleich der Lieferungs- und Zahlungsbedingungen

Wenn aufgrund der Anfrage alle Angebote vorliegen, wird der Einkäufer diese Angebote in einer Angebotsübersicht (Preisspiegel) zusammenfassen und vergleichen. Dabei ist unbedingt zu beachten, dass nur das verglichen wird, was auch vergleichbar ist. Angebote mit differierenden Spezifikationen (z. B. „frei Grenze" statt „frei Werk") sind auf die Vergleichsbasis umzurechnen.

Vergleich der Angebotspreise

Gibt es für eine Materialart oder ein Teil bereits einen bisher bezahlten Preis, so wird dieser Preis ebenfalls im Preisspiegel vermerkt. Falls zuvor kein identisches Material beschafft wurde, wird der Preis eines ähnlichen Teils eingetragen. Aufschlussreich kann auch der Kilopreis sein. Er gibt oft wertvolle Hinweise auf die Art der Herstellungsmethode und kann bei Preisverhandlungen für Argumente nützlich sein. Zu prüfen ist auch, ob nicht durch das Beziehen einer größeren Menge ein günstigerer Preis erzielt werden kann.

4.4 Entscheidungskriterien für den Angebotsvergleich

Beim endgültigen Preisvergleich sind folgende Fragestellungen zusätzlich zu berücksichtigen:

- Welche positiven oder negativen Erfahrungen wurden mit den einzelnen Lieferanten bereits gemacht?

- Wer ist der pünktlichste Lieferant?

- Wer hat ausreichende Kapazitäten?

- Wer kann die geforderte Qualität liefern?

- Wer liefert auch bei Bezug kleinerer Mengen?

- Wer bietet einen guten After-sale-Service?

- Wer ist kulant bei Reklamationen?

Sind diese Fragen geklärt, können die Lieferanten der engsten Wahl in einer Matrix zur Bestimmung des günstigsten Preises miteinander verglichen werden.

5 Bestellung

5.1 Kaufvertrag

Im Kaufvertrag soll die Art und Weise der Bestellungsabwicklung genau festgehalten werden. Er muss notwendigerweise die im Folgenden beschriebenen Vertragspunkte umfassen:

Quantität

Die Mengenangaben beruhen auf handelsüblichen Bezeichnungen wie Stück, Kilogramm, Tonnen, Liter, Sack u. Ä. Der Lieferant übernimmt dabei die Garantie, dass am Erfüllungsort die vereinbarte Quantität übergeben wird. Das Warengewicht kann die Verpackung einschließen (Bruttogewicht) oder ausschließen (Nettogewicht). Das Gewicht der Verpackung wird als Tara bezeichnet. Bei der Anlieferung von Materialien in Ladehilfsmitteln, deren Gewicht genormt ist oder sich innerhalb eines engen Toleranzbereiches befindet (z. B. Gitterboxpaletten, Lagersichtkästen), kann durch die Ermittlung des Bruttogewichts leicht auch das Nettogewicht bestimmt werden.

Qualität

Die Normierung und Typisierung der Materialarten erleichtert den Einkauf wesentlich, da aufgrund von Vorschriften z. B. die Materialqualitäten, Toleranzbereiche und die Oberflächenbeschaffenheit einheitlich geregelt sind. Fehlen solche Normen oder Typisierungen, kann der Kauf auch nach Muster erfolgen. Die gelieferte Ausführung muss dem Muster in allen vereinbarten Punkten entsprechen.

Verpackung

Häufig wird die Verpackung im Kaufvertrag vorgeschrieben. Lose Verpackungen (z. B. Bleche auf einem Lkw), Fässer, Kisten, Kartons und Säcke sind je nach Materialart und Stückvolumen gebräuchlich. Häufig wird als zusätzliche Verpackungsvorschrift „palettiert auf Euro-Pool-Paletten 800 x 1200 mm" angegeben.

Lieferzeitpunkt

Als Erfüllungstermin wird entweder ein bestimmter Tag oder eine bestimmte Frist festgelegt. Hier kann unterschieden werden zwischen der Lieferung auf Abruf, der Lieferung in Teilmengen oder der Gesamtlieferung zu vereinbarten Lieferzeitpunkten.

Preis

Im Kaufvertrag wird in der Regel ein fester Preis vereinbart, der sich auf die Mengenangabe mit einem Einheitspreis stützt. Dieser feste Preis kann vor allem dann vereinbart werden, wenn es sich um kurzfristig zu liefernde Erzeugnisse handelt. Handelt es sich um länger laufende Verträge, kommt es oft auch zur Verwendung von sogenannten Preisgleitklauseln, die eine Preisanpassung bezogen auf einen festzulegenden Index beinhalten (z. B. Steigerung der Preise für Personal bei Dienstleistungen bezogen auf die allgemeine Lohnentwicklung).

Erfüllungsort

Erfüllungsort ist in der Regel der Standort des Abnehmers, also der Ort der Übergabe. Wichtig: Von dem Augenblick der Übergabe an geht die Verantwortung für die Waren auf den Käufer über.

Lieferbedingungen, Incoterms (International Commercial Terms)

Im Inlandsgeschäft sind folgende Möglichkeiten üblich:

- Lieferung ab Werk

- Lieferung frei Werk

- Lieferung frei Station

Bei Importen können weitere Varianten hinzukommen:

- Lieferung frei Grenze (DAF)

- Lieferung Free On Board (FOB): Der Verkäufer liefert, wenn die Ware die Schiffsreling in dem benannten Verschiffungshafen überschritten hat.

- Lieferung Free Carrier (FCA): Der Verkäufer liefert die zur Ausfuhr freigemachte Ware an den vom Käufer benannten Frachtführer am genannten Ort.

Zahlungsbedingungen

Unter Zahlungsbedingungen werden der Zahlungszeitpunkt, die Zahlungsart und der Zahlungsort verstanden.

Zahlungszeitpunkt

Für die Festsetzung des Zahlungszeitpunktes bestehen folgende Möglichkeiten:

- Vorauskasse: Sie wird verlangt bei noch unbekannten oder als unsicher geltenden Kunden vor der Übergabe der Ware und auch bei der Abnahme großer Objekte als Abschlagszahlung.

- Zahlung bei Übergabe: Die Zahlung muss sofort nach der Übergabe am Erfüllungsort erfolgen (Zug um Zug).

▪ Zahlung nach Übergabe: Hierbei kann die sofortige Zahlung (Sofortkasse) oder die Zahlung innerhalb eines branchenüblichen beziehungsweise individuell vereinbarten Zeitraumes gelten. Durch die Gewährung eines Zahlungszieles wird dem Käufer ein Lieferantenkredit eingeräumt. Bei Zahlung nach Übergabe behält sich der Lieferant in der Regel eine Sicherstellung der gelieferten Ware durch Eigentumsvorbehalt vor.

Zahlungsart

Die Art der Zahlung kann nach den branchenüblichen Formen oder nach freier Vereinbarung ausgehandelt werden. Es existieren die folgenden Zahlungsweisen:

▪ Zahlung netto Kasse

▪ Zahlung mit Skontofristen

▪ Zahlung mit Bankeinzug

Zahlungsort

Der Zahlungsort ist in der Regel der Erfüllungsort, d. h. der Ort der Übergabe der gelieferten Erzeugnisse oder bei Rechnungsstellung der Sitz des Herstellers.

Sonstige Vereinbarungen

Im Kaufvertrag können noch zusätzliche Vereinbarungen getroffen werden über folgende in der Praxis relevanten Sachverhalte:

▪ Garantiebestimmungen

▪ Verfahren bei Reklamationen

▪ Zeitpunkt der Inbetriebnahme

▪ Zeitpunkt der Übergabe

▪ Durchführung des Kundendienstes

▪ Meistbegünstigungsklausel

Verwaltung und Übermittlung der Bestellung

Vom Bestellschreiben werden mehrere Kopien angefertigt. Dabei dient oftmals die letzte Kopie des Bestellschreibens dem Einkauf als „Karteikarte", auf der sämtliche Informationen über den Ablauf der Bestellung eingetragen werden.

Zunehmend werden Bestellungen nicht mehr auf dem Papierweg abgewickelt, sondern auf elektronischem Wege, wie z. B. über das Internet. Unter dem Stichwort „E-Business" haben sich neue Formen der Bestellabwicklung etabliert.

5.2 Auftragsbestätigung

Sinn des Kaufvertrages ist es, die Vereinbarungen für den Material- und Kapitalaustausch rechtlich abzusichern. Die Bestellung ist jedoch nur eine Vorbedingung für die rechtliche Sicherung der getroffenen Vereinbarungen seitens des bestellenden Unternehmens.

Eine andere Vereinbarung ist die Willenserklärung des Lieferanten über die Annahme des Auftrags. Die Annahme der Bestellung erfolgt in der Regel durch die Ausstellung einer Auftragsbestätigung an den Besteller. Ging dem Auftrag jedoch ein Angebot voraus, so stellt eine mit dem Inhalt des Angebots übereinstimmende Bestellung bereits die Annahme dar. Auf die Auftragsbestätigung kann in diesem Fall verzichtet werden.

Wichtig ist, dass der Besteller nach Erhalt der Auftragsbestätigung diese genau auf Übereinstimmung von Angebot und Bestellschreiben überprüft. Stellt der Einkäufer fest, dass die Auftragsbestätigung Bedingungen oder Angaben enthält, die vom Bestellschreiben abweichen, so muss er sofort in schriftlicher Form widersprechen. Dabei ist die zuletzt von einem der Beteiligten abgegebene Erklärung rechtsverbindlich für das Geschäft, sofern nicht eine der Vertragsparteien Widerspruch eingelegt hat.

5.3 Überwachung der Lieferung

Terminsicherung

Die Aufgabe der Terminsicherung ist es, den Lieferanten vor dem Liefertermin an die unbedingte Einhaltung des Termins zu erinnern.

Terminkontrolle

Die Aufgabe der Terminkontrolle ist die Feststellung überschrittener Liefertermine und das Anmahnen der Lieferungen beim Lieferanten. Dabei wird dem Zulieferer in der Regel eine Nachfrist eingeräumt, innerhalb der die Lieferung auszuführen ist. Hält er diese Nachfrist nicht ein, wird er in Verzug gesetzt. Ab dem Zeitpunkt des In-Verzug-Setzens können, sofern dies vorher eindeutig vereinbart wurde, Vertragsstrafen (Konventionalstrafen) geltend gemacht werden.

5.4 Materialeingangsprüfung

Zu den Aufgaben der Materialeingangsprüfung gehören u. a.

▪ die Lieferscheinkontrolle,

▪ die Mengenprüfung und

▪ die Qualitätsprüfung.

Die Materialverwaltung beziehungsweise der Wareneingang trägt die Verantwortung dafür, dass das angelieferte Material sofort nach der Übergabe hinsichtlich Menge und Qualität mit den Lieferscheindaten verglichen wird. Die Qualitätssicherung kontrolliert den Zustand des gelieferten Materials, wobei die Freigabe der Sendung bis zum Vorliegen des Prüfungsergebnisses verzögert werden kann. Die Ergebnisse der Mengen- und Qualitätsprüfung werden auf dem Lieferschein vermerkt. Die Daten werden der Rechnungsprüfung zugeleitet. Bei Richtigbefund gibt die Rechnungsprüfung die Rechnung zur Zahlung frei. Stellen sich jedoch Differenzen heraus, so werden die Unterlagen zur Abklärung wieder der Beschaffung zugeleitet.

5.5 Rechnungsprüfung

Aufgabe der Rechnungsprüfung ist es, die eingehenden Lieferantenrechnungen zu kontrollieren im Hinblick auf

▪ auf rechnerische Richtigkeit und

▪ auf sachliche Richtigkeit, d. h. auf Übereinstimmung mit der Bestellung.

Grundlage der Prüfung sind der Kaufvertrag und die Ausführung der Bestellung durch den Lieferanten. Die Rechnungsprüfung konzentriert sich dabei auf die Feststellung der Einhaltung der Vertragsbedingungen. Hierzu bedarf es folgender Unterlagen:

▪ Kaufvertrag

▪ Auftragsbestätigung

▪ Wareneingangsmeldung

▪ Prüfbericht der Qualitätssicherung

In Großunternehmen erfolgt die sachliche Prüfung auch durch die Fachabteilungen, die die Leistung oder das Produkt des Lieferanten erhalten haben. Sie bestätigen auf der Rechnung, dass der Lieferant seine Leistung vertragsgemäß erbracht hat.

Die Rechnungsprüfung hat somit nicht nur eine wichtige Aufgabe bei der Leistungskontrolle des Lieferanten, sondern auch bei der Lieferantenbewertung. Die Ergebnisse der Rechnungsprüfung sollten bei der Entscheidung über den Lieferanten als Bewertungsgrundlage hinzugezogen werden. Die Prüfung findet mit Blick auf den Lieferanten und nicht zur Kontrolle des Einkaufs statt. Zur Kontrolle des Rechnungsanfalls sollte eine spezielle Stelle innerhalb des Beschaffungsbereiches mit der Rechnungsprüfung beauftragt werden und nicht der Einkäufer.

5.6 Grundregeln der Bestellung

Nur der Beschaffung dürfen Bestellformulare zugänglich sein und auch nur die Einkaufsabteilung darf Bestellungen aufgeben. Bestellungen müssen grundsätzlich folgende Kernpunkte enthalten:

- den genauen Kaufpreis (ungenaue Angaben wie „preisgünstig" oder „billigst" sind zu vermeiden, da sie für den Lieferanten nicht bindend sind)

- den genauen Liefertermin (unklare Angaben wie „schnellstens" oder „sofort" sind zu vermeiden)

- ausgehandelte besondere Bedingungen (damit können spätere Schriftwechsel hinsichtlich der getroffenen Vereinbarungen vermieden werden)

6 Electronic Business (E-Business)

6.1 Begriffsbestimmung

Seit Ende der 1990er-Jahre dominiert das Schlagwort E-Business die Wirtschaftswelt. Dieser Trend steht in unmittelbarem Zusammenhang mit der rasanten Entwicklung der Informations- und Kommunikationstechnologien in den letzten Jahrzehnten. Allen voran ist hier das Internet zu nennen. Das E-Business hat weitgehend traditionelle, auf Papieraustausch basierende Konzepte der Beschaffung ersetzt, wie sie in den vorangegangenen beiden Kapiteln beschrieben wurden.

Es bezeichnet allgemein die Abwicklung von Geschäftsaktivitäten über elektronische Netze. Abhängig von der Art der Kunden-Lieferanten-Beziehung ist das E-Business in die beiden Bereiche E-Procurement (elektronische Beschaffung) und E-Commerce (elektronischer Handel) zu untergliedern.

E-Procurement:

Unter E-Procurement versteht man die Beschaffung von Gütern und Dienstleistungen über das Internet. Sie wird im Bereich des betrieblichen, d. h. des professionellen Einkaufs genutzt. Diese Art der elektronischen Geschäftsbeziehung ist auch unter dem Begriff Business to Business (kurz: B2B) bekannt. Allgemein ausgedrückt unterstützen B2B-Konzepte zwischenbetriebliche Geschäftsprozesse durch Informations- und Kommunikationstechnologien. Vorzufinden ist auch der Begriff E-Purchasing. Beispiele für die Anwendung sind elektronische Marktplätze, Online-Kataloge und elektronische Ausschreibungen.

E-Commerce:

Mit E-Commerce bezeichnet man die elektronische Abwicklung des Handels und Verkaufs zwischen Unternehmen und Konsumenten. E-Commerce ist dem Begriff Business to Consumer (kurz: B2C) gleichzusetzen. Unter B2C-Konzepten ist daher der Handel und Verkauf von wirtschaftlichen Gütern über elektronische Netze zu verstehen. Beispiele sind das Online-Shopping, Preisagenturen (Preisvergleiche) und Einkaufsgemeinschaften (Mengenrabatt).

Im Zusammenhang mit der elektronischen Abwicklung von Geschäftsaktivitäten sind drei Formen der Netzwerkinfrastruktur zu unterscheiden:

- **Intranet:** Elektronisches Informations- und Kommunikationsnetz innerhalb eines Unternehmens. Der Zugriff von außerhalb ist nicht möglich. Anwendungsbeispiele sind Produkt- und Prozessvisualisierungen, der Informationsaustausch (z. B. Abteilungspräsentationen), Schulungsangebote, der Austausch von Dokumenten und die Dokumentenverwaltung.

- **Extranet:** Elektronisches Netz für eine abgegrenzte Benutzergruppe, wie z. B. für Abnehmer und Lieferant. Die Partner öffnen beispielsweise ihr Intranet für den gegenseitigen Informationsaustausch. Anwendungsbeispiele sind die Beschaffung mittels EDI (Electronic Data Interchange), VAN-, ENX-, ANX-Netzen, sowie der Informationstransfer für das Supply Chain Management und der Teleservice.

- **Internet:** Weltweites, für jeden zugängliches elektronisches Netz. Die elektronische Abwicklung von beschaffungsrelevanten Aktivitäten zwischen Unternehmen ist mittels eines konventionellen Internet-Browsers möglich. Anwendungsbeispiele sind das Web-EDI, E-Procurement und E-Commerce.

Vorteile der Nutzung des E-Business:

- Erschließung neuer Beschaffungs- und Absatzmärkte (Waren und Dienstleistungen können weltweit angeboten und beschafft werden)

- Erschließung von Rationalisierungspotenzialen durch die Automatisierung von Geschäftsprozessen

- schnellere Reaktionsfähigkeit und geringere Durchlaufzeiten aufgrund einer schnelleren Kommunikation (EDV statt Papier)

- Vereinfachung des Datentransfers zwischen den Unternehmen (Substitution der aufwendigen EDI-Systeme durch das Standardformat des Internets, die Anbindung an interne Systeme ist weniger aufwendig)

- einfacherer Datentransfer unterstützt Konzepte wie das Supply Chain Management

- verbesserte Kundengewinnung und -bindung (Customer Relation Management, CRM)

- einfachere Möglichkeit für Unternehmen, Präsenz zu zeigen (günstiges Marketinginstrument, vor allem für kleine und mittlere Unternehmen)

6.2 Ausprägung

Der Fokus dieses Buches ist auf Industriebetriebe gerichtet. Die nachfolgenden Ausführungen konzentrieren sich daher auf Konzepte aus dem Bereich E-Procurement beziehungsweise B2B. Die Ausprägungen des elektronischen B2B sind verschieden und richten sich z. B. nach Branchen oder einem bestimmten Produktspektrum. Zu unterscheiden sind folgende Foren:

■ **Elektronische Marktplätze/Plattformen:** Hierunter sind virtuelle Foren im Internet zu verstehen, in denen Anbieter und Abnehmer von Waren und Dienstleistungen zusammengeführt werden. Das Ziel ist die Vereinfachung und Beschleunigung aller beschaffungsrelevanten Geschäftsprozesse. Zu unterscheiden sind horizontale (= branchenübergreifende) und vertikale (= branchenspezifische) Plattformen. Diese bieten im Wesentlichen die zwei Grundfunktionalitäten Online-Kataloge und elektronische Auktionen/Ausschreibungen an.

■ **Online-Kataloge:** Der Verkäufer bietet seine Produkte in Form eines elektronischen Katalogs an. Es handelt sich dabei in erster Linie um Standardprodukte, wie z. B. Normteile. Diese können online vom Einkäufer zu meist vorbestimmten Konditionen bestellt werden. Häufig werden auch Kataloge unterschiedlicher Hersteller zusammengeführt.

■ **Elektronische Auktionen/Ausschreibungen:** Das Anwendungsspektrum besteht hier in komplexen, meist nach Kundenanforderung spezifizierten Produkten und Dienstleistungen. Zur Preisbestimmung eines Produkts werden Auktions- und Ausschreibungsprinzipien eingesetzt. Bei der Verkaufsauktion (Forward Auction) werden Produkte und Dienstleistungen zum Verkauf angeboten. Die Bieter geben ihre Gebote ab, bis schließlich das höchste Gebot den Zuschlag erhält. Im Gegensatz dazu wird bei der Reverse Auction vom Käufer eine Ausschreibung, d. h. eine Spezifikation der einzukaufenden Ware oder Dienstleistung erstellt, für die er Gebote von den Verkäufern erhält. Hier wird ein möglichst geringer Preis angestrebt, wobei die gleichen Grundsätze für die Vergabe wie in Abschnitt 4.4 dieses Kapitels herangezogen werden sollten.

Die oben genannten Foren sind in der Regel für jedes Unternehmen nutzbar. Meist sind mit der Nutzung jedoch Anmelde-, Anschluss- und Setupgebühren, Mitgliedsgebühren oder Transaktionsgebühren verbunden. Stellvertretend für die zahlreichen elektronischen Marktplätze seien die zwei folgenden aus dem Automobilbereich genannt:

■ SupplyOn (http://www.supplyon.com): Marktplatz der Automobilzulieferindustrie; initiiert durch Bosch, Continental, INA, ZF Friedrichshafen und andere international tätige Zulieferer

■ Covisint (http://www.covisint.com): Marktplatz und Austauschportal des Anbieters Compuware

Vorteile für das B2B im Rahmen der Beschaffung:

- Effizienzsteigerung, d. h. Beschleunigung von Geschäftsprozessen, Reduzierung des administrativen Aufwandes, Verbesserung der Informationsgewinnung und des Informationsflusses

- reduzierte Transaktionskosten

- Einsparung von Prozesskosten in Einkauf und Verwaltung (z. B. beim Bestellvorgang)

- Reduzierung von Fehlern bei der Datenübertragung

- erhöhte Markttransparenz durch bessere Vergleichbarkeit der Anbieter

- neue Preisfindungsverfahren (z. B. durch Bündelung von Einkaufsvolumina, Online-Auktionen)

- Beschaffung ist jederzeit möglich (24-Stunden-Zugang)

- schnellere und höhere Transparenz der Verfügbarkeit von Waren beim Lieferanten

- wirksame Unterstützung des Supply Chain Managements (führt z. B. zu größerer Planungssicherheit, zu geringeren Lagerbeständen, höherer Flexibilität und kürzeren Time-to-Market-Zeiten)

6.3 Bedeutung

Das E-Procurement hat aus Sicht der Beschaffung folgende Auswirkungen:

- **Geschäftsprozesse:** Eine Veränderung der traditionellen Geschäftsprozesse im Bereich der Beschaffung ist notwendig. Aufgaben und Kompetenzen sind dem elektronischen Medium Internet anzupassen (z. B. Zugriffsrechte, elektronische Unterschrift).

- **Anpassung der IT-Infrastruktur:** Die Potenziale des E-Business liegen in der papierlosen Abwicklung der Geschäftsprozesse. Die Softwareschnittstellen sind so zu gestalten, dass Daten z. B. aus dem unternehmensinternen Planungs- und Steuerungssystem in die E-Business-Anwendung übernommen werden können. Mangelnde Integration kann zu einem erheblichen manuellen Zusatzaufwand führen.

- **Datensicherheit:** Die Frage, wer welche Information einsehen kann, muss eindeutig geklärt sein. Dies gilt insbesondere bei der Nutzung elektronischer Marktplätze. Generell ist hier auch die bekannte Problematik der Datensicherheit des Internets zu nennen.

■ **Wettbewerbsfähigkeit:** Zur Sicherung der Wettbewerbsfähigkeit ist die Präsenz in den elektronischen Marktplätzen erforderlich. Auch vor dem Hintergrund eines erfolgreichen Beschaffungsmarketings und der zielgerichteten Beschaffungsmarktforschung ist die Nutzung elektronischer Marktplätze sinnvoll.

■ **Marktplatztransparenz:** Nachdem die Zahl der Marktplätze in den letzten Jahren kontinuierlich zugenommen hat, ist die Kenntnis über die Auswahl der richtigen, für die eigenen Bedürfnisse brauchbaren Marktplätze ein zentrales Element bei der Umsetzung der Beschaffungspolitik.

■ **Intensivierung des Wettbewerbs:** Elektronische Marktplätze erhöhen die Markttransparenz nicht nur für das eigene Unternehmen, sondern auch für die Lieferanten. Die Preise der Wettbewerber werden ebenfalls transparenter.

■ **Qualifizierung von Personal:** Für die Realisierung des E-Procurements muss geeignetes Personal zu Verfügung stehen. Die Mitarbeiter müssen im Umgang mit dem Beschaffungsmedium Internet geschult werden.

Die Potenziale des E-Procurements liegen besonders in der Abbildung von standardisierbaren Beschaffungsprozessen wie z. B. Bestellabrufen. Durch die elektronische Unterstützung derartiger Prozesse gewinnt man in der Beschaffungsorganisation im Unternehmen vermehrt Kapazitäten für komplexere Prozesse wie z. B. Verhandlungen zwischen Anbieter und Abnehmer. Das E-Procurement ersetzt somit nicht den Einkäufer, vielmehr dient es als leistungsfähiges Werkzeug zur Optimierung der Informationsbasis und entlastet die Routinevorgänge der Beschaffung.

Teil 3

Materialdisposition

1 Materialdisposition als unternehmerische Grundfunktion

Im Lateinischen steht dispositio beziehungsweise. dispositionis für die planmäßige Anordnung beziehungsweise Einteilung oder Zuweisung.

Im betrieblichen Rahmen umfasst die Disposition sämtliche Funktionen, die mit der Planung und dem Einsatz von Mengen und Ressourcen zu tun haben. Grundlage für die Durchführung der Disposition ist die transparente Kenntnis von Bedarfen, Beständen und Lieferquellen.

Die Herausforderung für die jeweilige disponierende Einheit ist, die Bedarfe zeit-, mengen- und qualitätsgenau zu befriedigen, die Bestände möglichst klein zu halten und die Lieferanten möglichst effizient anzubinden. Schwanken die Bedarfe durch mangelnde Programm- beziehungsweise Produktplanung und sollen die Bestände zwecks Kapitaloptimierung möglichst klein gehalten werden, ist der Disponent in einem klassischen Zielkonflikt. Hohe Flexibilität bei geringen Beständen erscheint als eine nicht lösbare Gleichung.

1.1 Begriff und Aufgaben der Materialdisposition

Der Begriff Materialdisposition umfasst die termingerechte Beschaffung der benötigten Materialien. Die Materialdisposition hat zwei Ziele: Die Beschaffung und anschließende Bereitstellung sollte möglichst wenig Kapital binden (d. h. es werden geringe Sicherheitsbestände beziehungsweise Sicherheitszeiten angestrebt, somit auch geringe Lagerbestände), gleichzeitig muss jedoch die Versorgung der Produktion jederzeit gesichert sein.

Die Hauptaufgabe der Materialdisposition ist die Beschaffung des richtigen Materials in gleichbleibender und vorgeschriebener Qualität, mengenmäßig weder zu früh noch zu spät.

Aus dieser Hauptaufgabe resultieren die folgenden Detailaufgaben:

- Mengenabrufe aufgrund der Produktionsprogramme und Bestellungen

- präzise Terminierung für einen schnellen Materialumschlag

- Terminüberwachung

■ Kenntnis der Warenbestände im Unternehmen

■ ständige Kontakte zu den Lieferanten zur Sicherstellung der Materialversorgung

Entsprechend der Lage auf dem Absatzmarkt ergeben sich wegen immer kürzerer Zyklen häufig notwendige Programmänderungen. Diese werden in bestimmten Rhythmen mit dem Verkauf, der Produktion und der Beschaffung abgestimmt. Die Produktionsprogramme werden eventuell neu festgelegt und erfordern dann eine Anpassung der Lieferabrufe.

Die Lieferabrufe der Bestellungen enthalten Termin- und Mengenangaben, damit die Liefermenge der einzelnen Teilepositionen zum gewünschten Zeitpunkt eintreffen kann. Ideal wäre es, wenn alle Lieferanten alle Termine pünktlich einhalten würden beziehungsweise könnten. Da dies jedoch nicht der Fall ist, wacht die Disposition darüber, dass festgelegte Termine, die auf eine wirtschaftliche Beschaffung und Lagerung ausgerichtet sind, auch präzise eingehalten werden. Jeder Tag Verzug verringert zwar die Kapitalbindung, erhöht aber das Risiko einer Produktionsstörung und geht immer zu Lasten des Lagerbestandes, der als Sicherheitsbestand gedacht ist.

1.2 Beeinflussung des Materialbestandes durch die Disposition

Der Disponent hat die Aufgabe, die Produktionsversorgung mit Material sicherzustellen und die Bestände so gering wie möglich zu halten. Um diese Aufgabe zu erfüllen, muss der Disponent pro Teil oder Teilegruppe Folgendes festlegen:

■ die Bestände, die durch die Sicherheitszeit gebunden sein sollen

■ die Bestände, die durch die Abrufhäufigkeit gebunden sein sollen

Beide Einflussgrößen sind so festzulegen, dass die konkurrierenden Ziele – die Sicherung der Produktion mit Material und die Einhaltung möglichst geringer Bestände – bestmöglich koordiniert werden.

Beispiel

Welchen Einfluss die von dem Disponenten festzulegenden Größen auf die Höhe des Lagerbestandes haben, soll anhand eines Beispiels verdeutlicht werden. Dabei soll von folgenden Werten ausgegangen werden:

■ Beschaffungsvolumen für A- und B-Teile in €: 120.000.000,- pro Jahr

■ täglicher Verbrauch (gleichmäßiger Verbrauch an 240 Arbeitstagen vorausgesetzt) in €: 500.000,- pro Tag

■ Lagerhaltungskostensatz in %: 25

Ausgangslage/Ist-Zustand

■ Sicherheitszeit in Tagen: 5

■ Sicherheitsbestand in €: 2.500.000,- (5 x 500.000,-)

■ Abrufhäufigkeit in Tagen: 10

■ durch Abrufhäufigkeit durchschnittlich gebundene Bestände in €: 2.500.000.-

■ durchschnittlicher Lagerbestand in €: 5.000.000.-

■ Lagerhaltungskosten in €: 1.250.000.-

angestrebter Soll-Zustand

■ Sicherheitszeit in Tagen: 2

■ Sicherheitsbestand in €: 1.000.000.- (2 x 500.000,-)

■ Abrufhäufigkeit in Tagen: 2

■ durch Abrufhäufigkeit durchschnittlich gebundene Bestände in €: 500.000.-

■ durchschnittlicher Lagerbestand in €: 1.500.000.-

■ Lagerhaltungskosten in €: 375.000.-

Reduziert sich die Sicherheitszeit von 5 auf 2 Tage, und wird gleichzeitig nicht mehr alle 10 Tage eine Lieferung durchgeführt, sondern alle 2 Tage, so reduziert sich der durchschnittliche Lagerbestand auf 1,5 Mio. €. Durch die Verringerung von Sicherheitszeit und Abrufhäufigkeit vermindern sich die Lagerhaltungskosten um ca. 70 %.

1.3 Materialbedarfsarten

1.3.1 Primärbedarf

Der Primärbedarf ist der Bedarf des Marktes an Enderzeugnissen und Ersatzteilen. Voraussetzung ist, dass Kundenaufträge vorliegen, bei denen die Zeitspanne zwischen Auftragseingang und Liefertermin alle zur Produktion notwendigen Tätigkeiten zulässt. Der Primärbedarf wird mithilfe mathematisch-statistischer Verfahren über betriebsinterne und -externe Einflussgrößen berechnet.

1.3.2 Sekundärbedarf

Der Sekundärbedarf ist der Bedarf an Werkstoffen, Roh- und Einzelteilen sowie Baugruppen, die zur Produktion der Enderzeugnisse und Ersatzteile notwendig sind. Wird der Sekundärbedarf anhand eines vorhandenen Produktionsplanes ermittelt, verwendet man Stücklisten, Teileverwendungsnachweise, Rezepturen und Arbeitspläne. Dabei werden die Mengenangaben des Produktionsplanes mit den Mengenangaben in den genannten Unterlagen multipliziert. Dies nennt man deterministische Bedarfsermittlung.

Ist eine Sekundärbedarfsermittlung auf die oben beschriebene Weise nicht möglich, bedient man sich hier verbrauchsgesteuerter Verfahren.

Beispiele für den Sekundärbedarf bei Unternehmen der Automobilindustrie sind Reifen, Felgen, Einzelteile für Motoren und Getriebe oder Einzelteile für Sonderausstattungen.

1.3.3 Tertiärbedarf

Der Tertiärbedarf ist der Bedarf an Hilfs- und Betriebsstoffen sowie Verschleißwerkzeugen, die zur Erfüllung des Produktionsplanes notwendig sind. Bei der Ermittlung des Tertiärbedarfes geht man nur in den wenigsten Fällen von einem vorhandenen Produktionsplan aus. Vielmehr weisen Stücklisten oder Arbeitspläne zwar den Bedarf, jedoch hierzu keine Mengenangaben aus. Deshalb wird der Tertiärbedarf aufgrund von Nachfragestatistiken vorhergesagt oder aufgrund technologischer Kennziffern, wie z. B. dem Verbrauch je Maschinenstunde, ermittelt.

1.4 Organisatorische Gliederung der Materialdisposition

Die organisatorische Gliederung der Materialdisposition kann nach folgenden Gesichtspunkten erfolgen:

- Gliederung nach Teilegruppen
- Gliederung nach Fertigerzeugnissen beziehungsweise Baugruppen
- Gliederung nach Lieferanten
- Gliederung nach geografischen Gesichtspunkten

Nachfolgend werden diese organisatorischen Gliederungsvarianten vorgestellt.

1.4.1 Gliederung nach Teilegruppen

Die Gliederung nach Teilegruppen bündelt Teile, die sich in bestimmten technologischen Gesichtspunkten ähneln. Es werden also z. B. alle Gussteile, alle Pressteile oder alle Normteile in einem Sachgebiet bearbeitet. Bei der Gliederung auf Kaufteilebene ist es völlig unerheblich, in welche Fertigerzeugnisse diese eingebaut werden.

Vorteile:

- gute technologische Kenntnisse durch die Spezialisierung

- gute Marktkenntnisse über die Teilegruppe werden zusammengetragen

- Beschränkung auf einen bestimmten Lieferantenkreis

- gute Kenntnisse des Produktionsablaufs bei der Herstellung der Teile

- gesicherter innerbetrieblicher Bezugspunkt auf der Grundlage der technologischen Teileklassifikation

- gute Kenntnisse über auftretende spezielle Schwierigkeiten bei den Teilen hinsichtlich Transport, Lagerung, Lagerzeit, Alterung

Nachteile:

- Aufstellung liefert keine Kenntnisse über das Fertigerzeugnis beziehungsweise die Baugruppe, in dem das Material im eigenen Unternehmen verbaut wird

- keine Möglichkeit der Koordinierung des Materials für die gezielte Einsteuerung in die Produktion

- Schwierigkeiten, wenn bestimmte Umfänge verschiedener Teilegruppen den gleichen Bedarf haben und sich die Bedarfszahlen nach einem schwankenden Bedarf errechnen (z. B. Glättung der Abrufe für Sonderausstattungen von Fahrzeugen, die selten beziehungsweise nicht kontinuierlich durch Kunden geordert werden)

1.4.2 Gliederung nach Fertigungserzeugnissen und Baugruppen

Bestimmend für diese organisatorische Gliederung sind die Materialien, die im eigenen Unternehmen in Fertigerzeugnisse beziehungsweise in die Baugruppen einfließen. Hier ist es völlig unerheblich, welche technologischen Unterschiede diese Teile haben.

Vorteile:

- gute Möglichkeit der Koordinierung der Materialien eines Fertigerzeugnisses beziehungsweise einer Baugruppe bei der Einsteuerung in die Produktion

■ Kenntnisse des Produktionsablaufs in der eigenen Produktion und dadurch die Möglichkeit einer genauen Einsteuerung der Teile

■ eindeutige Disposition der Materialien eines Fertigerzeugnisses beziehungsweise einer Baugruppe, besonders wenn diese Marktschwankungen unterworfen sind

■ genaue Aussage über die Anzahl der Fertigerzeugnisse und Baugruppen ergibt sich aufgrund der Materialverfügbarkeit

■ bessere Möglichkeit der Materialabstimmung, vor allem, wenn komplexe Umfänge vorliegen

Nachteile:

■ fehlende technologische Kenntnisse durch fehlende Spezialisierung

■ Überschneidungen im Lieferantenkreis, da in mehreren Sachgebieten ähnliche Teile anfallen können

■ es bedarf umfassender Marktkenntnisse wegen der zu beschaffenden heterogenen Materialien

■ fehlender Gesamtüberblick über den Produktionsablauf bezogen auf die Kaufteile

1.4.3   Gliederung nach Lieferanten

Der Grundgedanke dieser Gliederung besteht darin, für einen Lieferanten nur einen zentralen Ansprechpartner innerhalb der Materialdisposition im Unternehmen zu schaffen. Es werden also alle Teile eines Lieferanten in einem Sachgebiet bearbeitet.

Vorteile:

■ zwischen dem Lieferanten und der Materialdisposition existiert eine eindeutig festgelegte Verbindungsstelle

■ eine bestmögliche und kostengünstige Koordination von Kommunikation und Transport der Materialien ist gegeben

■ Versorgungssicherheit ist bei Materialengpässen mit einem eindeutig bestimmten Ansprechpartner besser gewährleistet

■ innerbetrieblicher Aufbau und Produktionsmöglichkeiten beim Lieferanten sind bestens bekannt

Nachteile:

■ komplexe Koordination der vom Lieferanten bezogenen Teile mit den einzelnen Verbrauchsstellen

- schwierige Abstimmung mit dem Lieferanten bei Absatzschwankungen eines bestimmten Produktes

- weniger ausgeprägte technologische Kenntnisse bei umfangreicher Teilevielfalt des Lieferanten

1.4.4 Gliederung nach geografischen Gesichtspunkten

Hier handelt es sich um eine weitergehende Gliederung von Lieferanten. Dabei werden nicht Lieferanten zusammengefasst, die ein ähnliches technologisches Erzeugnisprogramm besitzen, sondern die geografische Lage des Produktionsstandorts des Lieferanten ist maßgebend. Es ergeben sich dabei die gleichen Vor- und Nachteile, die sich auch bei der Gliederung nach Lieferanten anführen lassen. Hinzu kommen noch folgende Aspekte.

Vorteile:

- besondere Gegebenheiten der Kommunikation (z. B. Kenntnisse der Sprache), des Materialtransports und eventueller Zollformalitäten können besser berücksichtigt werden

- auf die Mentalität der Zulieferanten kann besser eingegangen werden

Nachteile:

- Fehlen jeglichen Bezugs zu den Baugruppen und den Fertigerzeugnissen im eigenen Unternehmen

- zu geringe Berücksichtigung technologischer Besonderheiten der zu beschaffenden Teile

1.5 Verfahren der Bedarfsermittlung

Als Verfahren der Bedarfsermittlung können unterschieden werden:

- bedarfs- oder programmgesteuerte Disposition

- verbrauchsgesteuerte Disposition

1.5.1 Bedarfs- oder programmgesteuerte Disposition

Voraussetzung:

Stücklisten und Arbeitspläne sind vorhanden.

Vorteil:

Das Unternehmen unterhält keine oder nur geringe Lagerbestände und hat somit auch nur geringe Lagerhaltungskosten.

Nachteil:

Eine aufwendige Pflege z. B. der Stücklisten, Rezepturen oder der Arbeitspläne sowie der Kapazitäten der jeweiligen Arbeitsplätze ist notwendig.

Anwendungsbereich:

Die bedarfs- oder programmgesteuerte Disposition eignet sich für alle gut organisierten Unternehmen.

1.5.2 Verbrauchsgesteuerte Disposition

Voraussetzung:

Die Verbrauchsentwicklung aus vergangenen Perioden ist bekannt. Die Verbrauchskennlinie weist geringe Zufalls- oder saisonale Schwankungen auf.

Vorteil:

Es ist keine umfangreiche Datenpflege wie z. B. für Stücklisten, Rezepturen oder Arbeitspläne erforderlich.

Nachteil:

Bei falsch angewandter Segmentierung des Teilesortiments können sich hohe Lagerhaltungskosten ergeben, ebenso bei fehlerhaften Bedarfsprognosen.

Anwendungsbereich:

Die verbrauchsgesteuerte Disposition ist für bestimmte Teilesortiments sinnvoll, für die eine deterministische Bedarfsermittlung zu aufwendig wäre.

2 Grundlagen der wirtschaftlichen Materialdisposition

2.1 Bedeutung der verschiedenen Dispositionsarten

Sowohl bei der bedarfsgesteuerten als auch bei der verbrauchsgesteuerten Disposition müssen wirtschaftliche Aspekte bei der Materialdisposition berücksichtigt werden. Mittel hierfür sind unter anderem:

- ABC- und XYZ-Analyse

- Produkt-Quantum-Analyse

- Berechnung der wirtschaftlichen Bestellmenge

- Festlegung des Bestellpunktes

- Festlegung des Sicherheitsbestandes

2.2 ABC-Analyse

Die ABC-Analyse wird als Analyseverfahren zur Clusterung von Mengen in vielfältigen Bereichen eingesetzt. Cluster können zum Beispiel Teilespektren, Kunden oder Lieferanten sein. Im dispositiven Bereich dient die ABC-Analyse zur Priorisierung von Handlungsalternativen.

Da das gesamte, umfangreiche Teilespektrum eines Unternehmens sehr heterogen sein kann, kann es nicht nach den gleichen Gesichtspunkten disponiert werden, sondern muss vielmehr eine Differenzierung beziehungsweise Segmentierung erfahren. Das führt zu einer ABC-Klassifizierung der Teile. Bei der ABC-Analyse handelt es sich in diesem Fall um eine Teile-Mengen-Wertstatistik, die sowohl den prozentualen Anteil eines Teiles an der Gesamtzahl der Teile als auch am Gesamtumsatz ausdrückt.

Die Ermittlung des Wertes erfolgt durch Multiplikation des Teilewertes mit der benötigten Teilemenge. Sortiert man die ermittelten Werte absteigend, kann eine Einteilung in die Klassen A, B und C erfolgen.

A-Teile sind durch einen geringen Anteil an der Gesamtzahl der Teile (max. 10 %) und einen großen Anteil am Gesamtbeschaffungsumsatz (ca. 80 %) gekennzeichnet. Diese Teile besitzen somit das größte Kostensenkungspotential und sind für eine JIT-Anlieferung/-Produktion besonders interessant. B-Teile umfassen ca. 30 % der Teilevielfalt und machen ca. 15 % des Gesamtbeschaffungsumsatzes aus. Der Rest der Teile (ca. 60 %) hat einen Anteil von ca. 5 % am Gesamtbeschaffungsumsatz und wird als C-Teile klassifiziert.

Abbildung 2-1: *Grafische Darstellung der ABC-Analyse*

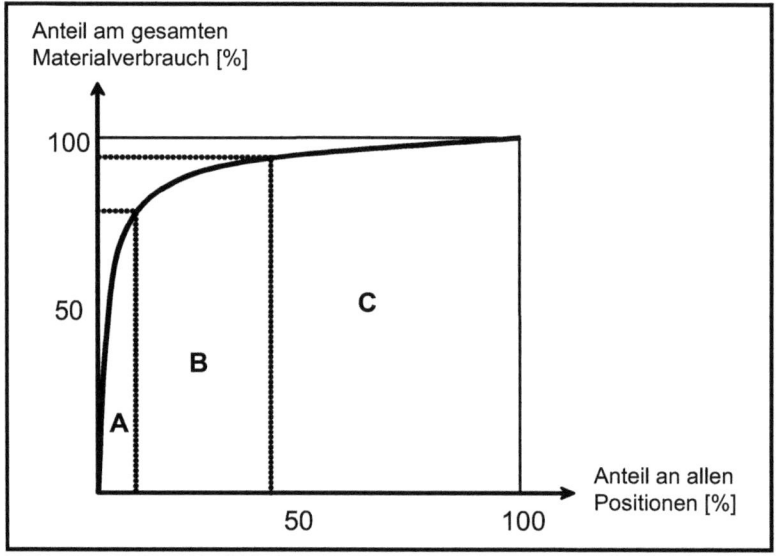

2.3   XYZ-Analyse

Neben der ABC-Klassifikation kann die Gesamtheit der in einem Betrieb verwendeten Teile zusätzlich in die Klassen X, Y und Z eingeteilt werden. Das Klassifizierungsmerkmal ist nicht eindeutig bestimmt und kann vom Anwender entsprechend seiner

Bedürfnisse festgelegt werden, während bei der ABC-Kennung in der Regel eine Wert-statistik zugrunde gelegt wird.

Die Vorgehensweise ist dieselbe wie bei der ABC-Analyse. Es wird der Anteil der einzelnen Teile an der Teilegesamtheit sowie am zu untersuchenden Kriterium ermittelt. X-Teile umfassen analog zu den A-Teilen 10 % der Teile und ca. 70–80 % des Untersuchungsmerkmales. Y- und Z-Teile finden ihre Entsprechung in den B- und C-Teilen.

2.3.1 Beispiel für ABC-/XYZ-Analyse

Die folgende Übersicht zeigt die verschiedenen Einsatzmöglichkeiten der ABC- beziehungsweise XYZ-Analyse:

Tabelle 2-1:   *Einsatzmöglichkeiten der ABC- und XYZ-Analyse*

ABC-Analyse	XYZ-Analyse
Primär-Analysen (€)	Sekundär-Analysen
• Teile-Umsatz • Teile-Deckungsbeitrag • Teile-Rohertrag • Kunden-Umsatz • Kunden-Deckungsbeitrag • Kunden-Rohertrag • Lieferanten-Umsatz	• Teile-Volumen • Teile-Verbrauchsschwankungen • Teile-Gewicht • Teile-Vorhersagegenauigkeit

In vielen Fällen werden die beiden Untersuchungen zu einer ABC-XYZ-Analyse verknüpft. Als Beispiel sei hier die Ermittlung der Lagerhaltungskosten genannt. Mittels der ABC-Kennung werden die Mittelbindungskosten der einzelnen Teilegruppen aufgezeigt.

Die XYZ-Analyse in Form einer Teile-Volumen-Analyse ermittelt – über das Kriterium Volumen – die Höhe der Lagerungskosten. Stellt man diese Verknüpfung grafisch dar, so erhält man eine Neun-Felder-Matrix. Die AX-, AY- und AZ-Teile sind unter dem Kostenaspekt zu beachten. Eine Volumenbetrachtung muss sich auf die AX-, BX- und CX-Teile konzentrieren.

2.3.2 Neun-Felder-Matrix

Die Neun-Felder-Matrix klassifiziert das Teilesortiment in zweidimensionaler Richtung. Dabei erfolgt die Segmentierung je nach Anwendungsfall in einer feineren Gliederung. Eine Primäranalyse wird mit einer Sekundäranalyse zusätzlich untergliedert. Es ergeben sich n x n Anwendungsmöglichkeiten mit den oben genannten ABC- und XYZ-Analysen.

Tabelle 2-2:   Neun-Felder-Matrix aus einer Verbindung von ABC- und XYZ-Analyse

Klassifikation	A	B	C
X	AX	BX	CX
Y	AY	BY	CY
Z	AZ	BZ	CZ

2.4 Material-Wert-Statistik

Mit der Material-Wert-Statistik lassen sich Teile im Hinblick auf ihre wirtschaftliche Bedeutung kategorisieren. Dadurch können Aktivitäten auf bestimmte Teile beziehungsweise Teilegruppen speziell ausgerichtet werden.

2.4.1 Berechnung

Um eine Material-Wert-Statistik zu erstellen, geht man wie folgt vor:

- Errechnen des Umsatzes einer ausreichend langen Periode jedes einzelnen Teils durch Multiplikation der beschafften Mengen mit dem Einstandspreis sowie dem Gesamtumsatz

- Sortieren aller zu beschaffenden Teile in absteigender Folge nach der Höhe ihres jeweiligen Umsatzes

- Berechnen:
  - des prozentualen Anteils jedes Teils an der Gesamtzahl der Teile
  - des prozentualen Anteils jedes Teils am Gesamtumsatz

■ Kumulieren:
   - der jeweiligen prozentualen Anteile der Gesamtzahl
   - der jeweiligen prozentualen Anteile am Gesamtumsatz

■ Einteilen in A-, B-, C-Teile

Die Einteilung in A-Teile erfolgt in der Praxis durch die Bildung einer Schnittstelle, bei der ein Umsatz von 80 % erreicht wird. Die Prozentzahl des Umsatzes entspricht in der Regel bei Industrieunternehmen einem prozentualen Anteil von ca. 10 % der Gesamtpositionen. Die Einteilung in B-Teile erfolgt im Allgemeinen bei einer Schnittstelle von 95 % des Gesamtumsatzes. In unserem Beispiel entspricht diesen B-Teilen ein Anteil von 15 % am Gesamtumsatz. Die Einteilung in C-Teile ist durch diese Klassifizierung dann vorgegeben.

2.4.2   Konsequenzen

Im für die Beschaffung zuständigen Unternehmensbereich werden die Teile, abhängig von der Kategorie, zu der die einzelnen Materialien gehören, unterschiedlich verwaltet, wie im Folgenden beschrieben wird.

A-Teile

■ eingehende Markt-, Preis- und Kostenstrukturanalyse

■ Wertanalyse

■ exakte Dispositionsverfahren

■ exakte Bestandsführung

■ exakte Terminverfolgung, Notkonzepte für Terminverzug

■ genaue Überwachung der Verweildauer

■ sorgfältige Festlegung der Sicherheits- und Meldebestände

■ sorgfältige Festlegung wirtschaftlicher Bestellmengen/der Abrufmengen

B-Teile

■ Für die Artikel dieser Kategorie empfiehlt sich ein Mittelweg zwischen den Verfahren der A- und C-Teile.

C-Teile

■ einfache Dispositionsverfahren

■ keine exakte Bestandsführung nötig

■ keine exakte Überwachung der Verweildauer nötig

■ Festlegung höherer Sicherheits- und Meldebestände

■ Festlegung größerer Bestellmengen

■ Zusammenfassung der Bestellungen zu Materialgruppen

2.4.3 Praxisbeispiel

Die Bedeutung der Material-Wert-Statistik soll folgendes Beispiel zeigen. Es wird ein Mengengerüst auf zwei verschiedene Arten analysiert.

Tabelle 2-3:   *Mengengerüst Praxisbeispiel*

Klassifizierung	Anzahl Materialpositionen	Anteil in % an den Positionen	Materialverbrauch	Anteil in % am Materialverbrauch
A	500	10	192	80
B	1.500	30	36	15
C	3.000	60	12	5
Gesamt	5.000	100	240	100

Anwendung ohne ABC-Analyse (alle Teile werden gleich behandelt)

Folgende Annahmen liegen zugrunde:

■ Sicherheitszeit 20 Arbeitstage (AT)

■ Abrufhäufigkeit 1 x pro Monat (alle 20 Arbeitstage)

■ Ermittlung des täglichen Materialverbrauchs (bei 240 AT/Periode)
  täglicher Materialverbrauch: 240.000.000,- €/240 AT = 1.000.000,- €/AT

■ Ermittlung des mittleren Lagerbestandes:
  Ø LB = Abrufmenge / 2 + Sicherheitsbestand
  Ø LB = (1 Mio. € x 20) / 2 + 1 Mio. € x 20 = 30 Mio. €

■ Anzahl der Gesamtbestellungen pro Jahr
  Summe Bestellungen: (240 / 20) x 5.000 = 60.000 Bestellpositionen pro Jahr

Anwendung der ABC-Analyse (die Teile werden klassifiziert und unterschiedlich behandelt)

Folgende Annahmen liegen zugrunde:

- Sicherheitszeit:

    A-Teile: 10 AT

    B-Teile: 20 AT

    C-Teile: 40 AT

- Anlieferhäufigkeit:

    A-Teile alle 5 AT

    B-Teile alle 20 AT

    C-Teile alle 60 AT

- Täglicher Materialverbrauch:

    A-Teile: 1.000.000 x 0,80   = 800.000,- €

    B-Teile: 1.000.000 x 0,15   = 150.000,- €

    C-Teile: 1.000.000 x 0,05   =   50.000,- €

    Gesamt   = 1.000.000,- €

- Ermittlung der mittleren Lagerbestände:

    A-Teile: (800.000 x 5) / 2 + 800.000 x 10   = 10.000.000,- €

    B-Teile: (150.000 x 20) / 2 + 150.000 x 20   =   4.500.000,- €

    C-Teile: (50.000 x 60) / 2 + 50.000 x 40   =   3.500.000,- €

    Mittlerer Lagerbestand gesamt   = 18.000.000,- €

- Ermittlung der Anzahl der Bestellungen:

    Anzahl Bestellungen pro Teil:

    A-Teile: 240 / 5   = 48 Bestellungen pro Jahr

    B-Teile: 240 / 20   = 12 Bestellungen pro Jahr

    C-Teile: 240 / 60   = 4 Bestellungen pro Jahr

    $\sum$ Bestellpositionen für alle Teile:

    A-Teile: 500 x 48   = 24.000 Bestellpositionen pro Jahr

    B-Teile: 1.500 x 12   = 18.000 Bestellpositionen pro Jahr

C-Teile: 3.000 x 4   = 12.000 Bestellpositionen pro Jahr

Gesamt   = 54.000 Bestellpositionen pro Jahr

Die Auswirkungen der Anwendung der ABC-Analyse sind folgende:

- Auswirkungen auf den Lagerbestand

  Anwendung ohne ABC-Analyse = 30.000.000,- €

  Anwendung mit ABC-Analyse   = 18.000.000,- €

  Differenz   = 12.000.000,- €

- Auswirkungen auf die Anzahl der Bestellpositionen

  Anwendung ohne ABC-Analyse = 60.000 Bestellpositionen

  Anwendung mit ABC-Analyse   = 54.000 Bestellpositionen

  Differenz   = 6.000 Bestellpositionen

Diese einfache Rechnung zeigt, dass bei der Anwendung der ABC-Analyse und der damit verbundenen Teilesegmentierung folgende Effekte entstehen:

- Reduzierung des Lagerbestandes und damit des gebundenen Kapitals um 12 Mio. €, also um ca. 40 %.

- Verringerung der Anzahl der Bestellpositionen um 6.000, also um 10 %. Unter der realistischen Annahme, dass ein Bestellvorgang Kosten von 10,- € pro Position verursacht, entspricht dies dem Kostenbetrag 6.000 St. x 10,- € = 60.000,- € pro Jahr.

Aus Praxissicht fehlt in der Rechnung die Berücksichtigung der Anzahl Lieferanten je A-, B- und C-Gruppe. Bei A-Teilen hat man tendenziell mehr Lieferanten als bei C-Teilen. Daher gäbe es auch eine entsprechende Verschiebung der Kosten pro Bestellvorgang beziehungsweise Bestellposition.

2.5   Produkt-Quantum-Analyse

Während es sich bei der ABC- beziehungsweise XYZ-Analyse um ein zweidimensionales Untersuchungsmodell handelt, geht die Produkt-Quantum-Analyse (PQ-Analyse) von einer eindimensionalen Sichtweise aus. Hierbei handelt es sich um eine reine Produkt-Mengen-Betrachtung, d. h. die einzelnen Produkte des Produktionsprogramms werden im Hinblick auf ihre Verbrauchsmengen untersucht.

Die PQ-Analyse dient hinsichtlich der Teileklassifizierung in logistikorientierten ERP-Systemen dazu, die Einteilung in I-, II- und III-Teile, die mittels der ABC-Analyse erfolgt, nochmals zu überprüfen. In der Regel stellen die geringwertigen C-Teile die verbrauchsgesteuerten I-Teile dar.

Ermittelt man jedoch anhand der PQ-Analyse eine geringe Verbrauchsmenge dieses Teiles, so ist eine weitergehende Betrachtung nötig. Ist das betreffende Teil weder hinsichtlich der Durchlaufzeit noch der Wiederbeschaffungszeit kritisch, so wird es als auftragsorientiertes III-Teil eingestuft.

Die Beschaffung oder Produktion erfolgt erst bei verbindlich vorliegendem Kundenauftrag. Gibt es Engpässe bei der Durchlauf- oder der Wiederbeschaffungszeit, wird das betreffende Teil als plangesteuertes II-Teil kategorisiert.

2.6 Berechnung der wirtschaftlichen Bestellmenge

2.6.1 Grundlagen

Die Frage der optimalen oder wirtschaftlichen Bestellmenge wird in der betriebswirtschaftlichen Literatur sehr ausführlich behandelt. Die ersten Veröffentlichungen gehen auf das Jahr 1915 zurück und ihre Zahl ist heute kaum noch zu übersehen. Dabei ist das Problem zunächst sehr einfach zu definieren: Von einem Teil wird heute und in der nächsten Periode eine bestimmte Menge benötigt, d. h. der noch anzufordernde Bedarf ist bekannt. Führt man nun für dieses Teil eine Bestellung aus, hat man die Wahl zwischen zwei Möglichkeiten:

- ausschließliche Bestellung des heutigen Bedarfs

- Bestellung sowohl des heutigen als auch des künftigen Bedarfs, evtl. des Gesamtbedarfs

Die Entscheidung über die Höhe der Bestellung hat Einfluss auf bestimmte Kostenarten. Je nachdem, wie viel bestellt wird, werden bestimmte Kosten sinken, während andere steigen. Als Kostenarten sind für die Größe der Bestellung sowohl die Bestellkosten als auch die Lagerhaltungskosten entscheidend. Die Summe dieser beiden Kostenarten ergibt die Gesamtkosten für die Bereitstellung eines Artikels. Sie bestimmt die Menge, die zur Bedarfsdeckung zu einem bestimmten Zeitpunkt eingekauft wird. Die Aufgabe der Bestellmengenrechnung ist es, einen optimalen Ausgleich zwischen diesen beiden divergierenden Kostenarten zu finden.

2.6.2 Lagerzyklus

Nehmen wir ein Teil an, das die folgenden Daten aufweist:

- Stückpreis in €: 1,-

- Jahresverbrauch in Stück: 12.000

- Jahresverbrauch in €: 12.000,-

- Bestellkosten in €: 100,-

- Lagerhaltungskostenfaktor in %: 30

- kein Sicherheitsbestand nötig

Erfolgt die Beschaffung jeweils in Losgrößen von 1.000 Stück (entspricht 1.000,- €), so sind 12 Bestellungen pro Jahr nötig. Unter der Annahme einer bekannten und konstanten Wiederbeschaffungszeit sowie einer linearen Verbrauchskennlinie, kann man so planen, dass eine neue Lieferung im Werte von 1.000,- € gerade dann eingeht, wenn der vorhandene Lagerbestand gleich Null ist.

Bestellkosten

12 Bestellungen $*$ 100 € = 1.200 € pro Jahr

Ebenfalls zu berücksichtigen ist die Höhe der Lagerhaltungskosten, deren Festlegung die nachfolgende Abbildung beschreibt. Es gehen 12 Lieferungen im Werte von je 1.000,- € ein, zu Zeitpunkten, an denen kein Material mehr am Lager vorhanden ist. Der mittlere, d. h. der über den gesamten Zeitraum durchschnittlich am Lager befindliche Bestand hat einen Wert von 500,- €. Der mittlere Lagerbestand ist ein wichtiger Begriff zur Darstellung der Lagerhaltungskosten. Da der mittlere Lagerbestand die Hälfte der Bestellmenge ist, besteht die Möglichkeit, über die Bestellmengen sowohl die Anzahl der Bestellungen (und damit die Bestellkosten) als auch den Lagerbestand (und damit die Lagerhaltungskosten) zu beeinflussen.

Mittlerer Lagerbestand

$$\frac{\text{Bestellmenge}}{2}$$

Da der mittlere Lagerbestand die Bezugsgröße für die Errechnung der Lagerhaltungskosten ist, ergibt sich für das obige Beispiel:

- Bestellkosten: 1.200,- € pro Jahr

- Lagerhaltungskosten: 30 % von 500,- € = 150,- €

Somit ergeben sich Gesamtkosten in Höhe von 1.350,- €.

Abbildung 2-2:   *Entwicklung von Bestellmengen und Lagerbestand*

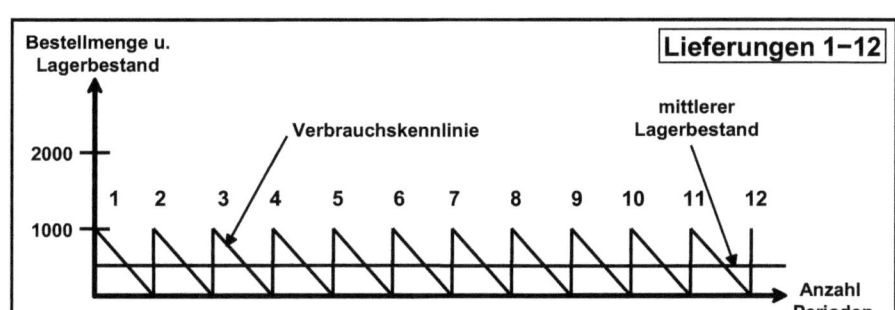

Um die wirtschaftliche Bestellmenge und dadurch einen Ausgleich zwischen Bestell-kosten und Lagerhaltungskosten zu finden, soll das angegebene Beispiel weiter ver-feinert werden. Dazu werden, wie in der folgenden Tabelle dargestellt, die Gesamtkos-ten bei verschiedenen Bestellhäufigkeiten errechnet.

Tabelle 2-4:   *Gesamtkosten bei verschiedenen Bestellhäufigkeiten*

Bestell-häufigkeit	Bestellmenge (€)	mittlerer Lagerbestand (€)	Lagerhaltungs-kosten (€)	Anzahl der Bestellungen	Bestellkosten (€)	Gesamtkosten (€)
jährlich	12.000,-	6.000,-	1.800,-	1	100,-	**1.900,-**
½ jährlich	6.000,-	3.000,-	900,-	2	200,-	**1.100,-**
¼ jährlich	3.000,-	1.500,-	450,-	4	400,-	**850,-**
alle 2 Monate	2.000,-	1.000,-	300,-	6	600,-	**900,-**
monatlich	1.000,-	500,-	150,-	12	1.200,-	**1.350,-**

Unter den angegebenen fünf verschiedenen Möglichkeiten verursacht somit eine Be-stellung in Höhe von 3.000,- € alle Vierteljahre die geringsten Gesamtkosten.

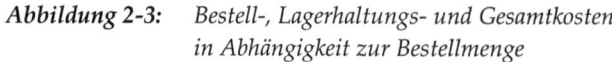

Abbildung 2-3: *Bestell-, Lagerhaltungs- und Gesamtkosten in Abhängigkeit zur Bestellmenge*

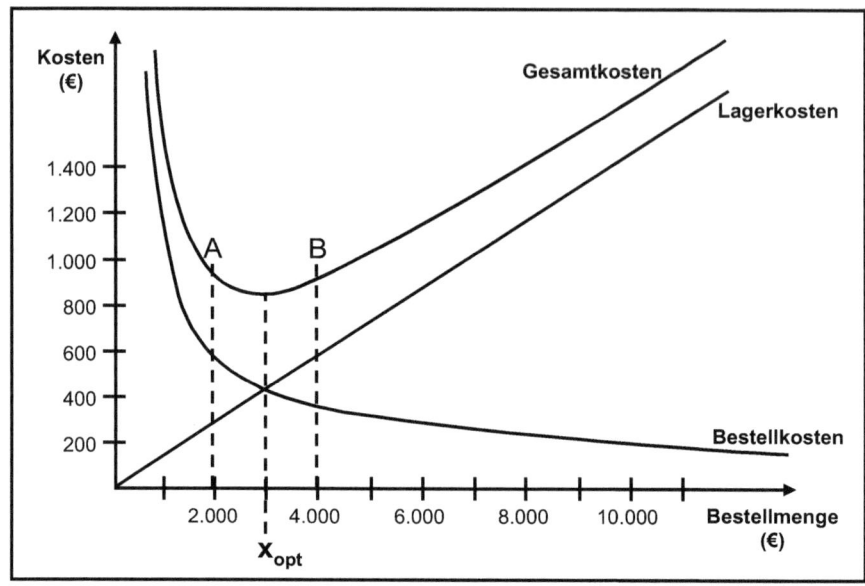

Bei der grafischen Darstellung der in der obigen Tabelle angegebenen Zahlenwerte wird deutlich, wie sich durch Ordinaten-Addition die Gesamtkostenkurve ergibt. Wie sich mathematisch nachweisen lässt, liegt das Minimum der Gesamtkostenkurve im Schnittpunkt von Bestell- und Lagerhaltungskosten.

Es lässt sich jedoch auch die geringe Abweichung der Gesamtkostenkurve bei einer geringen Variation der optimalen Bestellmenge erkennen. Der Bereich zwischen den beiden Punkten A und B kann deshalb auch als Bereich der größten Annäherung an das Optimum bezeichnet werden. Denn die Änderung der Gesamtkosten bei einer Änderung der optimalen Bestellmenge zwischen 2.000,- € und 4.000,- € ist gering. Das heißt bei konstantem Jahresbedarf sowie konstanten Lagerhaltungs- und Bestellkosten erübrigt sich eine Festlegung der Bestellmenge, sofern sich diese innerhalb der Grenzen zwischen 2.000,- € und 4.000,- € bewegt.

Neben diesem aufwendigen tabellarischen Verfahren lässt sich die optimale Bestellmenge auch anhand der klassischen Losgrößenformel ermitteln.

2.6.3 Klassische Losgrößenrechnung

Das Ziel der klassischen Losgrößenrechnung ist es, die Bestellkosten und die Lagerhaltungskosten als die beiden entscheidenden Kostenarten der Losgrößenrechnung zu minimieren. Die klassische Losgrößenformel beruht auf der Zielfunktion:

$$K_G = K_B + K_L \rightarrow \text{Minimum}$$

Dabei sind:

- K_G Gesamtkosten

- K_B Bestellkosten

- K_L Lagerhaltungskosten

Die Bestellmenge, die die Bedingung dieser Zielfunktion erfüllt, d. h. bei der die Gesamtkosten minimal werden, ist die optimale Bestellmenge. Zur Herleitung dieser optimalen Bestellmenge werden folgende zusätzliche Bezeichnungen verwendet:

- JB   Jahresbedarf (in Einheiten pro Zeiteinheit)

- x   Bestellmenge (in Einheiten pro Bestellung)

- p   Stückpreis (€)

- Lf   Lagerhaltungskostenfaktor (%)

- KB   Kosten pro Bestellung (€/Bestellung)

Die Gesamtkosten errechnen sich wie folgt:

$$K_G = K_B + K_L$$

$$K_G = \frac{JB}{x} * KB + \frac{x}{2} * p * \frac{Lf}{100}$$

$$K_G = \frac{JB}{x} * KB + \frac{p * Lf}{200} * x$$

Aus dieser Gleichung folgt:

- Der Faktor KB wird mit wachsender Bestellmenge x kleiner.

- Der Faktor KL steigt linear mit der Bestellmenge x.

Das Minimum der o. a. Gleichung erhält man durch Bildung der ersten Ableitung:

$$K_G{'} = \frac{dK_G}{dx} = -\frac{JB * KB}{x^2} + \frac{p * Lf}{200}$$

$$K_G{'} = \frac{dK_G}{dx} = 0 \Rightarrow -\frac{JB * KB}{x^2} + \frac{p * Lf}{200} = 0$$

Durch die Auflösung dieser Gleichung nach x erhält man unter der Annahme, dass K$_G''$ ≠ 0 ist, die klassische Losgrößenformel, die auch „Andler-Formel" genannt wird:

Klassische Losgrößenformel

$$x_{opt} = \sqrt{\frac{200 * KB * JB}{p * Lf}}$$

Beim Anwenden dieser Formel ist darauf zu achten, dass der Lagerhaltungskostenfaktor (Lf) mit 100 multipliziert beziehungsweise als dimensionslose Zahl eingegeben wird.

2.6.3.1   Voraussetzungen für die Anwendung der klassischen Losgrößenformel

■ Die wichtigsten Kostenarten bei der Berechnung der wirtschaftlichen Bestellmenge sind die Bestell- und Lagerhaltungskosten (KB und KL), wobei die letzteren als Prozentsatz des mittleren Lagerbestandes angegeben werden.

■ Die Verbrauchskennlinie verläuft linear. Hier wird unterstellt, dass nach dem Eingang der Lieferung der Verbrauch konstant ist.

■ Der Lagerhaltungskostenfaktor ist bekannt und im Betrachtungszeitraum konstant.

■ Die Bestellkosten sind bekannt und im Betrachtungszeitraum konstant.

■ Der Jahresbedarf ist bekannt und im Betrachtungszeitraum konstant.

■ Die Grenzkosten für die Bestellung einer zusätzlichen Mengeneinheit bei einem einmaligen Einkauf sind konstant, d. h. es erfolgt keine Berücksichtigung von Mengenrabatten.

■ Die bestellte Menge wird auf einmal geliefert, d. h. es erfolgt keine Berücksichtigung von Teillieferungen (keine Über- beziehungsweise Unterlieferungen).

■ Die Bestellungen einzelner Artikel sind voneinander unabhängig. Es erfolgt keine Berücksichtigung einer Verbunddisposition, d. h. die Tatsache, dass mehrere Artikel gemeinsam disponiert und beschafft werden müssen, wird ignoriert.

■ Die Wiederbeschaffungszeit ist bekannt und konstant.

■ Für die Beschaffung und Bereitstellung stehen ausreichend Kapital und Lagerraum zur Verfügung.

2.6.3.2 Kostenfaktoren bei der Anwendung der klassischen Losgrößenformel

Im Folgenden wird dargelegt, aus welchen Anteilen sich Bestellkosten (K_B) und Lagerhaltungskosten (K_L) zusammensetzen.

Bestellkosten

Zu den Bestellkosten zählen die Kosten

- der Beschaffungsmarktforschung,
- der Lieferantenauswahl und der Materialdisposition,
- der Wareneingangsprüfung,
- des internen Transports,
- der Einlagerung und
- der administrativen Abwicklung einschließlich der Prüfungsvorgänge.

Lagerhaltungskosten

Die Lagerhaltungskosten setzen sich aus Kosten zusammen, die im Folgenden näher erläutert werden.

- Kosten der Kapitalbindung (Lagerzinsen)

  Hier wird nicht der banktübliche Zins als Faktor verwendet, sondern sinnvollerweise die Verzinsung des investierten Kapitals, d. h. dessen Rentabilität (interner Zinsfuß). Bei dieser Berechnung werden sowohl der Umsatzerfolg als auch der Umschlag des investierten Kapitals berücksichtigt, zwei Faktoren, die in direkter Beziehung zu den Kosten des im Lager gebundenen Kapitals stehen.

- Lagerungskostensatz

$$\frac{\text{Lagerungskosten der Periode} * 100}{\text{durchschnittlicher Lagerwert der Periode}}$$

- Raumkosten

  Die Raumkosten sind, unabhängig davon, ob genügend Lagerfläche vorhanden oder der Füllgrad der Behälter gering ist, zu den Lagerhaltungskosten hinzuzuaddieren. Wird wegen der Beschaffung größerer Mengen zusätzlicher Lagerraum benötigt, kann dieser durch den Neubau oder das Anmieten von Lagern gedeckt werden. Freiwerdende Flächen können mittelfristig z. B. als Produktionsfläche genutzt werden.

▪ Kosten spezieller Lagerung

Bestimmte Materialien unterliegen besonderen Bestimmungen zur Lagerung. Sie müssen z. B. entweder im Kühllager (wie z. B. fotografische Produkte) verbunden mit hohen Energiekosten oder in einem Safelager (wie z. B. wertvolle Wirkstoffe oder Gifte), verbunden mit einem hohen Aufwand aufgrund separater Lagerfläche und durchgängigen Dokumentationspflichten, aufbewahrt werden.

▪ Kalkulatorische Zinsen und Abschreibungen für die Lagereinrichtung (Abschreibungszeiträume sind gesetzlich geregelt)

In der Praxis sind starke Schwankungen des Lagerhaltungskostenfaktors festzustellen. Der Lagerhaltungskostenfaktor – mit den wesentlichen Anteilen von Lagerzinsen und Lagerungskosten – bewegt sich zwischen 12 % und 35 %, bezogen auf den jeweiligen mittleren Lagerbestand.

2.6.4   Segmentierung in I-, II- und III-Teile

Um eine optimale Materialdisposition zu erreichen, müssen sämtliche im Teilespektrum vorhandenen Teile und Baugruppen auf ihre Dispositionsart festgelegt werden. Dazu ist eine Segmentierung des gesamten Teilespektrums vorzunehmen. Ziel ist es, eine kundenanonyme Vorfertigung sowie eine auftragsbezogene Fertigung und Montage durch die folgenden geeigneten Dispositionsverfahren planerisch abzusichern.

2.6.4.1   I-Teile (verbrauchsgesteuert)

Bei den I-Teilen handelt es sich um geringwertige Teile, die aufgrund ihrer geringen Kapitalbindung zur Lagerhaltung geeignet sind. Ausgehend von prognostizierten Periodenbedarfen ermittelt die Produktionsprogrammplanung die notwendigen Abrufe.

Die Einplanung eines Produktionsloses für die I-Teile/Baugruppe erfolgt, wenn sein Meldebestand erreicht ist. Grundlage für die Bestimmung des Meldebestandes ist eine Reichweitenanalyse.

Reichweite je I-Teil in Tagen

$$\frac{\text{Summe der Bestände}}{\text{durchschnittlicher Abgang / Arbeitstag je Planungsperiode}}$$

Ist die Reichweite eines Teiles kürzer als die Wiederbeschaffungszeit, die Lieferzeit und die Sicherheitszeit, so wird automatisch eine Bedarfsmeldung erzeugt (mittels elektronischem Kanban o. Ä.).

2.6.4.2 II-Teile (plangesteuert)

Die II-Teile sind für die Produktion besonders problematisch. Durch ihre hohe Wertigkeit und die damit verbundene große Kapitalbindung wäre es wünschenswert, sie möglichst bestandslos zu halten. Da ihre Durchlaufzeit beziehungsweise Wiederbeschaffungszeit jedoch höher ist als ihre Lieferzeit, ist eine Lagerhaltung dennoch unumgänglich.

Die Produktionsprogrammplanung hat diesen konträren Zielsetzungen Rechnung zu tragen. Durch eine exakte Planvorgabe wird der Bereitstellungstermin für die II-Teile ermittelt. Ausgehend von dem Zeitpunkt, zu dem die Produktionsprogrammplanung einen Kundenauftrag erwartet, werden die benötigten II-Teile so eingeplant, dass sie zu diesem Zeitpunkt bereitstehen.

2.6.4.3 III-Teile (auftragsgesteuert)

Diese Teile sind besonders hochwertig und sollten daher einer JIT-Bereitstellung unterliegen. Ihre Einplanung erfolgt erst, nachdem der aus Kundenaufträgen abgeleitete Bedarfstermin vorliegt. Die Produktionsprogrammplanung hat die Aufgabe, ein ausreichendes Angebot an Ressourcen vorzuhalten, damit bei Auftragseingang die Auftragsdisposition die Teile sofort einplanen kann.

Aus dem prognostizierten Bedarf an Enderzeugnissen werden mit einer Stücklistenauflösung die III-Teile/Baugruppen ermittelt. Summarisch für alle III-Teile/Baugruppen werden die benötigten Ressourcen festgestellt und der jeweilige Bedarf pro Periode überprüft. Die Produktionsprogrammplanung orientiert sich an den Engpassressourcen. Je früher eine Information über einen künftigen Engpass bekannt ist, desto größer ist die Chance, darauf kostengünstig reagieren zu können.

Dieses Verfahren einer umfassenden Betrachtung der III-Teile/Baugruppen kann auch für mittel- und langfristige Investitionsentscheidungen eingesetzt werden, um fortwährende Engpassressourcen zu beseitigen.

2.6.4.4   Merkmale der I-, II-, III-Teile

Tabelle 2-5:   *Merkmale der I-, II-, III-Teile*

Merkmal	I-Teile	II-Teile	III-Teile
Art der Planung	dezentrale Steuerung; Auslösung erfolgt bei Unterschreitung des Meldebestandes	zentrale Disposition, hoher Planungsaufwand	geringerer Planungsaufwand, Auftragsdisposition
Art der Steuerung	plangesteuert anhand des Produktionsplanes (z.B. Jahresbedarf) und verbrauchsgesteuert (Bestandssteuerung)	plangesteuert aufgrund rollierender Planung; Plan- und Terminsteuerung	auftragsgesteuert anhand Kundenauftrag; Terminsteuerung aufgrund der Liefertermine
Steuerungssystem	Kanban o. Ä.	Kanban oder MRP II	JIT/JIS
Fertigungsmenge	kontinuierliche oder diskontinuierliche Fertigung	Fertigung nach Absatzprognose	gezielte Steuerung
Losgröße	errechnet sich anhand von Simulationen, Ziel: Kostenminimierung (Lagerhaltungskosten, Wareneingänge, Füllgrad, usw.)	Vorgabe anhand rollierender Planung, Schwankungen möglich aufgrund veränderlicher Anzahl der kritischen Teile	schwankend, da abhängig von den deterministischen Kundenaufträgen
Lagerhaltigkeit	Pufferlager (z. B. Supermarkt)	Zwischenlager/ Sicherheitsbestand	nicht lagerhaltig
Teilestruktur	CX-, CY-, CZ-Teile	BX-, BY-, BZ-Teile AX-, AY-, AZ-Teile, die durchlaufzeit- oder wiederbeschaffungskritisch sind	AX-, AY-, AZ-Teile, BX-, BY-, BZ-Teile die weder durchlaufzeit- noch wiederbeschaffungskritisch sind
Abruf	verbrauchsgesteuert, Abgang induziert neue Lieferung	erfolgt anhand rollierender Planung	Einplanung erfolgt nach Kundenabruf/ Kundenauftrag
Ziele	optimale Losgröße bei minimalen Gesamtkosten	Erhöhung der Liefertermintreue; Priorität des Liefertermins vor den Lagerhaltungskosten	Materialflussorientierung bei minimaler Durchlaufzeit

2.6.5 Näherungsverfahren zur Festlegung der Bestellmenge bei schwankendem Bedarf

2.6.5.1 Grundlagen

Um die optimale Bestellmenge bei schwankendem Bedarf bestimmen zu können, müssen zwei Eigenschaften des Kostenminimums bei der klassischen Losgrößenformel herausgestellt werden, da sie zusammen die Grundlagen der beiden hier genannten Lösungsverfahren bilden:

1. Eigenschaft

Das Minimum der jährlichen Kosten ist identisch mit dem Minimum der Stückkosten. Beide ergeben sich bei x_{opt}.

$$k = \frac{K_G}{JB} = \frac{KB}{x} + \frac{x}{2} * \frac{p*Lf}{JB*100}$$

Wird die Gleichung differenziert und die 1. Ableitung gleich Null gesetzt, erhält man:

Klassische Losgrößenformel

$$x_{opt} = \sqrt{\frac{200*KB*JB}{p*Lf}}$$

2. Eigenschaft:

Die optimale Bestellmenge und damit das Kostenminimum liegen genau dort, wo Bestellkosten und Lagerhaltungskosten identisch sind:

$$K_B = K_L \Leftrightarrow \frac{JB}{x}*KB = \frac{x}{2}*p*\frac{Lf}{100}$$

$$x^2 = \frac{200*KB*JB}{p*Lf} \quad \text{beziehungsweise} \quad x_{opt} = \sqrt{\frac{200*KB*JB}{p*Lf}}$$

Während bislang ein gleichmäßiger Lagerabgang vorausgesetzt wurde, soll nun die Möglichkeit der schwankenden Nachfrage bestehen. Die Lieferung soll in diesem Beispiel nur zu Beginn einer Periode vorgenommen werden und zwar genau dann, wenn in der vorausgegangenen Periode der Lagerbestand auf Null abgesunken ist. Als Zeiteinheit wird nicht mehr das Jahr verwendet, sondern es werden Perioden gewählt (z. B. Tage, Wochen, Monate), für die der jeweilige Bedarf anzugeben ist. Innerhalb einer Berechnung bleibt allerdings die Periode konstant.

Als Begriffe werden verwendet:

- $x_{i,j} = \sum\limits_{n=i}^{j} m_n$ Bestellmenge, die Bedarf von Beginn der Periode i bis Periode j deckt

- m_i Menge, die sofort in der Periode i verbraucht wird

- m_{i+1} Menge, die eine Periode lagert, wird erst in Periode i+1 verbraucht

- m_{i+2} Menge, die zwei Perioden lagert, wird erst in Periode i+2 verbraucht

- m_j Menge, die Perioden (j-i) lagert, wird erst in Periode j verbraucht

- K_B bestellfixe Kosten je Bestellvorgang [€]

- K_L Lagerhaltungskosten je ME und Periode [€/(ME je Periode)]

2.6.5.2   Verfahren der gleitenden Bestelloptimierung

Das Verfahren der gleitenden Bestellmengenoptimierung verwendet die aus der klassischen Bestellmengenformel abgeleitete erste Eigenschaft des Minimums zwischen Gesamt- und Stückkosten.

Für die Bestellmenge gilt:

$$x_{i,j} = \sum\limits_{n=i}^{j} m_n$$

Die Kosten für die Bestellung und die Lagerung der nicht in der Periode i verbrauchten Menge betragen:

$$K_{i,j} = K_B + K_L * \sum\limits_{n=i+1}^{j} (n-i) \cdot m_n$$

- $(n-i)$ Anzahl von Perioden der Lagerung der jeweiligen Menge

- m_n Menge der jeweiligen Periode

Bei diesem Verfahren geht man nun von den folgenden Voraussetzungen aus:

- Die in der Periode i verbrauchte Menge verursacht keine Lagerhaltungskosten.

- Die in der Periode i+1 verbrauchte Menge lagert eine Periode und verursacht dementsprechend Lagerhaltungskosten für eine Periode.

- Die in der Periode i+2 verbrauchte Menge lagert zwei Perioden und verursacht Lagerhaltungskosten für zwei Perioden usw.

Auf jedes Stück der Sendung entfallen folgende Stückkosten:

$$k_{i,j} = \frac{K_{i,j}}{x_{i,j}} = \frac{K_B + K_L * \sum\limits_{n=i+1}^{j} (n-i) \cdot m_n}{\sum\limits_{n=i}^{j} m_n}$$

Diese Stückkosten sollen minimiert werden. Die Prinzipien des Verfahrens der gleitenden Bestellmengenoptimierung lauten: Eine Bestellmenge $x_{i,j}$ wird um die Bedarfsmenge der nächsten Periode vergrößert auf $x_{i,j+1}$, wenn sich dadurch die Stückkosten senken lassen, wenn also:

$$k_{i,j} > k_{i,j+1}$$

Die Bestellmenge bleibt dagegen auf $x_{i,j}$ beschränkt – und stellt somit die wirtschaftliche Bestellmenge dar –, falls die Stückkosten durch Vergrößerung der Bestellmenge auf $x_{i,j+1}$ nicht kleiner werden, falls also:

$$k_{i,j} \le k_{i,j+1}$$

Anmerkung:

Das Verfahren der gleitenden Bestellmengenoptimierung ist ein Näherungsverfahren, das insbesondere bei hohen fixen Kosten nicht in jedem Fall zu einer kostenoptimalen Bestellmenge führt. Bei der heute üblichen Bestellabwicklung über elektronische Medien werden die fixen Kosten aber immer geringer, sodass eine weitgehende Verwendbarkeit des Verfahrens gewährleistet ist. Bei Zweifeln sollte sich eine Überprüfung des Ergebnisses durch andere Verfahren anschließen.

2.6.5.3 Part-Period-Verfahren

Das Part-Period-Verfahren basiert auf der aus der klassischen Losgrößenformel abgeleiteten zweiten Eigenschaft, nämlich dass das Gesamtkostenminimum dort liegt, wo Bestell- und Lagerhaltungskosten gleich sind.

Diese Interpretation der zweiten Eigenschaft ergibt, dass bei kontinuierlichem Verbrauch das Verhältnis von Bestellkosten zu Lagerhaltungskosten pro Periode und Mengeneinheit gleich ist dem auf die Periode bezogenen durchschnittlichen Lagerbestand ($x/2$) während der Zeitdauer x/m.

Die Konstante (K_B/K_L) ist dann also gleich dem Produkt aus der halben durchschnittlichen Menge eines Loses und der Zeitdauer, in der dieses Los den Bedarf deckt, also gelagert wird. Das Part-Period-Verfahren hat seinen Namen daher, dass die Vergleichsgröße K_B/K_L die Dimension (Mengeneinheit x Periode) oder den Umfang (Stück x Periode = parts x period) hat.

Das Prinzip des Part-Period-Verfahrens besteht darin, dass mit der Größe (K_B/K_L) die Produkte aus Lagerbestand und Lagerdauer verglichen werden.

Durch Lagerung einer bestellten Menge $x_{i,j}$ erhält man schließlich für die Produkte aus Lagerbestand und Lagerdauer folgenden Ausdruck:

$$0 * m_i + 1 * m_{i+1} + 2 * m_{i+2} + \ldots + (j-i) * m_j = \sum_{h=i}^{j} (h-i)m_h = V_{i,j}$$

Ziel ist es nun, einen Vergleichswert $V_{i,j}$ zu suchen, der dem Verhältnis K_B/K_L möglichst nahe kommt.

Vorgehen

Mit $V_{1,1}$ beginnend, werden $V_{1,2}$, $V_{1,3}$ usw. so lange berechnet, wie diese Werte immer kleiner oder gleich dem Verhältnis K_B/K_L sind. Ist ein Wert $V_{1,e+1}$ gefunden, der größer als K_B/K_L ist, so stellt $x_{1,e}$ die erste wirtschaftliche Bestellmenge dar und für die weiteren Perioden wird mit $V_{e+1,e+1}$ über $V_{e+1,e+2}$ usw. in analoger Weise verfahren.

Dabei dient die folgende Formel als Rechenhilfe:

$$V_{i,j} = V_{i,j+1} + (j-i) * m_j$$

Das Part-Period-Verfahren ist ebenfalls ein Näherungsverfahren, dessen Ergebnisse dabei umso genauer werden, je kleiner die Periodenlängen und je weniger schwankend die Bedarfsmengen sind.

2.7 Festlegung des Bestellpunktes

2.7.1 Grundlagen

Nach der Bestimmung der wirtschaftlichen Bestellmenge geht es nun um die Frage des richtigen Zeitpunktes für die Auslösung der Bestellung. Erreicht oder unterschreitet der verfügbare Bestand den Meldebestand, ist eine neue Bestellung auszulösen. Der Bestellpunkt entspricht somit dem verfügbaren Bestand zum Zeitpunkt der Bestellung.

Im Zeitraum vom Auslösen der Bestellung bis zur Verfügbarkeit der neuen Lieferung soll der vorhandene (= verfügbare) Lagerbestand verbraucht werden. Der Bestellpunkt muss so festgelegt werden, dass der voraussichtliche Verbrauch während der Wiederbeschaffungs- und Überprüfungszeit durch den vorhandenen Lagerbestand gedeckt werden kann.

Unterdeckungen und Unterschreitungen des Sicherheitsbestandes sollen vermieden werden. Der Bestellpunkt legt fest, wann die benötigte Materialmenge bestellt wird, um den Bedarf abzudecken. Die Menge entspricht dem Verbrauch, der zwischen dem Auslösen einer Bestellung und deren Verfügbarkeit am Lager voraussichtlich auftreten wird.

Wir definieren somit den Bestellpunkt als die Menge, bei deren Erreichen der Abruf beim Lieferanten erfolgen muss, damit bei der Ankunft und Verfügbarkeit des bestellten Materials die Höhe des Lagerbestandes dem Sicherheitsbestand entspricht.

2.7.2 Einflüsse auf den Bestellpunkt

Der Bestellpunkt ist von folgenden Faktoren abhängig:

- Wiederbeschaffungszeit

  Unter der Wiederbeschaffungszeit verstehen wir den Zeitraum, der vom Auslösen einer Bestellung bis zur Verfügbarkeit der Ware vergeht.

- Überprüfungszeit

  Unter der Überprüfungszeit verstehen wir den Zeitraum, der von einer Überprüfung (die dazu dient festzustellen, ob der Zeitpunkt für eine Nachbestellung gekommen ist) zur nächstfolgenden Überprüfung vergeht.

- Genauigkeit der Verbrauchsvorhersage

  Überschreitet der tatsächliche Verbrauch den Vorhergesagten, so treten Unterdeckungen auf, die zu Störungen führen. Will man derartige Unterdeckungen vermeiden, erhöht man den Bestellpunkt um einen entsprechenden Wert, den sogenannten Sicherheitsbestand. War die Vorhersage niedriger als der tatsächliche Verbrauch, so wird der Sicherheitsbestand angegriffen. Damit treten bei richtiger Bestimmung des Sicherheitsbestandes keine Unterdeckungen auf.

- Zuverlässigkeit des Lieferanten

  Ein wesentliches Kriterium für die Lieferantenauswahl ist die Zuverlässigkeit (Liefertermin und Mengentreue). Eventuelle Überschreitungen zugesagter Liefertermine erfordern ebenso eine Heraufsetzung des Bestellpunktes wie Differenzen zwischen bestellter und gelieferter Warenmenge.

2.7.2.1 Wiederbeschaffungszeit

Die Wiederbeschaffungszeit setzt sich zusammen aus

$$t_W = t_A + t_L + t_P$$

- ◼ t_W Wiederbeschaffungszeit

- ◼ t_A Auftragsvorbereitungszeit

- ◼ t_L Lieferzeit

- ◼ t_P Prüf- und Einlagerungszeit

Bei der Wiederbeschaffung sind folgende Faktoren zu berücksichtigen:

Auftragsvorbereitungszeit

- ◼ Lieferantenfestlegung

- ◼ Anfrage

- ◼ Angebotsvergleich

- ◼ Lieferantengespräche

- ◼ Lieferantenauswahl

- ◼ Bestellungsdurchführung

Lieferzeit

- ◼ Auftragsbearbeitung

- ◼ Lieferantenfertigungszeit

- ◼ Qualitätssicherung des Lieferanten

- ◼ Verpackung

- ◼ Anlieferung

Prüf- und Einlagerungszeit

- ◼ Auspacken

- ◼ Wareneingangsprüfung

- ◼ Einlagerung oder Produktionsbereitstellung

- ◼ Warenverbuchung

Ist die Wiederbeschaffungszeit ermittelt, kann man durch die Erhebung des Verbrauchs während der Wiederbeschaffungszeit den Bestellpunkt berechnen.

Bestellpunkt

Wiederbeschaffungszeit (t_W) * voraussichtlicher Verbrauch während t_W

Anzumerken ist hierbei, dass die Formel an dieser Stelle im Kapitel noch unvollständig ist. Im Folgenden wird erklärt, welche weiteren Zeiten relevant sind.

2.7.2.2 Überprüfungszeit

Unter der Überprüfung des Bestandes eines Teils verstehen wir den Vergleich des verfügbaren Bestandes mit dem Bestellpunkt.

Verfügbarer Bestand
= körperlicher Lagerbestand
+ fest vorgebene Bestellungen
- Auftragsvormerkungen/Auftragsrückstände

Bestellpunkt und verfügbarer Bestand werden miteinander verglichen, um festzustellen, ob der Zeitpunkt für das Auslösen einer Bestellung gekommen ist. Eine Bestellung erfolgt nur dann, wenn der verfügbare Bestand den Meldebestand/Bestellpunkt erreicht oder unterschreitet:

1. verfügbarer Bestand > Meldebestand → keine Bestellung

2. verfügbarer Bestand ≤ Meldebestand → Bestellung

Überprüft man die Lagerbestände nicht täglich auf eventuell notwendige Nachbestellungen, sondern nur in größeren Zeitabschnitten (z. B. monatlich), so müssen zu Beginn eines Überprüfungsintervalls all die Nachbestellungen ausgelöst werden, die während des nächsten Intervalls fällig wären. Das heißt, zur Wiederbeschaffungszeit muss noch die Überprüfungszeit hinzugefügt werden, wenn keine Unterdeckungen eintreten sollen.

2.7.2.3 Genauigkeit der Bedarfsvorhersage

Wird der voraussichtliche Verbrauch während der Wiederbeschaffungs- und Überprüfungszeit zu gering berechnet, so resultiert daraus eine Unterdeckung, die Störungen in der Produktionsversorgung verursachen kann. Um solche Störungen zu vermeiden, kann ein zusätzlicher Bestand angelegt werden, der Sicherheitsbestand.

Der Sicherheitsbestand (SB) ist ein sinnvoller Schutzpuffer, er erhöht jedoch die Lagerhaltungskosten. Dies geschieht deshalb, weil der Sicherheitsbestand in alle Bestandsrechnungen mit einbezogen wird. Er lässt sich folgendermaßen darstellen:

- Mindestbestand (eiserner Bestand): $\quad x_{min} = SB$

- Mittlerer Lagerbestand: $\quad \bar{x} = \dfrac{x_{opt}}{2} + SB$

- Maximaler Lagerbestand: $\quad x_{max} = x_{opt} + SB$

Das Dilemma zwischen Erhöhung der Lagerkosten oder Gefahr der Unterdeckung ließe sich nur dann vermeiden, wenn der voraussichtliche Verbrauch während der Wiederbeschaffungs- und Überprüfungszeit genau zu ermitteln wäre und man darüber hinaus von einem minimalen Beanstandungsgrad beim Lieferanten hinsichtlich Termin, Menge und Qualität ausgehen könnte.

Nur in diesem Fall könnte man auf den Sicherheitsbestand verzichten. Da jedoch weder eine Bedarfsvorhersage mit 100%iger Genauigkeit möglich noch in der Regel der Beanstandungsgrad des Lieferanten so gering ist, dass er vernachlässigt werden kann, ist ein Schutz gegen Unterdeckungen, folglich ein Sicherheitsbestand, in der Praxis zwingend notwendig.

Der Sicherheitsbestand sollte jedoch aus Furcht vor Risiken nicht so groß sein, dass jegliche Unterdeckung ausgeschlossen ist. Der Einfluss des Sicherheitsbestandes auf den mittleren Lagerbestand und damit auf die Lagerhaltungskosten ist so groß, dass dieser – in Abhängigkeit verschiedener Einflussfaktoren – exakt festgelegt werden muss.

Die **endgültige Formel des Bestellpunktes (BP)** lautet:

$$\text{Wiederbeschaffungs - und Überprüfungszeit} * \text{voraussichtlicher Verbrauch} + SB$$

2.8 Festlegung des Sicherheitsbestandes

2.8.1 Grundlagen

Sicherheitsbestände sind einerseits notwendig, um Unterdeckungen zu vermeiden, sie verursachen andererseits jedoch Lagerhaltungskosten. Deshalb muss ein Ausgleich zwischen diesen Vor- und Nachteilen gefunden werden.

2.8.2 Steuerung über Sicherheitstage

Ein langfristig steigender oder fallender Verbrauch muss eine Änderung des festgelegten Sicherheitsbestandes auslösen. In der Praxis wird häufig mit Sicherheitstagen gearbeitet, die dann durch eine Multiplikation mit dem Verbrauch die entsprechenden Sicherheitsbestände ergeben.

Folgende Formel liegt hier zugrunde:

SB = Sicherheitszeit in Tagen * täglicher Verbrauch

Folgende Gesichtspunkte machen die Anwendung von Sicherheitstagen in der Praxis sinnvoll:

- Die Sicherheitsbestandspolitik lässt sich schnell und einfach vorgeben. Je nach Beschaffungsquelle (u. a. Entfernung, Zuverlässigkeit) oder Teilebeschaffenheit (Wichtigkeit des Teils für die Produktion, Wiederbeschaffungsmöglichkeiten) können Sicherheitstage dementsprechend an Lieferant oder Teilespektrum angepasst werden. Eine einfache pauschale Erhöhung des Sicherheitsbestandes ist jedoch unwirtschaftlich.

- Es ist eine einfache, teilebezogene und dem Verbrauch angepasste Überwachung der Sicherheitsbestände möglich.

- Die Verbrauchsänderungen eines spezifischen Teiles führen sofort zu einer Änderung beziehungsweise Anpassung des jeweiligen Sicherheitsbestandes. Diese kann auch nach den Berechnungen der Verbrauchsänderungen mit EDV-unterstützten Systemen zeitnah erfolgen.

- Durch die selektive Vorgabe von Sicherheitstagen ist eine einfache Kontrolle möglich.

2.8.3 Veränderung der Verbrauchskennlinie und Lieferzeitverzögerung

Der Sicherheitsbestand lässt sich wie folgt berechnen:

Sicherheitsbestand

= möglicher Mehrverbrauch während der normalen Wiederbeschaffungszeit
und Überprüfungszeit

+ (mögliche Lieferzeitverzögerung * voraussichtlichem
durchschnittlichen Verbrauch dieser Zeit)

Diese Formel berücksichtigt zwei Aspekte:

- Veränderung der Verbrauchskennlinie, falls der tatsächliche Verbrauch größer als der vorhergesagte sein sollte

- Lieferzeitüberschreitungen, wenn Teile erst zu einem späteren als dem vereinbarten Termin geliefert werden

Die Formel berücksichtigt jedoch nicht den gewünschten Grad der Anlieferbereitschaft und damit auch nicht die Risiken, wenn bestimmte Materialien nicht zu einem exakt festgelegten Zeitpunkt an die Produktion geliefert werden.

2.8.4   Veränderung der Verbrauchskennlinie und Festlegung des Servicegrades

2.8.4.1   Grundlagen

Durch einen verminderten oder erhöhten Verbrauch während der Wiederbeschaffungs- und Überprüfungszeit ergibt sich ein gewisser Streubereich in der Verbrauchskennlinie. Starke Änderungen der Verbrauchskennlinie resultieren aus großen Abweichungen einzelner Verbrauchswerte vom durchschnittlichen Verbrauch.

Sollen sich selbst bei starken Abweichungen der Nachfrage keine Unterdeckungen ergeben, so bedingt dies hohe Sicherheitsbestände, die wiederum zu den beschriebenen hohen Lagerhaltungskosten führen.

Trotz einer eventuell ungeplanten, nicht erwarteten stärkeren Nachfrage nach einem bestimmten Teilespektrum der Produktion dürfen die Sicherheitsbestände nicht so groß sein, dass die daraus resultierenden Lagerhaltungskosten die Gewinne übersteigen, die aus der Versorgungssicherung entstehen. Das heißt, es muss geprüft werden, ob man ein kalkulierbares Risiko dahingehend eingehen kann, dass nicht zu jeder Zeit jede Nachfrage der Produktion in beliebiger Menge erfüllt werden kann. Damit akzeptiert man bewusst, dass eventuell ein bestimmter Prozentsatz der Nachfragen nicht erfüllt werden kann.

2.8.4.2   Begriff Servicegrad (SG)

Entsprechend der Ausführung im obigen Abschnitt beschreibt der Servicegrad die Höhe der Belieferungsqualität. Dieser als Servicegrad definierte Prozentsatz bezeichnet die Erfüllung der Anforderungen der Produktion durch die Logistik. Dies umfasst die Bereitstellung von Teilen oder Teilegruppen aus Lagereinheiten, aus Direktbelieferungen oder JIT-Belieferungen bis zum Verbauort innerhalb der Produktion.

Der Servicegrad (SG) wird wie folgt definiert:

■ $\dfrac{\text{Anzahl der Produktionsanlieferungen}}{\text{Anzahl der angeforderten Produktionsanlieferungen}} * 100\%$

■ $\dfrac{\text{Anzahl der ausgelieferten Positionen}}{\text{Anzahl der angeforderten Positionen}} * 100\%$

■ $\dfrac{\text{Wert der ausgelieferten Materialien}}{\text{Wert der angeforderten Materialien}} * 100\%$

Beispiel:

Können in einem Lager jährlich von 100.000 Positionen 95.000 sofort oder innerhalb eines befriedigenden (vorab definierten) Zeitraumes erfüllt werden, beträgt der Servicegrad (SG):

$$\frac{95.000}{100.000} * 100\% \Rightarrow 95\%$$

Es ist in der Praxis kaum möglich, eine 100%ige Lieferbereitschaft zu erreichen. Hierfür sind die folgenden Gründe maßgebend:

Fehler in der eigenen Unternehmung

■ Fehler in der Disposition

■ Fehler in der Bestellabwicklung

■ Fehler bei der Einlagerung

■ Fehler beim innerbetrieblichen beziehungsweise außerbetrieblichen Transport

■ Fehler bei der Kommissionierung

■ Fehler bei der Lagerbuchführung

Fehler des Lieferanten

■ Überschreiten der Lieferzeit

■ Lieferung fehlerhafter Teile

■ Lieferung falscher Teile

■ Lieferung in zu geringen Mengen

Sonstige Gründe

■ Lagerhaltungskosten

■ Verbrauchsstruktur

Die Abhängigkeit der Lagerhaltungskosten vom Servicegrad erlaubt verschiedene Möglichkeiten für einen Ausgleich zwischen diesen beiden Faktoren:

- Einhaltung eines bestimmten Servicegrades bei möglichst geringen Kosten
  (= realistische Möglichkeit)

- Verbesserung des Servicegrades bei vorgegebenen Kosten
  (= realistische Möglichkeit)

- Verbesserung des Servicegrades bei gleichzeitiger Kostensenkung
  (= optimistisches Ziel)

- Verbesserung des Servicegrades bei gleichzeitiger Kostenerhöhung
  (= unwirtschaftliche Möglichkeit, die jedoch eine wirtschaftlich notwendige Maßnahme darstellen kann)

- Verminderung des Servicegrades unter ein vom Markt akzeptiertes Maß
  (= unrealistische Möglichkeit und langfristig wirtschaftlich nicht vertretbar)

2.8.4.3 Berechnung des Sicherheitsbestandes mithilfe der Servicefunktion

Die bislang durchgeführten Berechnungen für den Sicherheitsbestand hatten die folgenden Nachteile:

- Es kann kein Sicherheitsbestand auf der Basis eines festgelegten Servicegrades definiert werden.

- Der Einfluss der Bestellmenge auf die Höhe des Sicherheitsbestandes wird nicht berücksichtigt.

Mithilfe der Servicefunktion können wir die beiden angegebenen Nachteile ausschalten. Für diese Servicefunktion gilt im Zusammenhang mit der optimalen Bestellmenge, der einfachen mittleren Abweichung und dem gewünschten Servicegrad folgende Formel:

Servicefunktion (SF)

$$\frac{x_{opt}}{AD} * (1 - SG_g)$$

- AD   einfache mittlere Abweichung

- x_{opt} optimale Bestellmenge

- SG_g gewünschter Servicegrad

Beispiel 1:

Gegeben ist das Teil 4711 mit den folgenden Daten:

- x_{opt}: 800 Stück

- Jahresbedarf (JB): 1.600 Stück

- AD: 100 Stück

- SG_g: 95 %

Für den Wert der Servicefunktion ergibt sich somit:

$$\frac{800}{100} * (1 - 0,95) = 8 * 0,05 = 0,4$$

Für den Wert der Servicefunktion von 0,4 folgt ein Sicherheitsfaktor t von 0,2.[1]

Für die Standardabweichung gilt unter der Annahme einer ausreichend großen Häufigkeit n (für $n \rightarrow \infty$):

$$\sigma = 1,25 * AD$$

Für die Standardabweichung ergibt sich:

$$\sigma = 1,25 * 100 = 125$$

Für den Sicherheitsbestand folgt:

$$SB = t * \sigma = 0,2 * 125 = 25 \text{ Stück}$$

Für den mittleren Lagerbestand folgt:

$$\bar{x} = \frac{x_{opt}}{2} + SB = \frac{800}{2} + 25 = 425 \text{ Stück}$$

Beispiel 2:

Gegeben ist das Teil 4712 mit den folgenden Daten:

- x_{opt}: 133 Stück

- JB: 1.600 Stück

- AD: 100 Stück

- SG_g: 95 %

---

[1] Bichler, Klaus/Beck, Martin: Beschaffung und Lagerhaltung im Handelsbetrieb, Teil 1./2., 2. Auflage, Wiesbaden 1999.

Für den Wert der Servicefunktion ergibt sich damit:

$$\frac{133}{100} * (1 - 0{,}95) = 1{,}33 * 0{,}05 = 0{,}066$$

Für den Wert der Servicefunktion von 0,066 ist der Sicherheitsfaktor t=1,6.[2]

Für die Standardabweichung ergibt sich:

$$\sigma = 1{,}25 * 100 = 125$$

Demnach folgt für den Sicherheitsbestand:

$$SB = t * \sigma = 1{,}6 * 125 = 200 \text{ Stück}$$

Für den mittleren Lagerbestand folgt:

$$\overline{x} = \frac{x_{opt}}{2} + SB = \frac{133}{2} + 200 = 267 \text{ Stück}$$

Tabelle 2-6:   *Vergleich der Ergebnisse*

Teil	Bestellmenge x_{opt}	Anzahl der Bestellungen pro Jahr	Sicherheits-bestand (SB)	durch-schnittlicher Lagerbestand
4711	800	2	25	425
4712	133	12	200	267

Bestellmenge und Sicherheitsbestände

■ Für Teil 4711 gilt: Aus der geringen Bestellhäufigkeit folgt eine hohe Bestellmenge, die Schutz gegen Unterdeckungen bietet, wodurch der Sicherheitsbestand sehr gering sein kann.

■ Für Teil 4712 gilt: Aus der großen Bestellhäufigkeit folgt eine kleine Bestellmenge, die keinen Schutz gegen Unterdeckungen bietet, weshalb der Sicherheitsbestand hoch sein muss.

Lagerbestände

■ Der mittlere Lagerbestand des Teils 4711 ist – bei gleichem Servicegrad – um fast 60 % höher als der des Teils 4712. Das bedeutet, dass auch die Lagerhaltungskosten des Teils 4711 um fast 60 % höher sind.

---

[2]   Bichler, Klaus/Beck, Martin: Beschaffung und Lagerhaltung im Handelsbetrieb; Teil 1./2., 2. Auflage, Gabler Verlag, Wiesbaden 1999.

Die Beispiele zeigen, dass die Sicherstellung eines gewünschten Servicegrades eher durch höhere Sicherheitsbestände – mit einem kleineren durchschnittlichen Lagerbestand – erreicht werden kann als durch hohe Bevorratungsmengen.

Der gewünschte Servicegrad sollte also über die Festlegung der Sicherheitsbestände und nicht über die Bestellmenge umgesetzt werden.

2.9   Kanban

Das Kanban-Prinzip ist ein dezentrales verbrauchsorientiertes Steuerungsverfahren auf der Basis sich selbst steuernder Regelkreise. Kanban kommt aus dem Japanischen und bedeutet „Karte" oder „Schild" und wurde im Jahr 1947 vom Automobilhersteller Toyota entwickelt. Grund für die Beschäftigung mit einfachen, sich selbst steuernden Einheiten war die schlechte Produktivität gegenüber amerikanischen Wettbewerbern.

Abbildung 2-4:   *Kanban-Regelkreis mit Pull-Prinzip und Karte*

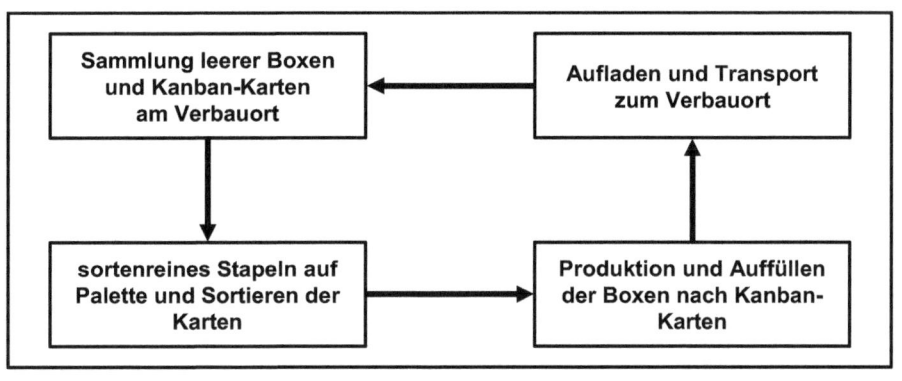

Die Grundidee von Kanban-Regelkreisen ist das sogenannte Pull-Prinzip (oder auch Hol-Prinzip) für die Teileversorgung von Industrieunternehmen. Den Anstoß für das Holen von Teilen gibt der Bedarf der jeweils verbrauchenden Stelle (Senke) in der Wertschöpfungskette. Hohe Material- und Halbfabrikatbestände werden vermieden, da von einer Fertigungsstelle (Quelle) immer nur exakt die Menge produziert oder abgerufen wird, die die verbrauchende Senke an aktuellem Bedarf hat. Aufträge werden nicht wie bei der konventionellen Werkstättensteuerung deterministisch vorgegeben, sondern entstehen durch den aktuellen Bedarf der Senke. Durch Abstimmungen mit den Zulieferern werden Anliefermengen und -zeiten mit der eigenen Produktion synchronisiert. Im günstigsten Fall kann innerhalb der gesamten Wertschöpfungskette mit verbundenen Kanban-Regelkreisen produziert werden. Der Aufbau dieser Ketten ermöglicht kleine Bestände in allen Produktionsebenen und eine Just-in-Time-Produktion. Erfolgreiche Unternehmen verknüpfen die Anforderungen auch mit den Kundenwünschen und sichern damit eine durchgängige schlanke Produktions- und Logistikkette von der ersten Fertigungs- beziehungsweise Produktionsstufe bis zum Endprodukt.

2.9.1   Grundsätze der Kanban-Steuerung

Grundsätze der Kanban-Steuerung sind:

- Die gesamte Fertigung ist in selbststeuernden Regelkreisen aufgebaut.
- Das Pull/Hol-Prinzip findet anstelle des Push/Bring-Prinzips statt.
- In der Fertigung entstehen Puffer mit dem Kurzzeitbedarf der jeweiligen Senke.
- Personal und Betriebsmittel sind flexibel einsetzbar.
- Mitarbeiter übernehmen kurzfristig Steuerungsfunktionen.
- Der Kanban wird als Träger von Informationen eingesetzt.
- Für Kanban wird eine gleichbleibende feste Kapazität reserviert.

Einzelne wichtige Elemente der Kanban-Steuerung werden im Folgenden beschrieben:

Selbststeuernde Regelkreise

Das gesamte Materialflusssystem wird entlang der Wertschöpfungskette wie eine Kette selbststeuernder Regelkreise aufgebaut. Im traditionellen Kanban befinden sich zwischen den Bearbeitungsstufen Puffer, die den Mindestbedarf des nachfolgenden Bereiches enthalten. Die verbrauchende Fertigungsstufe (Senke) befriedigt ihren Bedarf aus diesem Puffer, der von der produzierenden Fertigungsstufe (Quelle) wieder aufgefüllt wird. Beispiele solcher Regelkreise zwischen Quelle und Senke sind zwei Stufen einer Fertigung z. B. der Bereich von Vormontagen und die Verknüpfung mit der Endmontage oder zwischen Montagen von Zulieferern und Abnehmern.

Das Pull/Hol-Prinzip

Die Kanban-Nachschubsystematik funktioniert wie die in einem Supermarkt. Im Supermarkt werden dem Verbraucher Waren zum Kauf angeboten, die er aus dem Regal entnimmt beziehungsweise verbraucht (= Abholen, Holen, Pull). Entstehen in den Regalen größere Lücken, werden sie vom Personal aus einem angrenzenden Lager (Puffer) oder direkt vom Hersteller befüllt (Quelle). In der Kanban-Systematik holt sich die Senke ebenfalls das benötigte Material von der Quelle (beziehungsweise aus dem Puffer) selbst ab, ganz im Gegensatz zu einer zentralen Produktionssteuerung. Bei dieser liefert die Quelle die vorab bestimmte Menge an Material bei der Senke an (Push- beziehungsweise Bring-Prinzip).

Der Kanban

Die oberste Prämisse bei der Entwicklung der Kanban-Steuerung ist die Einfachheit der organisatorischen Mittel. Der Kanban ist ein einfacher Datenträger mit allen wichtigen Informationen. Der Informationsgehalt der Karte kann individuell festgelegt werden.

Folgende Stammdaten sollten jedoch berücksichtigt werden:

■ Teilenummer und Benennung

■ produzierende Stelle (Quelle)

■ verbrauchende Stelle (Senke)

■ Ladehilfsmitteltyp

■ Anzahl der Teile pro Ladehilfsmittel

■ Kartennummer

Abbildung 2-5:   *Kanban-Beispiel*

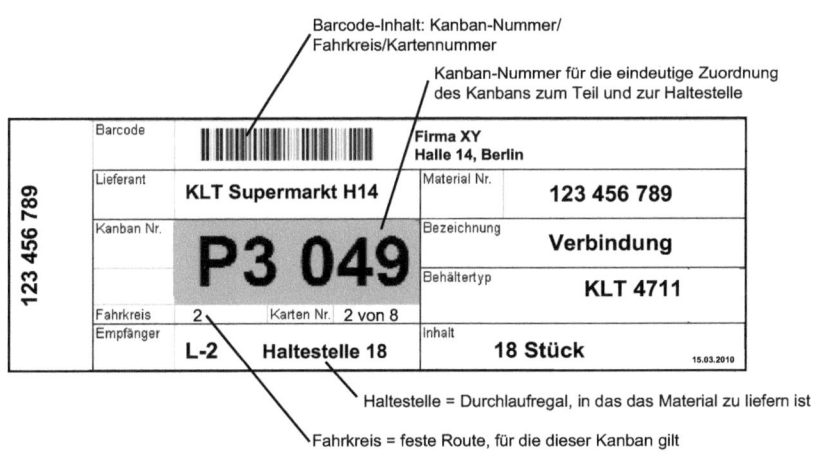

Auf der Rückseite jedes Kanbans sollten folgende Informationen vermerkt sein: Kanban-Ansprechpartner, Telefonnummer (gegebenenfalls mobil), Adresse mit Abteilung. So können Probleme, Verluste usw. von jedem direkt an den richtigen Ansprechpartner gemeldet werden.

Sinnvoll ist auch die Anbringung einer Codierung in maschinenlesbarer Form zur schnellen, sicheren und rationellen Verarbeitung aller Informationen. Die Anzahl der Kanbans entspricht der Anzahl der Ladehilfsmittel im Kanban-Kreislauf und ist somit für die Höhe des Materialumlaufs verantwortlich. Das Ziel ist es, die optimale Anzahl der Karten pro Regelkreis und Materialtyp festzulegen. Hierfür kann folgende Formel genutzt werden:

Anzahl der Kanbans

$$\frac{\text{Wiederbeschaffungszeit (WBZ)} * \text{durchschnittlicher Teileverbrauch pro Zeiteinheit}}{\text{Teile pro Ladehilfsmittel}}$$

Gegebenenfalls können noch Mindestbestände (z. B. 1 Kleinladungsträger) hinzugerechnet werden, um eine zusätzliche Versorgungssicherheit zu haben – vor allem in der Einführungsphase.

Die Harmonisierung der Wiederbeschaffungszeit ist bei der Produktionsversorgung wichtig, um getaktete Routenverkehre durchführen und so die Bereitstellung wirtschaftlich gestalten zu können. Dies geht am besten mittels staplerloser Routenverkehre über feste Lieferrouten mit mehreren Senken. Es gilt, eine alle Senken berücksichtigende gesamtoptimale WBZ zu finden. Dies ist ein Optimierungsprozess. Der Bestand je Teil und Senke ist entsprechend auf die WBZ auszurichten, sodass während der Wiederbeschaffung beziehungsweise Lieferung noch alle Teile in ausreichender Anzahl vorhanden sind, bis die nächste Lieferung bei der Senke eintrifft.

In der Kanban-Steuerung gilt die Planperiode eines Tages als kürzeste sinnvolle Zeiteinheit, in der ein gesamter Bestand im Regelkreis einmal komplett ausgetauscht wird.

Die Teileanzahl je Ladehilfsmittel ergibt sich aus

- dem Teilebedarf der Planperiode,

- der wirtschaftlichen Transportfrequenz,

- den Platzverhältnissen am Verbrauchsort und

- der Volumen- oder Mengenabgrenzung des Ladehilfsmittels.

Der Inhalt eines Behälters sollte, im Sinne eines schnellen Materialflusses, 10 % des Tagesbedarfes dieser Teile nicht überschreiten (in der Automobilindustrie wird für die durchschnittliche Reichweite am Verbrauchsort ein Bestand von max. 2 Stunden angestrebt). Ein Ausgleichs- beziehungsweise Sicherheitsfaktor kann aufgrund der Erfahrungen mit auftretenden Ablaufstörungen festgelegt werden. Dabei ist zu beachten, dass dieser Faktor zwar Störungen von der Senke fernhält, jedoch den Bestand erhöht.

Bei der Implementierung eines Kanban-Systems sollte schrittweise der Bestand reduziert werden. Dies kann durch Herausnehmen von Kanbans aus dem Versorgungskreis sehr einfach durchgeführt werden.

Signal-Kanban

Hier werden anstelle von Karten Signale zur Bedarfsmeldung eingesetzt. So können z. B. bei Pufferbeständen Maximal- und Minimalbestände durch ortsfeste Karten signalisiert werden (ähnlich Pegelstandsanzeigen). Das Erreichen des Minimalbestandes ist für die Quelle das Signal zur Nachproduktion und -lieferung.

Der Bedarf einer Senke kann auch durch Lichtsignale, Flaggen o. Ä. angezeigt werden. In jedem Fall muss der Lieferant (Quelle) regelmäßig die Signalstände prüfen. Die Nachliefereinheiten müssen festgelegt sein. Das Signal-Kanban ist nur geeignet, wenn relativ wenige Teilearten in jeweils immer gleichen Liefermengen vorliegen, da sonst die Übersicht verloren geht.

E-Kanban

Das E-Kanban (elektronisches Kanban) wird vor allem bei großen Entfernungen zwischen Quelle und Senke oder einer großen Anzahl unterschiedlicher Teile notwendig. Eine Steuerung ausschließlich über Karten ist in diesen Fällen nur noch schwer zu handhaben. Das E-Kanban eröffnet sowohl die Möglichkeit zur Einbindung in vorhandene ERP- beziehungsweise PPS-Systeme als auch zu statistischen Auswertungen.

2.9.2 Arten von Kanban-Systemen

Es gibt folgende Arten von Kanban-Systemen:

Ein-Kreis-System

Abnehmer entnimmt aus dem Lager → Information geht an den Zulieferer → Zulieferer füllt auf

Zwei-Kreis-System

Abnehmer meldet den Bedarf → Teile werden vom Lager geholt und zum Abnehmer gebracht → Lager meldet die Entnahme an den Zulieferer → Zulieferer füllt auf

Im Zwei-Kreis-System kommen meist Produktions- und Transport-Kanban zum Einsatz:

Produktions-Kanban

■ löst die Nachproduktion von entnommenen Teilen aus

■ Information vom Abnehmer, Lager oder Supermarkt zum Lieferanten

■ auch als Einkaufs-Kanban bezeichnet

Transport-Kanban

- löst den Transport oder die Lieferung von Teilen aus
- Information vom Abnehmer zum Zwischenlager oder Supermarkt
- auch als Liefer-Kanban bezeichnet

3 Bedarfsgesteuerte Disposition

Durch die Verkürzung des Produktlebenszyklus und damit schrumpfender Time-to-Market-Spannen bekommt die zeit- und mengengerechte Disposition einen erhöhten Stellenwert.

Die bedarfsgesteuerte Disposition basiert auf einer exakten Vorgabe der Primärbedarfe und einer Erzeugnisstrukturierung zum Beispiel durch Stücklisten. Dabei werden Bedarfe beispielsweise mittels Stücklistenauflösung berechnet (Bruttobedarfe) und anschließend Beschaffungszeitpunkte und Beschaffungsmengen mittels Losgrößenbildung und Vorlaufverschiebung bestimmt.

3.1 Zielstellung

Ein vorrangiges Ziel der Beschaffung ist die Sicherstellung einer reibungslosen Materialbereitstellung für die Produktion. Um mit der bedarfsgesteuerten Disposition dieses Ziel zu erreichen, müssen folgende Voraussetzungen erfüllt werden:

■ Die Erzeugnisgliederung ist über Stücklisten erfasst und kontinuierlich gepflegt.

■ Bei teilweise hohem Komplexitätsgrad und Variantenreichtum der Produkte gilt es, eine ausreichende EDV-Kapazität für eine aktuelle Stücklistenauflösung bereitzustellen.

Der Materialbedarf wird auf der Grundlage des Erzeugungsprogramms geplant, indem die Zahlen des Produktionsprogramms mit den Mengenangaben in den Stücklisten beziehungsweise in den Teileverwendungsnachweisen in Beziehung gesetzt werden. Drei Methoden der Bedarfsermittlung lassen sich dabei unterscheiden:

■ die analytische Methode

■ die synthetische Methode

■ die Gozinto-Methode

Die analytische Methode basiert auf der Verwendung von Stücklisten, die aufzulösen sind. Bei der synthetischen Methode werden Teileverwendungsnachweise benötigt.

Bei der Gozinto-Methode braucht man zur Errechnung des Materialbedarfs eine Matrizeninversion, mit der aus einer Direktbedarfsmatrix eine Gesamtbedarfsmatrix erstellt wird. Die Planung des Materialbedarfs ist mittelbar abhängig von der Unternehmensplanung, unmittelbar von den Absatz- und Produktionsplänen (Pläne von vorhandenen Kapazitäten) sowie von den Beschaffungsmöglichkeiten der Zulieferer (Einkaufspläne).

Aus den Absatzplänen müssen Produktionsprogramme für jedes Endprodukt erstellt werden. Die Materialbedarfsplanung sollte eventuelle Abweichungen berücksichtigen wie Sonderausführungen, Ersatzteilebedarf und sonstigen Sonderbedarf u. a. für Ausschuss, für Lieferungen an Dritte, für Zweigwerke, für Auslandslizenznehmer und für Beteiligungen.

Bei Ersatzteilen und Produktionshilfsmaterial (Betriebsmaterialien) ist es üblich, die Mengenplanung nach dem Verbrauch auszurichten. Wenn der Verbrauch relativ regelmäßig ist, ist die Disposition einfach.

Neubestellung

= Bedarf zum Lieferzeitpunkt

+ Durchschnittsverbrauch * Wiederbeschaffungszeit (WBZ)

- noch vorhandene Lagerbestände

Dabei muss die Bestellung spätestens dann erfolgen, wenn gilt:

$$\frac{\text{noch vorhandene Lagerbestände}}{\text{Durchschnittsverbrauch} * \text{WBZ}} \leq 1$$

Bei schwankenden Verbrauchszahlen ist die Disposition wesentlich problematischer. Im Rahmen der deterministischen Bedarfsplanung wird der zukünftige Bedarf an Teilen aufgrund vorhandener Produktionsprogramme ermittelt. Es wird hier beispielsweise unterschieden zwischen:

■ kurzfristigen Produktionsprogrammen bis ca. 12 Monate Laufzeit

■ mittelfristigen Produktionsprogrammen bis ca. 36 Monate Laufzeit

■ langfristigen Produktionsprogrammen bis ca. 60 Monate Laufzeit

Das Zwölf-Monats-Produktionsprogramm wird monatlich erneuert und enthält die Produktionszahlen für die einzelnen Monate sowie die Fortschrittszahlen ab Beginn des Jahres (Kumulativzahlen). Es wird jeden Monat um den zwölften Monat fortgeschrieben (rollierende Planung). Die Zahlen basieren auf den Bestellungen, die dem Verkauf vorliegen sowie den Absatzerwartungen des Verkaufs. Je schwieriger die Absatzlage zu ermitteln ist, desto größer werden die Schwankungen im Produktionsprogramm sein, und desto flexibler muss die Beschaffungsseite reagieren. Kurzfristige Stornierungen beziehungsweise Änderungen im Absatzplan bedeuten in der Regel für die Materialwirtschaft höhere Bestände.

Die Beschaffungsplanung ist sehr abhängig von den Prognosen des Verkaufs. Deshalb muss die Materialwirtschaft bei der Aufstellung der Produktions- und Absatzplanung mit einbezogen werden. Bei Veränderungen innerhalb der ersten drei Monate des Produktionsprogramms muss der Verkauf die Möglichkeit der Realisierbarkeit bei der Materialwirtschaft/Logistik anfragen.

3.2 Erzeugniswiedergabe und Erzeugnisgliederung

3.2.1 Erzeugniswiedergabe

Die Erzeugniswiedergabe ist ein Hilfsmittel zur bildlichen, gegenständlichen oder beschreibenden Darstellung von Erzeugnissen, ihren Baugruppen und Einzelteilen nach Gestalt, Beschaffenheit und Eigenschaften.

Eine Zeichnung stellt ein Erzeugnis, eine Baugruppe, ein Teil oder in Ausnahmefällen auch einen Rohstoff (z. B. ein Rohgussteil) so dar, dass alle vorkommenden Einzelheiten (Maße, Toleranzen, Art der Werkstoffe) durch allgemein festgelegte Darstellungsregeln erkennbar sind. Die Stückliste dient sowohl zur Ergänzung der Zeichnung als auch zur Beschreibung des Erzeugnisaufbaues.

3.2.2 Erzeugnisstruktur und Arbeitsabläufe (Gliederungstiefe)

Die Erzeugnisgliederung gibt die Zusammensetzung eines Enderzeugnisses aus Bauteilen, Einzelteilen und Rohstoffen an und ist der Ausgangspunkt für die Stücklisten- und Arbeitsplanerstellung. Sie lässt erkennen, welche Veränderungen die Materialien (Rohstoffe werden Teile, Teile werden Baugruppen) im Betrieb erfahren.

Um vielstufige, komplexe Erzeugnisse (mit hoher Gliederungstiefe, z. B. im Automobilbau im Gegensatz zu solchen mit geringer Gliederungstiefe z. B. einem Nussknacker) zu dokumentieren, werden Stücklisten benötigt.

Abbildung 3-1:   *Begriffe und Beispiele für die Erzeugnisgliederung*

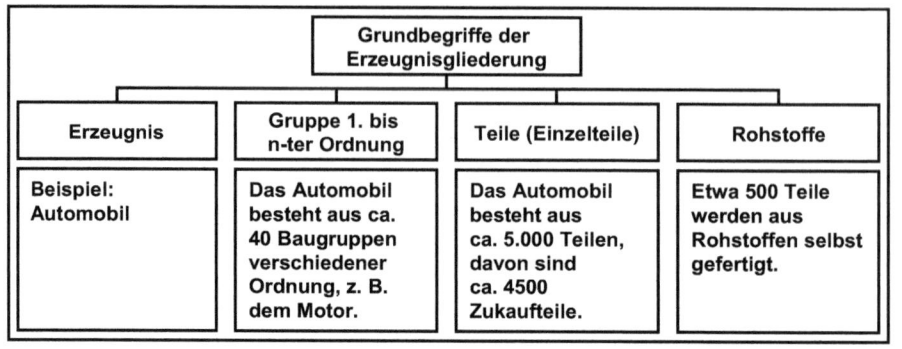

Begriffserklärungen:

▪ Erzeugnisse

Erzeugnisse sind in sich geschlossene, aus einer Anzahl von Baugruppen und/oder Teilen bestehende, funktionsfähige Gegenstände (vgl. DIN 6789). Sie sind von einer Unternehmung hergestellte, am Markt verwertbare Güter. Dieser Zusammenhang wird in der vorhergehenden Abbildung verdeutlicht.

▪ Baugruppen

Baugruppen sind in sich geschlossene, aus zwei oder mehr Teilen und/oder Gruppen niederer Ordnung (Komponenten) bestehende Gegenstände, ohne die das gesamte System gar nicht oder nur eingeschränkt funktionieren kann (vgl. DIN 6789).

▪ Teile/Wiederholteile

Teile sind Gegenstände, die nicht zerlegbar sind (DIN 6789). Wiederholteile sind Teile, die in verschiedenen Baugruppen eines Erzeugnisses und/oder in verschiedenen Erzeugnissen wiederkehren (DIN 6789).

▪ Rohstoffe

Rohstoffe sind Ausgangsmaterialien, aus denen Teile (Einzelteile) erstellt werden (DIN 6789).

3.2.3   Gliederung einer Erzeugnisstruktur

Bei der Erzeugnisplanung, -entwicklung und -gestaltung steht zunächst die Funktion eines Erzeugnisses und seiner Elemente im Vordergrund. Ergebnis der Entwicklung ist im Allgemeinen die funktionsorientierte Erzeugnisgliederung, bei der das Erzeugnis aufgelöst ist.

Es bestehen folgende Gliederungsvarianten:

- **Gliederung nach Auflösungsebenen:** Bei der Erzeugnisgliederung nach Auflösungsebenen stehen alle Rohstoffe und alle Teile jeweils auf einer Auflösungsebene.

- **Gliederung nach Fertigungsebenen:** Die Erzeugnisgliederung nach Fertigungsebenen entspricht dem fertigungstechnischen Ablauf der Einzelfertigung, Gruppenfertigung und Endmontage.

- **Gliederung nach Dispositionsebenen:** Bei der Erzeugnisgliederung nach Dispositionsebenen (Bedarfsermittlungsebenen) werden alle gleichen Teile und Gruppen der Ebene zugeordnet, in der sie zum ersten Mal von der Rohstoffebene ausgehend vorkommen.

Diese verschiedenen Gliederungsgesichtspunkte sollen nun anhand der Erzeugnisstrukturen angenommener Fertigerzeugnisse aufgezeigt werden.

In den folgenden Abbildungen werden die Fertigerzeugnisse mit F1 und F2 bezeichnet, die Baugruppen mit den Großbuchstaben B–G und die Teile mit den Ziffern 1–9.

Die Baugruppen (B–G) können

- vormontiert sein und sich im Zwischenlager befinden oder

- nur als konstruktive und funktionelle Gruppierungen betrachtet werden, die weder gelagert, noch in einer Vormontage mit einem Vorlauf disponiert werden.

Die Teile (1–9) können aus

- Eigenproduktion (Hausteile) oder

- Fremdproduktion (Kaufteilen) stammen.

3.2.4 Darstellungsformen

In den folgenden Abbildungen werden die oben genannten Gliederungsvarianten grafisch dargestellt:

Gliederung nach Auflösungsebenen

Aus den Abbildungen ist ersichtlich, dass alle Teile der Ebene 1 zugeordnet werden. Baugruppen (niedriger Ordnung), die ausschließlich aus Teilen bestehen, werden der

Ebene 2 zugeordnet. Baugruppen, die aus Teilen und Baugruppen niedriger Ordnung bestehen, werden der Ebene 3 zugeordnet.

Abbildung 3-2:   *Struktur der Erzeugnisse F1 und F2 nach Auflösungsebenen*

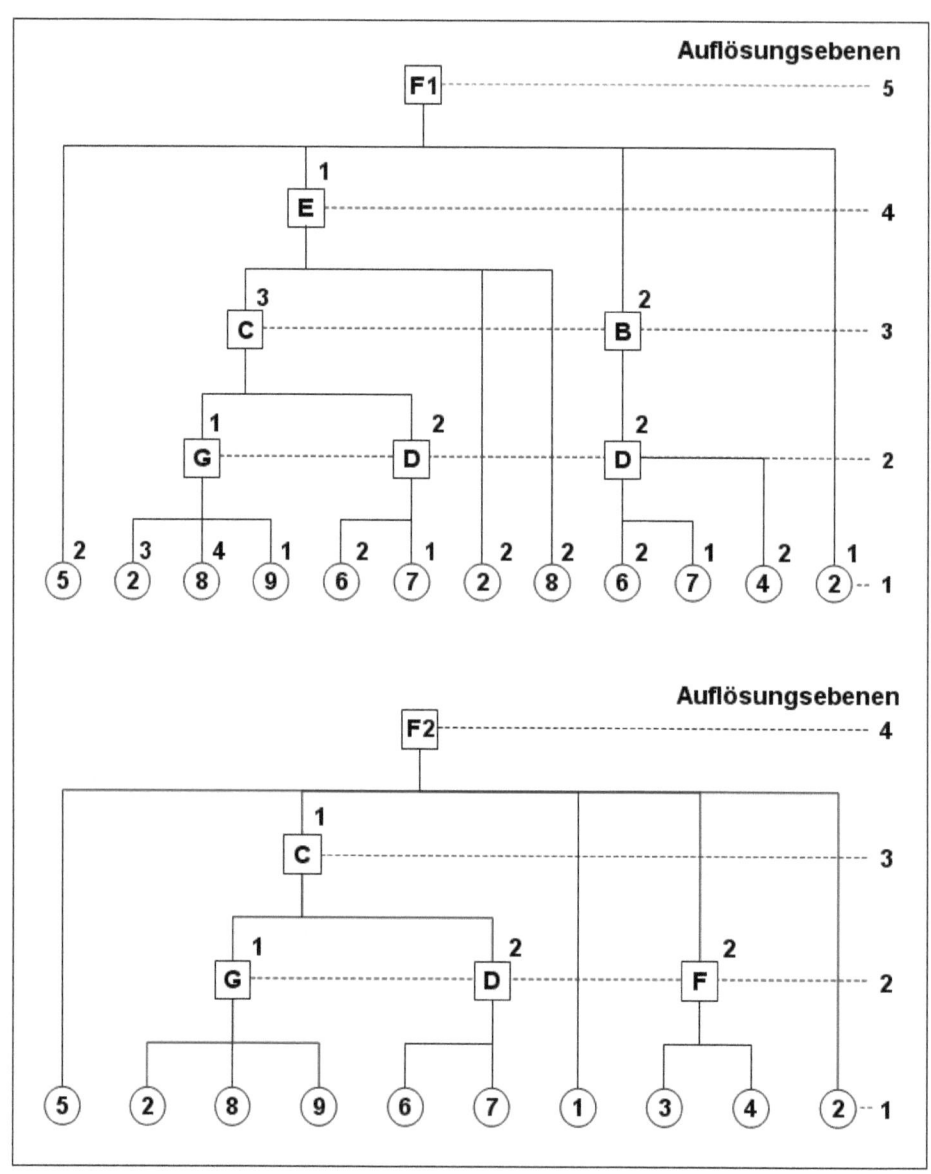

Gliederung nach Fertigungsebenen

Die Abbildungen zeigen die Struktur der Erzeugnisse hinsichtlich der Reihenfolge ihres Zusammenbaus aus Baugruppen und Teilen. Im Hinblick auf eine Bedarfsrechnung ist diese Struktur nicht brauchbar.

Abbildung 3-3: Struktur der Erzeugnisse F1 und F2 nach Fertigungsebenen

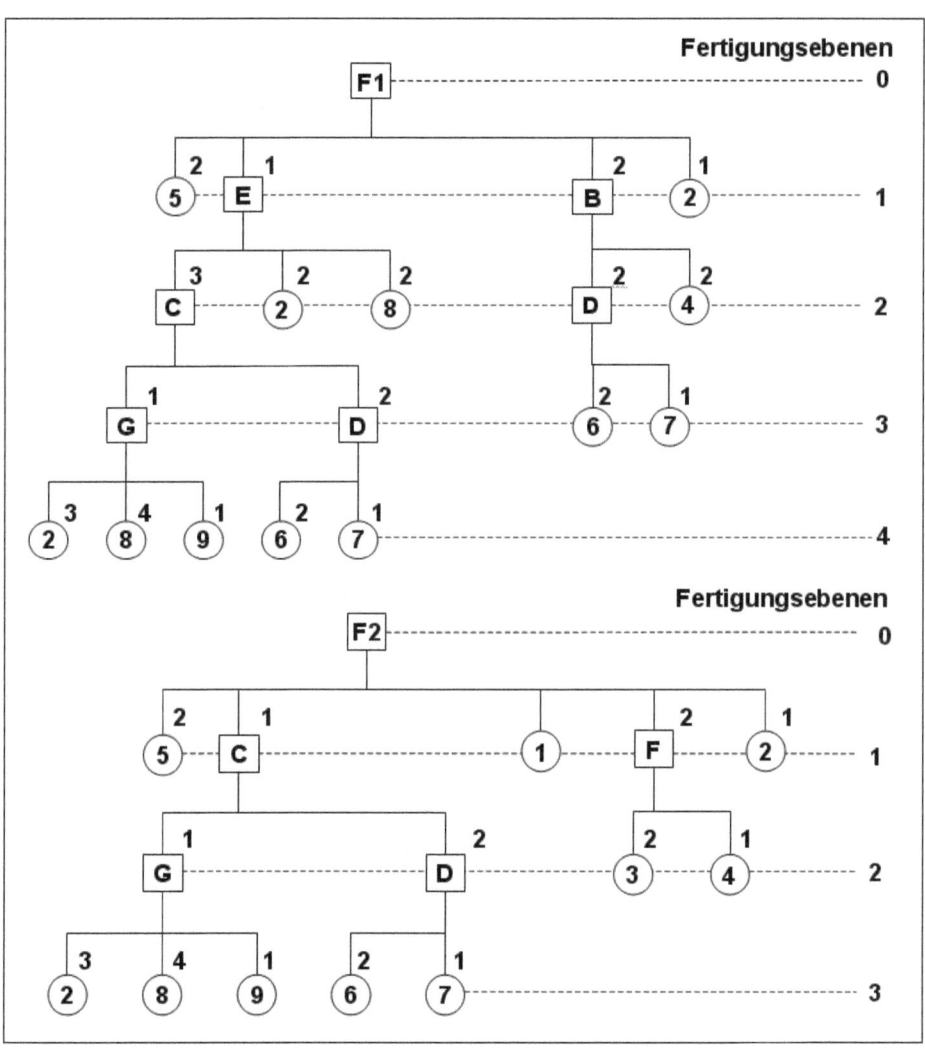

Gliederung nach Dispositionsebenen

Aus den Abbildungen ist ersichtlich, dass alle Teile oder Baugruppen auf der untersten Ebene zusammengefasst werden, in der diese noch vorkommen. Hierdurch ergibt sich der Vorteil, den verdichteten Bedarf pro Teil oder Baugruppe auf jeder Ebene ermitteln zu können.

Abbildung 3-4:   *Struktur der Erzeugnisse F1 und F2 nach Dispositionsebenen*

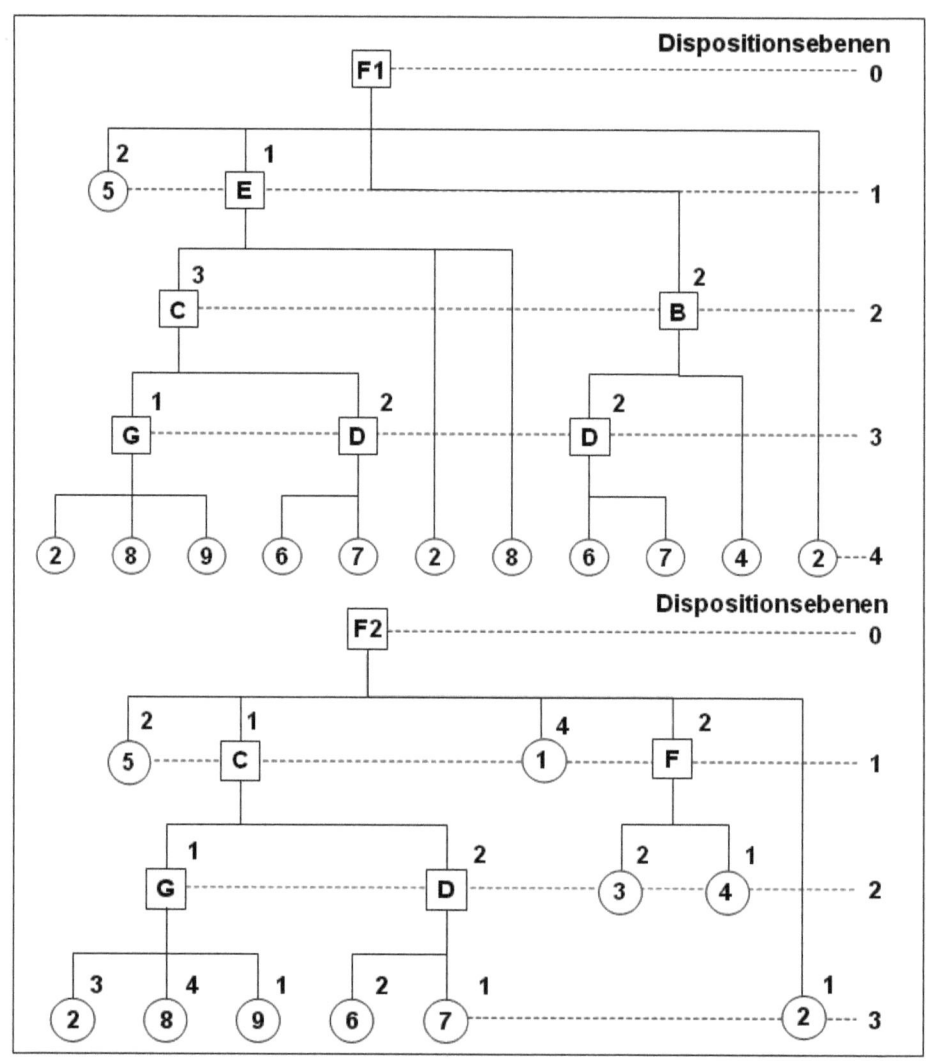

3.3 Erzeugnisdarstellung durch Stücklisten

3.3.1 Begriff Stückliste

Je vielgliedriger ein Erzeugnis ist, desto wichtiger ist es, für eine Darstellung neben der Zeichnung die Stückliste (und für die Produktionsbeschreibung den Arbeitsplan) zu verwenden. Die Zeichnung dokumentiert in erster Linie die Gestalt des Erzeugnisses, die Erzeugnisgliederung stellt die Struktur dar und die Stückliste zeigt zusätzlich seine mengenmäßige Zusammensetzung aus Baugruppen, Teilen und gegebenenfalls Rohstoffen.

Die Stückliste enthält die Mengen aller Baugruppen, Teile und Rohstoffe, die für die Produktion einer Einheit des Erzeugnisses oder einer Baugruppe erforderlich sind. Außerdem kann sie weitere Stammdaten sowie Strukturdaten der Erzeugnisse, Baugruppen und Teile enthalten. Sie dient in erster Linie als Grundlage für die Arbeitsplanerstellung und die Materialbedarfsrechnung. Die Unterscheidung zwischen Teilestamm- und Strukturdaten hat für die maschinelle Stücklistenverwaltung sowie für die darauf aufbauende Bedarfsrechnung eine sehr große praktische Bedeutung.

Teilestammdaten

Da die Teilestammdaten für das gleiche Teil bei jedem Vorkommen in einer Stückliste identisch sein müssen, genügt eine einmalige Aufnahme und Speicherung. Damit wird bei häufiger Verwendung eines Teiles als Position in vielen Stücklisten viel Speichervolumen gespart. Zugleich wird sichergestellt, dass die Angaben in allen Stücklisten identisch sind. Daraus folgt eine erhebliche Vereinfachung der Pflege der Stammdaten.

Strukturdaten

Aus einem Datenbestand von Strukturdaten können sowohl Stücklisten verschiedenster Art als auch Übersichten über die Verwendung der einzelnen Teile und Baugruppen in den verschiedenen Erzeugnissen abgerufen werden.

Die folgende Abbildung zeigt den Grundaufbau einer Erzeugnisgliederung in Stücklisten und Verwendungsnachweise.

Abbildung 3-5:   *Grundaufbau einer Erzeugnisgliederung*

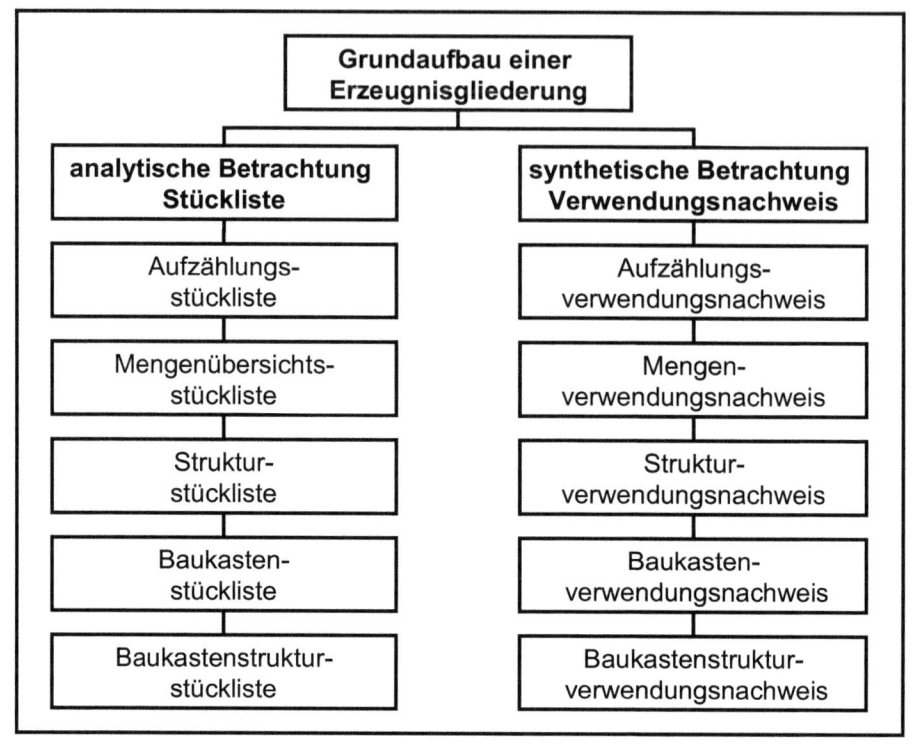

Verfolgt man die Gliederung eines Erzeugnisses oder einer Baugruppe von der obersten Ebene, der Ebene 0 bis zu den anderen Erzeugnisebenen, so ist dies eine analytische Erzeugnis- beziehungsweise Gruppenauflösung. Diese Darstellung zeigt die Zusammensetzung eines Erzeugnisses in Form von Baugruppen.

Bei der synthetischen Betrachtung soll dagegen festgestellt werden, in welcher Baugruppe oder in welchem Erzeugnis ein Teil oder eine bestimmte Baugruppe verwendet wird. Demnach wird bei der Darstellung von Erzeugnissen zwischen Stückliste und Verwendungsnachweis unterschieden.

3.3.2   Mengenübersichtsstückliste und Verwendungsnachweis

In der Mengenübersichtsstückliste sind für jedes Erzeugnis nur die Einzelteile mit ihren Mengenangaben aufgeführt. Die Baugruppen sind ausgeblendet und die Mengenangaben aller gleichen Positionen kumuliert. Eine Zuordnung nach bestimmten Regeln erfolgt nicht. Die Mengenangaben beziehen sich immer auf die Einheit des Erzeugnisses, für das die Stückliste gilt.

Vorteile

- Sämtliche Teile sind nach ihren Sachnummern sortiert.

- Die Liste liefert eine übersichtliche Form der Zusammenstellung eines Erzeugnisses.

- Die Liste ist einfach zu benutzen.

- Eine einfache und schnelle Beurteilung der Auswirkungen im Falle von Einkaufspreisänderungen von Kaufteilen ist möglich.

- Die Möglichkeit einer manuellen Ermittlung des Bruttobedarfs ist gegeben.

Nachteile

- Die Struktur, d. h. die Gruppenzugehörigkeit, ist nicht erkennbar.

- Die lagermäßige Disposition von vormontierten Baugruppen ist nicht maschinell durchführbar.

- Die Mengenübersichtsstückliste ist nicht als Fertigungsunterlage verwendbar, wenn mehrere Fertigungsstufen vorhanden sind.

- Diese Liste eignet sich nicht dazu, bei Änderungen oder dem Austausch eines Bauteils durch ein anderes die Auswirkungen auf die Baugruppe zu erkennen.

Anwendung

- Die Anwendung ist sinnvoll bei Erzeugnissen, deren Produktion sich auf die Fertigung und Montage von Einzelteilen beschränkt.

- Die Anwendung ist nützlich zur Beurteilung von Änderungen der Einkaufspreise von Kaufteilen.

- Diese Liste vermittelt eine Übersicht über die Menge der Einzelteile, die in ein Erzeugnis eingehen.

- Die Mengenübersichtsstückliste dient als Ansatzpunkt für wertanalytische Betrachtungen.

3.3.3   Strukturstückliste und Verwendungsnachweis

In der Strukturstückliste werden alle Baugruppen und Teile entsprechend ihrer Erzeugnisgliederung strukturiert dargestellt. Die Mengenangaben sind dabei auf die übergeordnete Baugruppe bezogen, d. h. bei jedem Teil oder bei der jeweiligen Baugruppe niedriger Ordnung ist die Menge angegeben, mit der es in die übergeordnete Baugruppe eingeht. Die Strukturstückliste zeigt die Erzeugnisstruktur mit allen konstruktiven oder produktionstechnischen Bau- und Untergruppen. Die Struktur der einzelnen Baugruppen und Teile kann z. B. mit Fertigungsebenen-Nummern kenntlich gemacht werden.

Vorteile

- Der Aufbau des Erzeugnisses ist in konstruktiver und fertigungstechnischer Sicht genau erkennbar und nachvollziehbar.

- Die Gliederungsstruktur über mehrere Stufen eines Erzeugnisses ist übersichtlich erkennbar, wenn nur wenige Wiederholteile oder gleiche Baugruppen vorkommen.

- Eine einfache und verständliche Stammdatenpflege ist möglich.

Nachteile

- Kommen viele Wiederholteile und viele gleiche Baugruppen vor, ist die Strukturstückliste sehr umfangreich und eventuell unübersichtlich.

- Einzelteile und Baugruppen kommen auf verschiedenen Ebenen mehrmals vor.

Anwendung

- Die Anwendung ist sinnvoll bei mehrstufiger Großserienproduktion mit kurzer Montagezeit (wenn keine Zwischenlagerung der Baugruppen erfolgt).

- Konstruktionsabteilungen nutzen Stückstrukturlisten, um die Auswirkungen von Änderungen an Teilen u. Ä. über mehrere Erzeugnisstufen zu prüfen.

- Strukturstücklisten dienen dem Erstellen von Montageplänen durch die Arbeitsplanung, um die Montageordnung und die Montagezeiten festzulegen.

- Die Anwendung erfolgt in der Einzelfertigung, um zusammen mit den Vorlaufzeiten die Bestimmung des spätesten Bereitstellungstermins für die einzelnen Stücklistenpositionen vorzunehmen.

3.3.4 Baukastenstückliste und Verwendungsnachweis

In der Baukastenstückliste werden nur zwei Ebenen einer Erzeugnisgliederung erfasst. Gilt die Baukastenstückliste für ein Erzeugnis (somit Fertigungsstufe 0), enthält sie nur die Gruppen und Bauteile der Fertigungsstufe 1. Gilt die Baukastenstückliste für eine Baugruppe der Stufe n, enthält sie nur die Baugruppen und Teile der Stufe n+1. Für ein mehrgliedriges Erzeugnis werden bei diesem Stücklistenaufbau immer mehrere Stücklisten – nach dem Baukastenprinzip entsprechend gesondert erfasst – nach den Regeln der Mengenübersichtsstücklisten erstellt. Die Mengenangaben beziehen sich dabei auf die Mengeneinheit der Baugruppe beziehungsweise der Stückliste. Für jedes Gruppen- oder Einzelteil werden die Mengen angegeben, mit denen die Baugruppe disponiert werden muss.

Vorteile

■ Listen für Baugruppen, die sich wiederholen, müssen nur einmal erstellt und abgespeichert werden.

■ Die Stammdatenpflege wird vereinfacht.

■ Der Gesamtumfang der Stücklisten wird verkleinert.

■ Die Nettobedarfsrechnung ist für jede Baugruppe möglich, vor allem, wenn vormontierte Baugruppen gelagert und mit wirtschaftlichen Losgrößen nachdisponiert werden müssen.

Nachteile

■ Zusammenhänge der Erzeugnisstruktur sind nicht erkennbar.

■ Die Bedarfsrechnung ist wegen mehrerer Bearbeitungsstufen aufwendiger.

Anwendung

■ Sinnvolle Anwendung bei einer Produktion, die nach dem Baukastenprinzip erfolgt.

■ Eine Baukastenstückliste eignet sich als Produktions- beziehungsweise Bauauftrag an die Montage, da sie für die Entnahme der benötigten Materialien gut verwendbar ist.

■ Mithilfe der Baukastenstückliste lassen sich übersichtliche Unterlagen für den Ersatzteildienst über ausgelaufene Erzeugnisse zur Verfügung stellen.

3.4 Bedarfsformen

Für die Durchführung der bedarfsgesteuerten Disposition, das heißt. für die termin- und mengengerechte Bereitstellung von Materialien für die Produktion durch die Materialwirtschaft, haben die folgenden Ermittlungsformen für Teile und Baugruppen Bedeutung:

Bruttobedarf

Der Bruttobedarf ist der Bedarf an Teilen oder Baugruppen unter Berücksichtigung der Mehrfachverwendung dieser Teile oder Baugruppen in verschiedenen Ebenen oder mehreren Enderzeugnissen. Ein eventueller Lagerbestand, ein Zuschlag für Ausschuss u. Ä. werden hierbei nicht berücksichtigt.

Nettobedarf

Der Nettobedarf entspricht dem Bruttobedarf zuzüglich einer Ausschussberücksichtigung und abzüglich der Vorlaufzeit, des Lagerbestandes sowie offener Bestellungen.

Bedarf der Ebene

Der Bedarf der Ebene ist der Bruttobedarf eines Teiles in der Ebene.

Bedarf für Auflösung

Der Bedarf für Auflösung ist der Nettobedarf, der nach Auflösung als Bezugsgröße für die Auflösung der nächstniedrigeren Stufe dient.

Verdichteter Bedarf

Der verdichtete Bedarf ist der Nettobedarf eines Teiles oder einer Baugruppe, der aus allen Ebenen seines Vorkommens erfasst wird.

Vorlaufverschiebung

Die Vorlaufverschiebung ist der zeitliche Unterschied zwischen zwei aufeinanderfolgenden Montageebenen. Sie muss bekannt sein und berücksichtigt werden, wenn ein untergeordnetes Teil oder eine untergeordnete Baugruppe um die mittlere Durchlaufzeit eher zur Verfügung stehen muss als der Bedarfszeitpunkt der übergeordneten Baugruppe dies vorgibt. Hierdurch wird der Bedarf der untergeordneten Baugruppe um einen bestimmten Zeitanteil vorverschoben.

Teil 4

Lagerwirtschaft

1 Bedeutung der Lagerwirtschaft

1.1 Stellung im Unternehmen

Industrie und Handel sind in den Anlieferungsprozessen ohne Lager nicht denkbar. Das Lagern stellt einen bedeutenden Faktor im gesamten betrieblichen Ablauf dar und beeinflusst direkt oder indirekt in einem ganz wesentlichen Maße das Betriebsergebnis. Denn die Lagerhaltungskosten sind neben den Transportkosten größter Bestandteil der Logistikkosten. Schon daraus wird ersichtlich, welches Rationalisierungspotenzial allein in diesem Bereich liegt.

In der Praxis gilt es daher, eine möglichst optimale Balance zwischen der Gewährleistung der Versorgungssicherheit des Betriebes auf der einen und der Minimierung von Lagerbeständen durch eine wertschöpfungsorientierte Prozessgestaltung auf der anderen Seite zu finden. Hierzu ist die Minimierung von Produktionsprogrammänderungen unerlässlich. Um Änderungen der geplanten Produktion abbilden zu können, sowohl hinsichtlich der Produkte, die in einem bestimmten Zeitraum hergestellt werden sollen als auch hinsichtlich deren Produktionsreihenfolge, muss entsprechend Material vorrätig sein, damit auch für die „ungeplant" herzustellenden Produkte Material an die Produktion lieferbar ist. Dies führt zwangsläufig zu höheren Lagerbeständen. Um dieser Lagerbestandserhöhung entgegenzuwirken, wird dieses Flexibilitätsproblem in der Regel an die Lieferanten weitergereicht, indem von diesen eine relativ kurzfristige Reaktion auf Bestelländerungen verlangt wird. Dies führt zu Bestandserhöhungen bei den Lieferanten und deren Vorlieferanten.

Eine Möglichkeit, sich dieser Problematik anzunehmen, ist die Anwendung der Perlenkettenstrategie. Hierbei wird das Produktionsprogramm in einem definierten Zeitraum „eingefroren", das heißt es werden keine Änderungen mehr erlaubt. Durch die Übernahme dieses fixen Produktionsprogramms in die gesamte Lieferkette können die Materialbestände über alle Lieferstufen hinweg reduziert werden. Erfahrungsgemäß stellt die praktische Umsetzung dieser Strategie die Unternehmen jedoch vor große Herausforderungen. Gilt es doch nichts weniger, als das notwendige Maß an Flexibilität in der eigenen Produktion festzulegen. Dieses hängt jedoch letztendlich von der kundenseitig gewünschten Flexibilität im Vertrieb beziehungsweise in der Distribution ab. Diese von der Zielkundschaft gewünschte beziehungsweise erwartete Flexibilität vorausschauend richtig einzuschätzen ist also die zentrale Aufgabe der Lagerwirtschaft.

1.2 Aufgaben der Lagerhaltung

Die Lagerhaltung hat vier Hauptfunktionen:

■ Entkopplungsfunktion zwischen Beschaffungsmarkt und Produktion

■ Entkopplungsfunktion zwischen den Bearbeitungsstufen innerhalb eines Produktionsbetriebes

■ Entkopplungsfunktion zwischen Beschaffungsmarkt und Absatzmarkt

■ Verteilfunktion zwischen größeren Anliefermengen und kleineren Bedarfsmengen (Kommissionierung)

Die Lagerhaltung mit ihrer Ausgleichsfunktion hat die Aufgabe, trotz schwankenden Bedarfs eine kontinuierliche Produktion zu ermöglichen.

Ferner hat die Lagerhaltung die Aufgabe, den Bedarf zum richtigen Zeitpunkt, in der richtigen Menge, in der benötigten Qualität und mit den geringstmöglichen Gesamtkosten sicherzustellen.

Hieraus resultieren die folgenden Hauptaufgaben:

■ Warenannahme, Erfassen der Belege und Durchführung des Bestellabgleichs

■ Wareneingangsprüfung

■ Qualitätssicherung

■ Vorbereitung der Einlagerung, lager- und materialflussgerechte Aufbereitung

■ Einlagerung mit Verbuchung

■ Umlagerung

■ Vorbereitung für die Auslagerung

■ Auslagerung und Kommissionierung

■ Bereitstellung in der Fertigung und der Montage

■ Verpackung und Versandbereitstellung

■ Entsorgung von Verpackungshilfsmitteln und nicht mehr benötigtem Material

■ Verwaltung und Steuerung des gesamten Lagerns und Transportierens

■ Erfassen und Kontrollieren von Kennzahlen wie z. B. Verweildauer, Umschlagshäufigkeit, Zugriffshäufigkeit, Überbestände, Sicherheitsbestände

■ Wartung der Lagereinrichtung, der Ladehilfsmittel und der Transport- und Stapelgeräte

1.3 Verschiedene Arten der Lagerhaltung

1.3.1 Kaufteilelager

Das Kaufteilelager wird auch als Beschaffungslager oder Wareneingangslager geführt. Diese Lager dienen der Pufferung aller fremd zugekauften Teile, um für die nachgeschalteten Bereiche der Produktion die Verfügbarkeit der Teile sicherzustellen. In diesem Lager werden neben produktspezifischen Zukaufteilen auch Werkzeuge sowie Roh- und Hilfsstoffe gelagert. Das Kaufteilelager kann in eine andere Lagerart integriert sein und muss nicht allein stehen.

1.3.2 Fertigungszwischenlager

Das Fertigungszwischenlager dient der Pufferung von Teilen und Baugruppen zwischen asynchronen Produktionsabläufen. Diese Lagerform besteht häufig aus dem Bereich des eigentlichen Lagers und einem kleinen Teilepuffer in der Nähe des Arbeitsplatzes. Der Teilepuffer am Arbeitsplatz sollte so klein wie möglich gehalten werden, um die Fertigungsfläche nicht durch zu große Puffer zu belegen, die zusätzlich auch die Übersichtlichkeit einschränken. Das zentrale Lager hat den Vorteil, dass die Teile und Baugruppen in der Regel in Regalen gelagert werden und damit nur eine geringe Grundfläche beanspruchen.

1.3.3 Betriebsstofflager

Das Betriebsstofflager ist für die Lagerung von Betriebsstoffen wie Ölen, Fetten und Schmiermitteln zuständig. Diese Stoffe sind für die Produktionsanlagen oder die Konservierung von Teilen erforderlich. Häufig sind Betriebsstofflager getrennt von den übrigen Lagern aufgebaut, da besondere Sicherheitsbestimmungen einzuhalten sind.

1.3.4 Fertigwarenlager

Fertigwarenlager dienen dem Lagern von Fertigprodukten und schaffen den Ausgleich zwischen den Marktanforderungen und der Produktion, z. B. zwischen wirtschaftlichen Losgrößen und den Bedürfnissen des Absatzmarktes. In der Regel werden aus Fertigwarenlagern keine Endverbraucher versorgt. Diese Lager dienen im Wesentlichen der Versorgung anderer nachgeschalteter Produktionsbetriebe oder des Handels.

1.3.5 Handelslager

Handelslager dienen dem Lagern von Waren für den Einzelhandel und den End-verbraucher. In Handelslagern werden Produkte unterschiedlicher Hersteller bevorra-tet, um Sortimente zu bilden, wie sie der Kunde wünscht. Des Weiteren übernimmt diese Lagerform die Pufferung zwischen der häufig produktionsorientierten Anliefe-rung und dem saisonabhängigen und bedarfsorientierten Käuferverhalten.

1.3.6 Speditionslager

Dieser Lagertyp, häufig auch Umschlagslager genannt, wird in der Regel genutzt, um wirtschaftliche Transportmengen für den Ferntransport zu sammeln. So werden durch den Nahverkehr kleine Sendungseinheiten zu einem Speditionslager gebracht und hier zu einer Sammelsendung mit demselben Bestimmungsort zusammengestellt. Am Zielort wird wieder umgeschlagen, um sinnvolle Verteiltouren für den Nahbereich zusammenzustellen. Typisch für diesen Lagertyp ist eine extrem hohe Umschlagsleis-tung, die häufig sehr starken Schwankungen unterliegt.

1.3.7 Sonderformen

Cross Dock

Das Cross Dock gehört zum Speditionslager, wobei es häufig nur zum „geordneten Durchreichen" von Waren genutzt wird (ohne Ein- und Auslagerungsfunktion), das heißt hier wird eine Bündelung aus verschiedenen Transportrelationen für einen Verbrauchsort zusammengestellt. Durch die Bündelungsfunktion entsteht eine wirt-schaftliche Logistikkette.

Supermarkt

Der Supermarkt eines Lagers funktioniert ähnlich dem des Einzelhandels. Es werden Waren, Komponenten, Teile oder Güter in Regalen oder Ähnlichem bereitgestellt, woraus sich die Produktionsversorgung bedient. Nach zyklischen Verläufen oder nach Signalmeldungen wird der Supermarkt kontrolliert und entsprechend wieder aufge-füllt.

1.4 Funktionen der Lagerwirtschaft

Um den Aufgaben der unterschiedlichen Lager, die ein Unternehmen benötigt, gerecht zu werden, sind im Wesentlichen folgende Grundfunktionen erforderlich:

1.4.1 Warenannahme

Die Warenannahme erfolgt im Wareneingang und ist normalerweise der Lagerbereich, in dem die Annahme gelieferter Waren erfolgt.

Ein charakteristisches Merkmal ist die im Laufe des Tages sehr unterschiedliche Arbeitsbelastung in diesem Bereich. In der Regel erfolgt die Anlieferung vom frühen Morgen bis zum frühen Nachmittag. Auch ist die Anlieferungsfrequenz an den einzelnen Wochentagen meist sehr unterschiedlich. Hier sollte durch Absprachen mit den Hauptlieferanten über Anliefertage und Anlieferzeiträume eine gewisse Glättung angestrebt werden.

Eine der ersten Aufgaben des Wareneingangs ist der Bestellabgleich. Dies ist die erste Information, die über die Zulieferung im Wareneingang Auskunft gibt. Nach dem Abgleich ist es möglich, Fehlteilinformationen im Eilverfahren weiter zu bearbeiten und damit eine möglichst schnelle Verfügbarkeit zu gewährleisten.

Bevor die Ware entladen wird, ist zu prüfen, ob eine Lieferberechtigung vorliegt. Danach wird entladen und mithilfe des Frachtbriefes die Vollständigkeit der Lieferung geprüft. Diese Prüfung umfasst in der Regel die Anzahl der Ladehilfsmittel (Paletten, Boxen, Pakete u. Ä.) und ob die Ladehilfsmittel vollständig beladen sind. Ferner werden die Ladehilfsmittel auf mögliche Transportschäden überprüft; diese müssen aus rechtlichen Gründen normalerweise erfasst werden, bevor der Spediteur das Unternehmen verlässt. Bei unbeschädigter Außenverpackung ist jedoch auch noch eine spätere Reklamation möglich. Sichtbare Beschädigungen werden gleich auf dem Frachtbrief vermerkt.

Es ist empfehlenswert, jedes angenommene Ladehilfsmittel oder Paket mit einer fortlaufenden Wareneingangsnummer zu versehen, die auch auf dem Frachtbrief oder Lieferschein vermerkt wird. Dadurch kann eine eindeutige Identifizierung der eingegangenen Ware erfolgen. Bei modernen Organisationskonzepten wird die Wareneingangsnummer auf einem Klebeetikett mit Barcode auf die Kolli beziehungsweise die Behälter aufgeklebt. Damit ist diese später mit dem Scanner einlesbar. Zukünftig wird zum Teil zusätzlich ein automatisiert lesbares RFID-Etikett verwendet.

Nach dem Entladen wird die eingehende Ware auf Wareneingangspufferplätzen abgestellt.

1.4.2 Wareneingangsprüfung und Vorbereitung zur Einlagerung

Diese beiden Funktionen sind häufig miteinander verknüpft, um unnötige, doppelte Arbeit zu vermeiden. Bei der Wareneingangsprüfung ist darauf zu achten, dass keine langen Verzögerungen entstehen. Deshalb sollten artikelreine Palettenware und Kartons oder Mischpaletten getrennt behandelt werden.

Lagerfähige Palettenware wird durch Zählen oder Wiegen des Gutes geprüft. Damit können diese Paletten, die in der Regel viel Fläche im Wareneingang benötigen, sehr schnell eingelagert werden. Bei Mischpaletten oder Paketen ist es empfehlenswert, diese an einen Auspackplatz zu bringen, da hier wesentlich schneller und effektiver gearbeitet werden kann, als wenn dies im Bereich des Wareneingangs erfolgt. Ein solcher Auspackplatz kann sehr effektiv ausgestattet werden, z. B. mit Erfassungsterminal, Zählwaage, Packstoffsammelbehälter sowie Pufferbahn für Transport- und Lagerbehälter.

Bei der Wareneingangsprüfung sollte die Erfassung direkt über den Bildschirmterminal des Lagerverwaltungsrechners erfolgen. Damit ist eine sofortige Lagerplatzzuordnung nach Größe, Beschaffenheit und Umschlagsgeschwindigkeit möglich.

Der Wareneingang entnimmt wenn nötig Stichproben für die Qualitätssicherung. Ware, die einer Qualitätsprüfung unterzogen wird, kann in ein Sperrlager eingelagert werden, bis die Freigabe durch die Qualitätssicherung erfolgt ist. Ein Sperrlager ist ein deutlich gekennzeichneter Bereich eines Lagers, in dem temporär Ware zwischengelagert wird.

Generell ist bei der Wareneingangsprüfung und der Vorbereitung für die Einlagerung darauf zu achten, dass der Aufwand durch feste Vereinbarungen mit den Lieferanten so weit wie möglich reduziert wird. So sollten die Lieferanten lagerfähige Paletten mit der vom Unternehmen vorgegebenen, maximal zulässigen Ladehöhe (bezogen auf das eigene Lager) und der maximal zulässigen Palettenüberladung liefern, damit kein Umpacken erforderlich ist. Bei Paketware ist zu prüfen, ob mit den Hauptlieferanten ein Paket- oder Behältermehrwegsystem gefunden werden kann, um den Aufwand an Packmitteln und den Arbeitsaufwand zu reduzieren.

Angelieferte Teile werden gegebenenfalls ausgepackt und für das Lager in geeignete Ladehilfsmittel (Paletten, Stapelkästen u. Ä.) umgepackt. Dabei werden häufig Einzelteilzählungen durchgeführt. Für Kleinteile wird zumeist eine Zählwaage eingesetzt. Das Packmaterial wird sofort vorsortiert und der sachgerechten Entsorgung oder Wiederverwendung zugeführt.

1.4.3 Qualitätssicherung

Die Qualitätssicherung überprüft meist anhand von Stichproben die Qualität von Materialien, Teilen, Baugruppen und Endprodukten. Diese eigenständige Abteilung ist räumlich häufig im Bereich des Wareneingangs angesiedelt. Da ihre Arbeit oft Probleme im Wareneingang verursacht, wird sie hier kurz aufgeführt. Vielfach werden die zu prüfenden Lieferungen mit einem Sperretikett versehen und bleiben im Wareneingang oder in speziellen Sperrlagerbereichen stehen, bis die Qualitätsprüfung abgeschlossen ist.

Dies hat gegebenenfalls zur Folge, dass im Wareneingang für die Dauer der Prüfung Fläche belegt wird. Außerdem besteht die Gefahr, dass trotz Sperrvermerk Ware entnommen wird, obwohl die Freigabe noch nicht erteilt wurde.

Ferner ist häufig durch die flächige Lagerung eine hohe Intransparenz gegeben, die wiederum vermeidbaren Suchaufwand nach sich zieht. Hier ist es vorteilhafter, im Wareneingang nur eine Stichprobe für die Qualitätssicherung zu entnehmen, und die Ware als Sperrbestand direkt einzulagern. Die Stichprobe wird je nach Wert des Materials oder Teils nachgelagert oder verschrottet. Wenn die Ware nicht den Qualitätsvereinbarungen entspricht, muss eventuell die gesamte Sendung an den Lieferanten zurückgesendet werden.

Unabhängig von dieser Vorgehensweise ist jedoch anzustreben, mit Lieferanten zu arbeiten, bei denen die eigene Qualitätssicherung so strukturiert ist, dass auf eine zusätzliche Prüfung verzichtet werden kann.

1.4.4 Transport und Einlagerung

Der Transport zum entsprechenden Lager- beziehungsweise Verbrauchsort wird vom Wareneingang organisiert. Hier bieten sich verschiedene Methoden an, die hinsichtlich ihrer Funktionsfähigkeit und Wirtschaftlichkeit zu bewerten sind.

Man unterscheidet dabei folgende Möglichkeiten:

■ Einsatz von Bereichstransporteuren, die nur in einem abgegrenzten Einsatzbereich arbeiten.

■ Transporte nach festen Fahrplänen, bei denen Transporteure regelmäßig feste Sammelpunkte ansteuern und das dort stehende Material mitnehmen.

■ Steuerung über Transportaufträge. Hier können dem Transporteur mehrere Transportaufträge gleichzeitig übergeben werden, die nach Prioritäten oder nach Wegeoptimierungskriterien abgearbeitet werden.

■ Funk-/Infrarotkommunikation/LAN-Netzwerke. Hier verfügt der Transporteur über ein mobiles Terminal oder Anzeigegerät, über das er Transportaufträge von einer Zentrale direkt übermittelt bekommt.

Bei der Einlagerung (bestehend aus dem körperlichen Transport und der anschließenden Einlagerung der Waren an den entsprechenden geeigneten Lager- oder Verbrauchsorten) ist sicherzustellen, dass es buchungstechnisch eine klare und eindeutige Trennung gibt.

Wird die Ware schon bei der Wareneingangsprüfung als eingelagert verbucht, kommt es häufig vor, dass die Ware für eine vorgesehene Auslagerung körperlich noch nicht verfügbar ist. Deshalb sollte die Verbuchung der Einlagerung in den getrennten Schritten Lagerortzuweisung und Einlagerungsquittierung erfolgen.

Beim Einlagern sollte auf eine Wege- und Leistungsoptimierung geachtet werden. Es ist meist ungünstig, wenn ein Stapler Paletten nur einlagert und jeweils die halbe Strecke leer fährt. Hier ist, so weit wie möglich, eine Kombination mit Palettenauslagerungen anzustreben (sogenannte Doppelspiele).

Bei der Einlagerung in Fachbodenregale sollte schon bei der Einlagervorbereitung eine Sortierung nach Lagerbereichen erfolgen. Beispielsweise können durch die Schaffung von Lagerzonen (z B. Schnelldreher/Langsamdreher) weitergehende Optimierungen des gesamten Lagerprozesses erreicht werden.

Ferner kann ein Lagerverwaltungsrechner zusätzlich eine Einlagerliste mit einer optimalen Reihenfolge vorgeben, um die Wege noch weiter zu verkürzen (Wegzeitoptimierung).

Bei modernen Systemen werden bei der Einlagerung der Lagerort und die einzulagernden Paletten, Behälter oder Kartons mithilfe eines mobilen Datenerfassungsgerätes erfasst. Dadurch werden Fehleinlagerungen verhindert, und eine außerordentlich aufwendige Suche nach falsch eingelagerter Ware kann vermieden werden.

Das Einstapeln des Materials an dem vorgesehenen Lagerplatz kann je nach Lagertechnik von Hand oder mit Hilfsgeräten erfolgen. Bei kleinen und mittelgroßen Lagern wird häufig das Transportgerät gleichzeitig zum Einlagern genutzt. Bei komplexen Lagern sollten dazu jedoch unterschiedliche Geräte eingesetzt werden.

1.4.5   Auslagerung

Das Auslagern erfolgt aufgrund einer Anforderung aus der Produktion oder aufgrund eines Kundenauftrages. In der Regel sind Teilmengen aus dem Lager zu entnehmen und bereitzustellen, das heißt zu kommissionieren. Unter Kommissionieren versteht man die Entnahme von Teilmengen oder das Sammeln unterschiedlicher Artikel für eine bedarfsorientierte Zusammenstellung für die Produktion oder den Kunden. Da das Kommissionieren in der Regel den größten zeitlichen und organisatorischen Aufwand innerhalb eines Lagers erfordert, wird dieser Aspekt in einem separaten Kapitel behandelt.

Ausgangskontrolle

Bei hochpreisigen Artikeln erfolgt eine Ausgangskontrolle, um Kommissionierfehler festzustellen. Ebenfalls wird häufig eine Ausgangskontrolle vorgenommen, wenn die Folgekosten von Kommissionierfehlern sehr hoch sind oder zu einem starken Imageverlust für das Unternehmen führen würden.

Verpacken

Die Verpackung muss für den vorgesehenen Transport geeignet sein. Sie sollte sowohl die transportierten Teile schützen als auch mit anderen Verpackungen kompatibel sein. Sofern möglich und wirtschaftlich sollte der Mehrwegverpackung in jeder Form der Vorzug vor Einwegverpackungen gegeben werden. Bei der Einwegverpackung ist auf die Entsorgungsmöglichkeit und die Recycelbarkeit zu achten. Die Verpackungseinheiten sollten vorzugsweise Abmessungen besitzen, die modular mit standardisierten Ladehilfsmitteln korrespondieren.

1.4.6 Lagerverwaltung und Lagersteuerung

Die Aufgaben der Lagerverwaltung und der Lagersteuerung bestehen darin, Lagerplätze zu verwalten, Lagerabläufe wie Einlagerung, Kommissionierung und Auslagerung zu optimieren und zu steuern sowie erforderliche Auskünfte, z. B. über Bestände oder Verfallsdaten von sensiblen Teileumfängen erteilen zu können.

Ferner werden in der Regel von der Lagerverwaltung Informationen abgespeichert und für den Bereich Controlling (Logistik-Controlling) zur Verfügung gestellt. Die Lagerverwaltung und -steuerung stellt das Herzstück eines jeden Lagers dar. Deshalb wird dieser Bereich im Kapitel 1.6 nochmals vertieft.

1.4.7 Wartung

Grundsätzlich ist es empfehlenswert, für die Lagertechnik eine vorbeugende Wartung durchzuführen, um Ausfallzeiten und Reparaturkosten zu minimieren. Art, Umfang und Durchführung der Wartung sind von der Komplexität der förder- und lagertechnischen Einrichtungen und der erforderlichen Verfügbarkeit abhängig.

Regale benötigen in der Regel keine Wartung. Bei Gewaltschäden ist jedoch für eine umgehende Behebung des Schadens zu sorgen, um die Regalstatik sicherzustellen. Bei Elektro-, Gas- und Dieselstaplern wird zumeist im Rahmen fester Wartungsverträge mit den jeweiligen Lieferanten zusammengearbeitet. Die Anzahl der Wartungen richtet sich nach dem Beanspruchungsgrad der Geräte.

Wie auch bei anderen Lagergeräten ist eine Unfallverhütungsprüfung durch einen dafür zugelassenen Sachverständigen vorgeschrieben. Von Seiten der Hersteller werden heute schon Leasing-Verträge inklusive kompletter Wartung (Full-Leasing-Angebote) angeboten.

Bei komplexen Systemen ist es meist notwendig, neben einem leistungsfähigen Lieferantenservice einen oder mehrere eigene Servicemitarbeiter verfügbar zu halten. Diese können kleinere Störungen sofort beheben und bei größeren Störungen durch Notbetriebsmaßnahmen die Auswirkungen auf die Produktion oder den Kundenversand so weit wie möglich begrenzen.

Wichtig ist es, die Servicekosten möglichst exakt zu dokumentieren. Dadurch kann zum einen beurteilt werden, zu welchem Zeitpunkt eine Neubeschaffung wirtschaftlich sinnvoll ist, zum anderen können die Gesamtkosten über die Jahre ermittelt werden. Denn nicht der Kaufpreis, sondern die Gesamtkosten über die Lebensdauer des Investitionsgüterproduktes bilden die Entscheidungsbasis für eine Neuinvestition (Total Cost of Ownership).

1.5 Forderungen an ein Lager

Das Lager- und Transportwesen im Unternehmen stellt eine Dienstleistungsfunktion dar, die Forderungen aus diversen Unternehmensbereichen in der notwendigen Qualität, Schnelligkeit und Quantität zu möglichst minimalen Kosten zu erfüllen hat. Aus dieser Aufgabe ergibt sich eine Reihe von Einzelanforderungen, die nachfolgend aufgeführt werden.

Die häufig an das Lager gestellte Forderung nach den optimalen Lagerbeständen ist jedoch von diesem nicht erfüllbar. Die Verantwortung für die Lagerbestände muss nach dem Verursacherprinzip der Abteilung übertragen werden, welche die Bestände generiert und folglich auch beeinflussen kann und verantworten muss.

1.5.1 Bereitstellung einer ausreichenden Lagerkapazität

Die benötigte Lagerkapazität ergibt sich aus den Anforderungen durch die Planungsebene. Die Art der Disposition und das Bevorratungskonzept beeinflussen die Lagerkapazität entscheidend. Die Lagerkapazität wird häufig aufgrund von Abschätzungen und Erfahrungswerten festgelegt. Dies ist mit Sicherheit die ungenaueste Vorgehensweise. Wesentlich besser sind exakte Berechnungen des Teilevolumens, der Reichweitenbevorratung und der Aufnahmekapazität beziehungsweise des Füllgrades der angepassten Ladehilfsmittel. Über solche Berechnungen lassen sich die funktional besten Lagertechniken für die einzelnen Teilbereiche des Lagers finden, und zudem ist schon im Vorfeld eine verlässliche Zukunftsplanung möglich.

Häufig sind Lagererweiterungen vermeidbar, wenn im Vorfeld eine Bestandsreduzierung auf ein sinnvolles, wirtschaftliches Maß erfolgt und der verfügbare Lagerraum durch die Optimierung der Lagerhilfsmittel besser genutzt werden kann (z. B. durch differenzierte Regalfachhöhen, entsprechend den unterschiedlichen Palettenhöhen). Des Weiteren können durch eine Verbesserung des Füllgrades oder eine Standardisierung von Ladehilfsmitteln weitere Kapazitäten geschaffen werden.

1.5.2   Bereitstellung der erforderlichen Umschlagsleistung

Die Leistungsanforderung an ein Lager ist häufig starken Schwankungen unterworfen. Dies kann beispielsweise durch einen unregelmäßigen Bestelleingang mit der Notwendigkeit zur tagfertigen Auslieferung verursacht werden. Saisongeschäft oder andere, ähnliche Einflüsse haben denselben Effekt.

Um die wirtschaftliche Erfüllung einer Leistungsanforderung sicherzustellen, ist es zunächst wichtig, dass die Leistungsanforderung als Durchschnitts- und Maximalwert bekannt ist. Bei der Planung der Lagerumschlagsleistung sollte bedacht werden, dass es nicht sinnvoll ist das Gesamtsystem massiv überzudimensionieren, um auch einmalige oder seltene Leistungsspitzen bedienen zu können. Hier sollte das System die Hauptlast abfangen, und die Spitzen müssen zwingend durch andere Maßnahmen abgedeckt werden, wie beispielsweise durch verlängerte Arbeitszeiten.

Ebenso muss speziell bei der Erfüllung der Lagerleistung die optimale Arbeitszeit festgestellt werden, die häufig von den gebräuchlichen Büroarbeitszeiten abweicht.

1.5.3   Optimale Raumvolumennutzung

Die optimale Raumvolumennutzung wird durch eine Vielzahl von Parametern (Gangbreitenbedarf, Art der Flurförderzeuge, notwendige Verkehrsflächen) positiv oder negativ beeinflusst. Schon durch die Umstellung der Lagerverwaltung von einer Festplatzverwaltung auf eine freie Lagerplatzverwaltung, die auch „chaotische Lagerhaltung" genannt wird, lässt sich häufig bis zu 30 % des Lagervolumens einsparen.

Häufig sind auch durch die Nutzung anderer Ladehilfsmittel erhebliche Einsparungen möglich. Wird z. B. eine Palette mit 500 mm Beladehöhe in acht Behälter mit einer Größe von 400 x 600 mm umgelagert, so kann, sobald ein Behälter leer ist, dieser wieder neu belegt werden. Bei der Lagerung auf der Palette muss gewartet werden, bis die gesamte Palette wieder frei ist. Der zunehmende Umschlag kleinerer Losgrößen in der gesamten logistischen Kette (vom Lieferanten bis zum Verbrauchsort) erfordert kleinere Ladehilfsmittel. Dies führt zu einer Verschlechterung des Volumennutzungsgrades (d. h. des Verhältnisses von nutzbarem Innenvolumen zu notwendigem Außenvolumen eines Ladehilfsmittels), sowohl beim Transport als auch bei der Lagerhaltung.

Durch den Einsatz z. B. von Schmalgangstaplern lässt sich die Nutzung des Raumvolumens weiter optimieren, da die Gänge zwischen den Regaleinheiten enger gestaltet werden können. So lassen sich in den vorhandenen Lagerräumen weitere Regale installieren. Neben dem wirtschaftlichen Aspekt sind in diesen Fällen besonders die technische Leistungsgrenze und unflexible Einsatzmöglichkeiten zu berücksichtigen, so ist z. B. die Nutzung von Schmalgangstaplern für andere logistische Funktionen schwierig.

Bei automatischen Systemen ist es erforderlich, die Maximalleistung unter Berücksichtigung möglicher Arbeitszeitanpassungen zu erbringen. Zusätzlich ist hier zu beachten, dass die Systeme über die Maximalanforderung hinaus noch über genügend Reservepotenzial verfügen. Zum einen ist die technische Verfügbarkeit zu berücksichtigen, zum anderen muss das System in der Lage sein, Ausfallzeiten und damit Leistungsausfälle innerhalb eines vertretbaren Zeitraumes wieder kompensieren zu können. In einem gut funktionierenden Lager wird von einer frei nutzbaren Kapazität von ca. 20 % ausgegangen. Diese „Atmungsgröße" sorgt für eine problemlose Ein- und Auslagerung.

1.5.4   Optimierter Personaleinsatz

Das Typische an einem Lager ist, dass bestimmte Funktionen trotz aller Automatisierungsmöglichkeiten am besten und wirtschaftlichsten durch Menschen durchgeführt werden.

Dies betrifft im Wesentlichen das Erkennen und Greifen inhomogener Verpackungs- und Teileformen. Bei dem „Faktor Mensch" ist jedoch die Leistungsfähigkeit nur näherungsweise zu bestimmen. Trotzdem ist der Einsatz von Menschen gerade in inhomogenen Lagerstrukturen (verschiedene Lagerzonen und -arten, unterschiedliche Verpackungsformen, heterogene Teilestruktur bezogen auf Abmessungen und Gewicht) einer automatisierten Abwicklung vorzuziehen. Generell gilt das Gebot der Wirtschaftlichkeit, das oftmals eine Mischung aus Automatisierung und Einsatz von Menschen erfordert (auch Teilautomatisierung genannt). Ein Beispiel ist die Kommissionierung „Ware zum Mann", bei der ein automatisches Gerät die Lagerware an den Kommissionierplatz bringt und der Mitarbeiter sie nur noch entnimmt.

Auch ist es wichtig, im organisatorischen Bereich schlüssige Konzepte zu entwickeln. So ist beispielsweise der Wareneingang bis zum Mittag stark frequentiert, während der Warenausgang eher nachmittags und abends belastet wird. Eine organisatorische Zusammenfassung dieser Bereiche kann gegebenenfalls zu einer Glättung der Personalkapazität führen.

Im Bereich der Kommissionierung kann durch eine vernünftige Lagerplatzverwaltung mit entsprechenden Kommissionieraufträgen jeder Kommissionierer in die Lage versetzt werden, in allen Lagerbereichen zu arbeiten. Damit kann eine bessere Personalnutzung im Vergleich zur Festzuteilung der Mitarbeiter auf einzelne Lagerzonen erreicht werden. Ferner wird eine Unabhängigkeit von „kundigen" Mitarbeitern erreicht. Da im Idealfall das Lagersystem den Kommissionierer führt, sind keine speziellen Warenkenntnisse oder Kenntnisse des Lagerortes mehr erforderlich. Risiken wie Krankheiten oder hohe Fluktuation können somit begrenzt werden.

1.5.5 Bestandssicherheit

Das Lager stellt eine Dienstleistungsfunktion dar, bei der die Nutzer davon ausgehen müssen, dass der buchungstechnische Lagerbestand auch tatsächlich physisch vorhanden und verfügbar ist. Um dies sicherzustellen, muss das Lager eine abgeschlossene Einheit sein, zu der nur wirklich Befugte Zutritt haben. Eine schlechte Form der Lagerorganisation besteht, wenn sich die Produktion – womöglich noch ohne Buchungsvorgang – selbst aus dem Lager versorgt.

Auch Kunden und Lieferanten sollten keinen Lagerzugang haben. Spezielle Lagerbereiche, die in hohem Maße diebstahlgefährdet sind, weil in ihnen beispielsweise hochwertige Artikel des täglichen Bedarfs lagern, sollten separat geschützt sein oder in nicht frei zugänglichen Lagertechniken wie Paternosterregalen untergebracht werden.

Für die Bestandssicherheit ist der Lagerverwaltungs- und Steuerungsrechner von grundlegender Bedeutung. Die einzelnen Zu- und Abgangsbuchungen müssen schlüssig sein. Festgestellte Fehler müssen verfolgt und korrigiert werden. Sind diese beiden Voraussetzungen gegeben, so ist eine Permanentinventur möglich und sinnvoll, die neben der Arbeitsersparnis gegenüber der Stichtagsinventur auch ein Höchstmaß an Bestandssicherheit garantiert. Dann ist auch der Einsatz von externen Dienstleistern (mit jeweils eigenen Verantwortungsbereichen) in verschiedenen Lagersegmenten möglich.

1.5.6 Betriebssicherheit

Da sich eine Störung im Lager in der Regel sofort auf die Produktion oder auf die Kundenauslieferung auswirkt, ist die Verfügbarkeit des Lagers insgesamt von größter Bedeutung. Je nach technischer Ausstattung sind dafür entsprechende Konzepte vorzusehen. Bei Rechnersystemen kann mit diversen Maßnahmen (z. B. Spiegelung von Daten, Duplex-Systeme) eine entsprechende Sicherheit geschaffen werden. Beim Einsatz von Fördertechnik oder Regalbedientechnik ist schon die Systemauswahl von grundlegender Bedeutung. Starr verkettete Systeme haben in der Regel ein höheres Ausfallrisiko gegenüber diskontinuierlichen Fördersystemen, da ausgefallene dezentrale Systeme besser mittels Bypass-Notabwicklungen umgangen werden können.

In jedem Fall ist es unabdingbar, dass für jedes Lager Störfallkonzepte erarbeitet werden. Tritt eine Störung auf, so muss bekannt sein, welche alternativen Förder- und Lagermöglichkeiten in dieser Phase genutzt werden und wer in welcher Form auf die Störung reagiert und sie behebt. Bei der Einschätzung der Betriebssicherheit eines Lagers ist zu beachten, dass Verfügbarkeitszahlen von technischen Einzelgewerken häufig für kurze Messzeiträume berechnet sind. Ferner kann eine einzige Störung pro Jahr zwar noch innerhalb der Verfügbarkeitstoleranz liegen, jedoch mit einer Ausfallzeit von drei Tagen vielleicht schon das gesamte Lager stilllegen.

1.5.7 Arbeitssicherheit im Lager

Bei der Planung von Lagern und Fördersystemen ist es unerlässlich, die relevanten Vorschriften in vollem Umfang einzuhalten. Speziell bei automatisierten Einrichtungen ist häufig schon im Vorfeld eine entsprechende Abklärung notwendig, da manche Vorschriften interpretationsfähig sind und eine nachträgliche Erfüllung von Forderungen der Aufsichtsgremien meist mit überproportional hohen Kosten verbunden ist. Besondere Beachtung erfordern

■ die Unfallverhütungsvorschrift,

■ die Arbeitsstättenrichtlinien,

■ die Richtlinien des Zentralverbandes der Berufsgenossenschaften und

■ die Richtlinien zum Brandschutz.

Es ist immer empfehlenswert, im Zweifel Kontakt zu den Aufsichtsgremien zu suchen und um deren Ratschlag zu bitten.

1.6 Lagerverwaltung und Lagersteuerung

1.6.1 Konzepte

Für entsprechende Lagergrößen, Leistungs- und Funktionsanforderungen gibt es eine Vielzahl von Lösungsmöglichkeiten. Die einfachste Art ist eine Bestandsverwaltung auf der übergeordneten administrativen Rechnerebene ohne Lagerplatzverwaltung. Die Lagerbestände werden hier häufig über manuell geführte Lagerkarteikarten verwaltet. Die Steigerung ist eine Lagerplatzverwaltung über Rechner, die nicht mit der übergeordneten Rechnerebene verknüpft sind. Die eingesetzten Programme sind hier in der Funktionalität ähnlich einem Karteikasten und deshalb nur für sehr kleine, isolierte Lager sinnvoll.

Bei der nächsten Stufe werden auf der übergeordneten Rechnerebene, der sogenannten Host-Ebene, neben den Beständen auch die Lagerorte mitverwaltet. Da der Bediener des übergeordneten Rechners eher erfahrungsorientiert arbeitet, erfolgt die Lagerplatzverwaltung meist reaktiv, d. h. die Ware wird an einem freien Platz eingelagert und nachträglich auf dem Rechner verbucht. Kommissionieraufträge werden in der Regel mit einem Vorlauf von einem Tag oder mehreren Stunden aufbereitet und dem Lager zur Verfügung gestellt. Dieses Konzept ist dann geeignet, wenn die Kommissionierung in der Regel zeitunkritisch erfolgt, d. h. über eine gewisse Zeitspanne vorplanbar ist, wie z. B. in Produktionsbetrieben.

Die heute am weitesten verbreitete und sicher auch effektivste Form der Lagerverwaltung ist eine separate, Echtzeit-orientierte Lagerverwaltungs- und Steuerungsebene (LVS) unter dem Hostsystem mit einer direkten Online-Verbindung. Wenn automatische Lager- und Fördersysteme eingesetzt werden, ist diese Ebene zwingend erforderlich, um die für die Fördertechnik notwendigen speicherprogrammierbaren Steuerungen (SPS) anzuschließen. Die LVS Ebene wird in der Regel über mittlere Datentechnik (Low Cost Server, Workstations und PC-Netzwerke) realisiert. Dieses Konzept ist in der Lage, sofort geeignete Lagerplätze auszuwählen und vorzuschlagen, Kommissionieraufträge in Bereiche zu splitten und nach Wegen zu optimieren und allen weiteren, für einen optimalen Lagerbetrieb erforderlichen Funktionalitäten Hilfestellungen zu geben.

Bei allen Lagerverwaltungs- und -steuerungssystemen ist zu berücksichtigen, dass in diesem organisatorischen Bereich meist eine wesentlich höhere Kosteneinsparung möglich ist als durch jede Art der Lagereinrichtung. Insbesondere durch ein Staplerleitsystem lassen sich häufig sehr hohe Kosteneinsparungen erzielen. Das Staplerleitsystem kann Bestandteil des Lagerverwaltungssystems oder als eigenständiges Subsystem an dieses angeschlossen sein. Es hat die Aufgabe, die übermittelten Transportaufträge zu verwalten und zu überwachen, deren Abarbeitung zu steuern, zurückzumelden und auszuwerten. Es steuert und optimiert den Einsatz aller mit dem System über mobile Funkterminals verbundenen Transportmittel. Zum Einsatz können hierbei Schmal- oder Breitbandfunksysteme kommen. Schmalbandsysteme haben den Vorteil einer größeren Reichweite und werden insbesondere im Außenbereich eingesetzt, während Breitbandfunksysteme einen wesentlich größeren Datendurchsatz ermöglichen. Voraussetzung für den Einsatz von Staplerleitsystemen ist, dass die Ladeeinheiten und Lagerfächer mit einem Barcode ausgestattet sind. Bei der Aufnahme der Ladeeinheit auf die Gabel muss der Staplerfahrer den Barcode der Ladeeinheit einscannen, bei der Ein- und Auslagerung den Barcode des Lagerfaches quittieren. Dadurch werden Fehltransporte praktisch ausgeschlossen. Erfahrungsgemäß können durch die Einführung eines Staplerleitsystems ca. 15 % der Flurförderzeuge eingespart werden.

1.6.2 Funktionen

Die Funktionen der Lagerverwaltung und Lagersteuerung sind sehr vielfältig und richten sich nach den tatsächlichen Anforderungen, die an den Lagerbetrieb gestellt werden. Nachfolgend sind beispielhaft einige Funktionen aufgelistet, die in vielen Lagern sinnvoll und notwendig erscheinen.

Verwaltung

- Bereichsverwaltung ohne einzelne Lagerplätze; z. B. Freilagerfläche

- Blocklagerverwaltung

- Festplatzverwaltung
- freie (chaotische) Lagerverwaltung
- Fließlagerverwaltung
- Tablarlagerverwaltung
- Chargenverwaltung

Wareneingang

- Wareneingangskontrolle
- Wareneingangsprotokoll

Wareneinlagerung

- ABC-Kriterien
- Lagerzonen
- Lagerplatzabmessung
- Lagerplatzeigenschaften (z. B. Gefahrgut)
- Gewichts- und Volumenparametern
- Gleichverteilung auf verschiedene Regalgassen bei Automatiklagern
- Durchsteuerung von Rückstandsartikeln
- Bildung von Sammel-Einlagerungsaufträgen mit Wegeoptimierung

Kommissionierung

- Zusammenfassung von Kundenaufträgen zu einem Kommissionierauftrag
- Aufteilung des Kommissionierauftrags nach Kommissionierbereichen
- Festlegung der Reihenfolge nach Wegeoptimierung
- Auftragssortierung nach Prioritäten
- Restmengenbevorzugung
- Disposition der Kommissionierbehälter nach Teilevolumen
- Personaldisposition beim Kommissionieren nach Arbeitsvolumen

Warenausgang

- Auftragskontrolle
- Lieferscheinerstellung

- Drucken der Versandetiketten und des Warenbegleitscheins

- Drucken der Ladeliste

- Tourenplanung

- Auftragszusammenführung

Allgemeine Funktionen

- Pflege der Lagerstammdaten

- Inventur-Dialoge

- Generieren und Verfolgen von Transportaufträgen

- Informations- und Auskunftsfunktion

- Statistik- und Controlling-Funktion

- Umlagern

- Cross Docking

- Staplerleitsystem

2 Lagersysteme

Lagersysteme können in statische, dynamische und automatisierte Lager unterteilt werden. Diese differieren untereinander wiederum in Bauart und Bedientechnik. Die nachfolgende Übersicht verdeutlicht dies.

2.1 Statische Lagersysteme

2.1.1 Blocklager

Das Blocklager benötigt nur ein Minimum an Lagereinrichtung. Es ist im Prinzip eine Fläche, auf der ein- oder mehrlagig Ware gelagert wird. Die Waren oder Ladehilfsmittel werden auf dem Boden direkt übereinander in möglichst artikelreinen Stapeln gestapelt und gelagert. Bei labilen Verpackungseinheiten kann mit stapelbaren Gitterbox- und Spezialpaletten gearbeitet werden, da z. B. Schachteln aus Karton nur eine begrenzte Tragfähigkeit besitzen. Diese Ladehilfsmittel eignen sich dort, wo eine geringe Artikelvielfalt in mittleren und hohen Stückzahlen gelagert werden muss.

Dieses Lagersystem wird überall dort eingesetzt, wo das Lagergut stapelbar ist und wo geringe oder mittlere Raumhöhen verfügbar sind. Des Weiteren wird das Blocklager für Teileumfänge mit hohem Durchsatz verwendet. Typische Anwendungen sind die Lagerung von Fertigwaren in standardisierten Kartons auf standardisierten Paletten und die Lagerung von Papierrollen, Fässern, Getränkepaletten und Gitterbox-Paletten in Massenproduktionen sowie die Lagerung von Sackpaletten.

Die Bedienung erfolgt in der Regel mit einem Gegengewichtsstapler, Schubmaststapler oder Gabelhochhubwagen. Die Stapelhöhen sind in der Regel aus statischen Gründen und zwecks guter Erreichbarkeit der Waren auf ca. 6 m begrenzt.

Dieser Lagertyp eignet sich für Unternehmen mit geringer Artikelzahl und hoher Umschlagsgeschwindigkeit, wie z. B. für die

■ Getränkeindustrie,

■ Papierproduktion,

■ Blechbe- und -verarbeitung,

▩ Lebensmittelindustrie sowie den

▩ Baustoffhandel.

Vorteile:

▩ Das Blocklager erfordert keine oder geringe Investitionskosten für Lagereinrichtungen.

▩ Eine hohe Raumvolumennutzung durch kompakte Stapelung ist möglich, auf die Einrichtung von Regalen kann verzichtet werden.

▩ Es ist eine gute Übersichtlichkeit gegeben, bedingt durch die geringe Anzahl unterschiedlicher Artikel.

▩ Diese Lagerart bietet eine hohe Flexibilität, d. h. ein schnelles Reagieren auf sich verändernde Lageranforderungen ist möglich.

Nachteile:

▩ Die meisten Nachteile dieses Lagertyps ergeben sich aus der unsachgemäßen Nutzung in der Praxis.

▩ In der Praxis erfolgt eine sehr schlechte Raumvolumennutzung, da die Blocklagerbereiche selten ganz genutzt werden können.

▩ Eine optimale Nutzung der verfügbaren Lagerhöhe ist nur eingeschränkt möglich, bedingt durch die Belastbarkeit des Lagergutes und die Kippgefahr.

▩ Der Einzelzugriff ist schwierig, da nur die vordere oder obere Palette erreichbar ist.

▩ Das Prinzip First in–First out (FIFO) ist nur mit Umlagerungen möglich.

▩ Es besteht ein großes Risiko von Disziplinlosigkeit bei der Lagerung. Dadurch ist oft ein häufiges Umräumen notwendig, um den Zugriff zu einer Lagereinheit zu erreichen.

▩ In der Praxis herrscht zumeist eine mangelnde Transparenz über den tatsächlichen Lagerort.

Wegen des schlechten Einzelzugriffs auf die Lagergüter bei großflächigen Blöcken findet man in der Praxis oft die aufgelöste Blocklagerung, bei der die Größe der einzelnen Blöcke reduziert wird, und die Zeilenlagerung, bei der relativ schmale Blöcke entlang von Gängen in Zeilen angeordnet werden.

2.1.2 Fachbodenlagerung

Das Fachbodenregal wird überwiegend zur Lagerung von Kleinteilen in Behältern, Umverpackungen oder auch von loser Ware verwendet.

Fachbodenlager bestehen aus modular gestalteten Einzelteilen, die zu einem System zusammengefügt werden können. Man unterscheidet hier Schraub- und Steckregale. Bei Schraubregalen werden die einzelnen Elemente verschraubt, was bei der Erstinstallation und bei Änderungen einen relativ hohen Aufwand bedeutet. Steckregale sind schneller zu montieren und leichter veränderbar, da sie nur ineinander gesteckt werden. Welches System gewählt wird, ist vom Einsatz und von der Wirtschaftlichkeit abhängig (Fachbodenbelastung, Höhe, Einsatz von Feuerwarn- und Feuerbekämpfungseinrichtungen).

In der Regel sind die Regale mit Stahlblech-Fachböden ausgestattet, auf die Waren oder Behälter gestellt werden. Die Fachböden variieren in Tiefe und Belastbarkeit, wobei bei hohen Fachbodenbelastungen häufig mit Verstärkungselementen unter jedem Fachboden gearbeitet wird. Die Breite der Fachböden ist in der Regel standardisiert und beträgt meist ca. 1.000 mm.

Für diesen Regaltyp gibt es eine Vielzahl von Zubehörelementen, mit denen sich die Lagerung optimieren lässt und die die Lagerware schützen. Hier sind Fachbodenteiler, mit denen sich einzelne Lagerplätze abgrenzen lassen, wichtig. Die Teiler können nachträglich eingesteckt werden. Die Abstände zwischen den Teilern und damit die Fachbreite können in kleinen Rastermaßen frei gewählt und auch nachträglich verändert werden. Schubladeneinsätze sind für empfindliche Kleinteile von Vorteil. Hier kann auf engem Raum und mit einer sehr guten Zugriffsmöglichkeit eine Vielzahl von Teilen untergebracht werden. Die Teile sind in den Schubladen staubgeschützt. Abschließbare Schubladen sichern besonders wertvolle Lagerartikel, wie z. B. hochwertige Werkzeuge.

Fachbodenregale gibt es in unterschiedlichen Höhen. Die normale Regalhöhe sollte 1.800 mm nicht übersteigen, da nur bis zu dieser Höhe ohne Hilfsgeräte wie Leitern, Kommissionierstapler und Ähnlichem ein Zugriff auf die Ware möglich ist. In mittleren Höhenbereichen bis ca. 3.000 mm wird häufig mit Leitern gearbeitet. Dabei ist zu beachten, dass die Leitern die einschlägigen Sicherheitsbestimmungen erfüllen müssen. Fachbodenregallager werden für Artikel mit mittlerem bis geringem Umschlag verwendet.

Eine weitere Variante ist die Geschossanlage. Hier wird aus Fachboden-Regalelementen ein Lagersystem gebaut, das in einem vorhandenen Gebäude eine eigenständige Anlage mit mehreren Ebenen darstellt und das in sich statisch stabil ist, also keine zusätzlichen Gebäudeebenen benötigt. Die einzelnen Regale werden hier bis zu einer Greifhöhe von ca. 1.800 mm genutzt. Der Abstand zwischen den Ebenen beträgt ca. 2.300 bis 2.500 mm. Dies entspricht einer normalen Raumhöhe. Zum Transport der Ware in die beziehungsweise. aus den oberen Ebenen wird vielfach ein Aufzug eingebaut. Mit einer Fachboden-Geschossanlage lässt sich preiswert auf geringer Grundfläche eine Vielzahl von Lagerplätzen schaffen, die einen direkten Zugriff ermöglichen. Bei entsprechender Organisation können hier Artikel mit hoher, mittlerer und geringer Umschlagshäufigkeit gelagert werden.

Vorteile:

- Fachbodenregale erfordern relativ geringe Investitionskosten.

- Sie bieten gute Ordnungsmöglichkeiten und ermöglichen eine einfache Bestandskontrolle.

- Sie haben eine hohe Zugriffsleistung, da mehrere Personen in einer Gasse arbeiten können.

- Fachbodenregale sind sehr flexibel in der Anpassbarkeit und bei starken Leistungsschwankungen.

- Sie sind geeignet für kleine und mittelgroße Lagerhilfsmittel und Teile.

- Sie ermöglichen eine gute Raumnutzung, besonders als Geschossanlage.

Nachteile:

- Sie bieten ungünstige Greifposition in Fußbodennähe und über Augenhöhe. Dadurch ist nur der mittlere Bereich des Regals für den schnellen und ergonomisch günstigen Zugriff geeignet.

- Es sind nur Greifhöhen bis 1.800 mm möglich (ansonsten unergonomisch).

- Es besteht die Gefahr, dass das FIFO-Prinzip nicht eingehalten wird. Ware, die hinten lagert, wird nicht entnommen, neue Ware wird häufig nachgelagert.

- Die Arbeitsbedingungen bei einer Geschossanlage sind häufig schlecht, da in einer Art Kanal gearbeitet wird.

- Bei einer Geschossanlage ist zusätzlich ein vertikaler Transport der ein- und auszulagernden Ware erforderlich.

- Es kommt zu Verlustzeiten für Kommissionierer durch Treppensteigen oder Liftbenutzung bei einer Geschossanlage.

Abbildung 2-1:   *Fachbodenlager (Quelle: SSI Schäfer)*

2.1.3   Fachbodenregal mit Regalbediengeräten

Diese Regale beginnen bei einer Bauhöhe von ca. 2,5 m und können bis zu ca. 13 m erreichen. Die technische Ausführung entspricht den normalen Fachbodenregalen.

Vorteile:

■ Sie bieten ein hohes Lagervolumen auf geringer Grundfläche.

■ Sie ermöglichen eine hohe Anzahl Lagerplätze mit direktem Zugriff.

■ Hohe Zugriffsleistungen von bis zu 200 Picks pro Stunde sind möglich (bei Wegoptimierung und LVS-Unterstützung).

■ Sie besitzen eine gute Ergonomie, da durch die Regalbediengeräte die Zugriffshöhe immer optimal an den Entnahmeplatz angepasst werden kann.

Nachteile:

- Es besteht eine relativ starke absolute Begrenzung der Leistung ohne Alternativen, da in einer Gasse nur eine Person arbeiten kann.

- Es entstehen Wegezeiten, da der Kommissionierer zur Ware fährt.

- Beim Ausfall eines Regelbediengerätes oder der Steuerungstechnik können keine Auslagerungen durchgeführt werden.

2.1.4 Palettenregal

Das Palettenregal ist neben dem Fachbodenregal wohl das am weitesten verbreitete Regal in Industrie und Handel und wird für die Lagerung von Paletten verwendet. Hierbei ist zu beachten, dass sich die zu lagernden Paletten in ihrer Größe, das heißt in ihren Maßen nur minimal voneinander unterscheiden dürfen.

Das Palettenregal besteht aus vertikalen Ständern, zwischen denen Regaltraversen oder Winkelprofile zur Aufnahme der Paletten angebracht sind. Das Regal ist als modularer Baukasten konstruiert. Die Regaltraversen können in Abständen zwischen 50 beziehungsweise 100 mm in die Regalständer eingehängt werden, wodurch eine optimale Anpassung an die Palettenhöhen möglich ist.

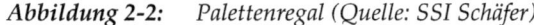

Abbildung 2-2: *Palettenregal (Quelle: SSI Schäfer)*

Das System wird als Einplatz-, Zweiplatz- und Dreiplatzlagerung gebaut. In Ausnahmefällen werden bei sehr leichten Paletten auch bis zu vier Paletten pro Regalfach gelagert. Es ist möglich, die Palette mit der längeren Kante „tief" oder mit der kürzeren Kante „quer" einzustapeln. Bei einem Vorratslager, in dem ganze Paletten bewegt werden, wird die Tiefeinlagerung praktiziert, da diese eine bessere Raumvolumennutzung ermöglicht und in der Regel universeller durch Regalbediengeräte gehandhabt werden kann. Ist eine Kommissionierung erforderlich, wird quer eingestapelt, damit die Zugriffstiefe eingeschränkt ist.

Tiefeneinlagerung

Vorteile:

- Es lassen sich mehr Paletten pro Regal einlagern.

- Die Paletten sind von Flurförderzeugen (Staplern) gut aufzunehmen, da sie komplett auf die Gabeln passen.

Nachteil:

- Beim Einsatz von Frontstaplern sind breitere Gänge erforderlich, um das Rangieren zu ermöglichen.

Quereinlagerung

Vorteil:

- Es werden gegebenenfalls nur schmalere Gänge benötigt.

Nachteile:

- Beim Einsatz von Gabelstaplern besteht die Gefahr, dass die Staplergabel länger ist, als die Palette tief ist. Dadurch können die Gabeln überstehen und zu Beschädigungen führen (Herausstoßen von Paletten, Beschädigung von Regalteilen).

- Es können weniger Paletten pro Regal eingelagert werden.

Welches System besser ist, ist für den jeweiligen Einsatzfall zu prüfen und hängt auch von den verfügbaren Flächen (-abmessungen) ab. Es gibt auch Wechselwirkungen mit eingesetzten Flurfördermitteln (z. B. Gangbreiten bei Front-, Schubmast- oder Seitenstaplern).

Bei der Einplatzlagerung werden die Paletten in der Regel auf seitlichen Winkeln abgestellt. Dadurch ist eine relativ gute Höhennutzung gegeben. In der Horizontalen ist jedoch nach jeder Palette ein Regalsteher erforderlich. Die Einplatzlagerung findet vorwiegend bei hohen Palettengewichten und bei der Quereinlagerung von Paletten Anwendung.

Die Zwei-, Drei- und Vierplatzlagerung sind vom Prinzip her identisch. Auf einem Paar Regaltraversen werden zwei, drei oder vier Paletten mit einem geringen Abstand nebeneinander in ein Regalfach gestellt. Wie viele Paletten nebeneinander stehen können, ist meist vom Palettengewicht abhängig. Je höher das Palettengewicht, desto stärker muss die Regaltraverse sein, um die Last aufnehmen zu können. Dabei darf die zulässige Belastung nicht überschritten werden. Die Regaltraversen werden deshalb teilweise mit sogenannten Tiefenauflagen ausgerüstet. Dies sind Winkel, die in der Regaltiefe zusätzlich auf die Regaltraversen aufgeschraubt werden. Die Tiefenauflagen werden erforderlich, wenn während der Lagerung eine starke Verformung der Holzpaletten eintreten könnte. Häufig eingesetzt werden Tiefenauflagen bei einer doppelt tiefen Palettenlagerung, da bei diesen Systemen eine größere Einfahrhöhe für die Teleskopgabel benötigt wird. Darüber hinaus sind Tiefenauflagen aus Sicherheitsgründen auch bei der Lagerung von Stahlpaletten sinnvoll, da sich eine Lagerung von Stahl auf Stahl leicht verschiebt und bei Bedienfehlern ein Palettenabsturz aus dem Regal ohne diese Auflagen leichter möglich ist. Für besonders schwere Lasten können auch geschlossene Böden oder Gitterrostböden zwischen die Regaltraversen gelegt werden. Dies findet dann Verwendung, wenn relativ unterschiedliche Palettenabmessungen oder auch Einzelteile gelagert werden sollen und diese für eine normale Fachbodenregalanlage zu groß oder zu schwer sind.

Die Regale werden so aufgestellt, dass Regalgassen entsprechend den vorgesehenen Staplern oder Regalbediengeräten frei bleiben. Die Regale sind normalerweise mit Spezialdübeln im Fußboden verankert. Bei der Planung höherer Regale ist besonders auf die Tragfähigkeit des Fußbodens zu achten, da sehr hohe Belastungen pro Quadratzentimeter Fußbodenfläche auftreten können.

Die Regalhöhen stehen in einem direkten Zusammenhang zu dem eingesetzten Staplertyp. Bis ca. 4,5 m Regalhöhe erfolgt die Bedienung mit Gabelhochhubwagen und diversen Standstaplern. Bis ca. 8,5 m Regalhöhe (in Ausnahmefällen auch bis 10,5 m) werden Schubmaststapler eingesetzt, bis ca. 14 m schienengeführte Schmalgangstapler. In der Regel werden ab 10 m Höhe schienengeführte Regalförderzeuge (RFZ) verwendet.

Die Regale unterscheiden sich zudem darin, ob sie frei in einer Halle aufgestellt oder gleichzeitig als tragendes Element für Dach und Wände genutzt werden. Letzteres ist die sogenannte Silobauweise, die ab ca. 10–12 m Bauhöhe wirtschaftlich lohnend ist und bei der Abschreibung steuerliche Vorteile gegenüber der normalen Bauweise eines Lagers besitzt.

Vorteile:

■ Es besteht Zugriff auf jede Palette (gilt nur für das einfach tiefe Palettenregal).

■ Das First-in-First-out-Prinzip (FIFO) für Paletten ist – bei entsprechender Lagerorganisation – gewährleistet.

- Palettenregale sind hochflexibel in der Zugriffsleistung, da bei entsprechender Regalaufstellung mehrere Bediengeräte in einem Gang arbeiten können.

- Das System ist flexibel bei der Anpassung an geänderte Anforderungen (Palettenabmessungen, Kommissionier- und Umschlagsleistung).

Nachteile:

- Palettenregale erfordern einen hohen Investitionsaufwand.

- Bei teilautomatisierten Palettenregalanlagen besteht eine geringe Flexibilität bezogen auf die Umschlagsleistung.

- Bei sorgfältiger Planung und Beachtung der Wirtschaftlichkeitsaspekte gibt es keine gravierenden Nachteile.

2.1.5 Einfahrregal

Einfahrregale, häufig auch Drive-in-Regale genannt, werden für palettierte Waren und stabile einheitliche Ladehilfsmittel wie Kisten genutzt und sind eine Kombination aus Palettenregal und Blocklager.

Das Lagerprinzip ähnelt einem Einplatz-Palettenregal mit dem Unterschied, dass hier mehrere Paletten in der Tiefe hintereinander stehen. Das Regal kann nur von einer beziehungsweise von beiden Stirnseiten her bedient werden. Dabei ist zu beachten, dass immer ein Stapel von unten bis oben komplett aufgebaut werden muss, bevor der nächstfolgende Stapel begonnen werden kann. Bei größeren Stapelhöhen oder engen Toleranzen wird der Stapler im Einstapelkanal durch seitliche Bodenführungsschienen zwangsgeführt.

Das Einfahrregal eignet sich dort, wo mittlere und große Mengen mit geringer Artikelvielfalt gelagert werden müssen, wo das Lagergut nicht oder nur schwer stapelbar ist und zusätzlich eine geringe Umschlagsleistung gefordert ist. Typische Anwendungen sind z. B. Versandlager, in denen eine größere Sendung bis zum Versand gesammelt wird und Saisonlager, in denen druckempfindliche oder labile Waren gepuffert werden, bei denen die Blocklagerung nicht möglich ist. Auch eignet es sich für Kühllager, in denen Ware möglichst komprimiert stehen muss.

Vorteile:

- Es sind nur geringe Investitionskosten für Lagereinrichtungen erforderlich.

- Eine hohe Raumvolumennutzung ist theoretisch möglich.

- Einfahrregale besitzen eine gute Übersichtlichkeit, bedingt durch die geringe Anzahl unterschiedlicher Artikel und durch den Ordnungseffekt.

Nachteile:

- In der Praxis erfolgt häufig eine schlechte Raumvolumennutzung, da die Kanäle nur durch ein Produkt belegt werden und selten ganz voll sind.

- Bei unterschiedlicher Bestandshöhe von Artikeln ergibt sich eine unterschiedliche Füllung der Einzelkanäle und damit eine schlechte Raumnutzung.

- Das System bietet nur eingeschränkte Zugriffsmöglichkeiten, da nur die vorderste Paletten-Säule erreichbar ist.

- Das Einfädeln des Staplers in die Fahrkanäle ist kompliziert.

- Das Fahren im Regal kann nur sehr langsam erfolgen.

- Bei nicht zwangsgeführter Bedienung besteht die Gefahr der Beschädigung des Regals aufgrund der engen Einfahrtoleranzen.

Abbildung 2-3: *Einfahrregal (Quelle: SSI Schäfer)*

2.1.6 Wabenregal

Das Wabenregal, auch Köcherregal oder Langgutregal genannt, besteht aus einem Regalsystem, bei dem die Regalebenen mit geringer Höhenteilung übereinander angeordnet sind und jede Regalebene wiederum horizontal unterteilt ist. Stirnseitig ähnelt dieses Regal einer Bienenwabe. In der Tiefe sind die Regale als eine Art Köcher ausgeführt. Sie werden genutzt, um Langgut wie Rohre, Profile usw. kompakt zu stapeln. Bei schweren Profilen ist ein solcher Köcher noch mit Rollen ausgerüstet, um das Einschieben und Entnehmen zu erleichtern.

Vorteile:

- Das Wabenregal ermöglicht die kompakte Lagerung vieler Artikel.

- Eine hohe Raumvolumennutzung ist gegeben.

- Der Einzelzugriff zu jedem Artikel ist jederzeit gesichert.

- Das System bietet eine hohe Übersichtlichkeit.

- Das Wabenregal lässt sich problemlos auf die geforderten Lagervolumen pro Artikel anpassen.

- Es ist eine hohe Zugriffsleistung möglich.

Nachteile:

- Eine mechanisierte Lagerbedienung ist nur eingeschränkt möglich.

- Es ist ein hoher Handlingsaufwand erforderlich.

- Es besteht eine hohe Unfallgefahr bei Langgut.

2.1.7 Kragarmregal

Kragarmregale bestehen aus einem T-förmigen Ständer, der mit freitragenden Armen ausgestattet ist. Auf diese Arme werden die Lasten abgelegt. Kragarmregale werden meist für Langgut und sperrige Teile verwendet. Für die Bedienung von Kragarmregalen werden in der Regel Seitenstapler oder fest installierte Regalbediengeräte eingesetzt. Typisches Anwendungsgebiet für Kragarmregale ist die Lagerung von

- Brettern und Balken,

- Rohren und Profilen,

- Kassetten mit Langgut und

- Platten.

Vorteile:

- Kragarmregale erfordern nur geringe Investitionskosten.

- Ein Einzelzugriff ist jederzeit möglich.

- Das System ist automatisierbar.

- Es besitzt eine hohe Übersichtlichkeit.

Nachteile:

- Die Bediengänge benötigen relativ viel Platz.

- Es können nur mittlere Zugriffszeiten erreicht werden.

- Ein nicht unerheblicher Raumvolumenverlust durch Kragarm und Aushubmaß ist zu beachten.

- Die Entnahme von Einzelteilen ist erschwert (Unfallgefahr).

Abbildung 2-4: *Kragarmregal (Quelle: SSI Schäfer)*

2.2 Dynamische Lagersysteme

2.2.1 Durchlaufregal

Durchlaufregale werden für Stapelkästen, Kartons, Paletten und andere rollenbahnfähige Waren gebaut. Sie bestehen aus Regalstehern, zwischen die Rollenleisten oder Rollenbahnen mit einer Neigung von 2 bis ca. 4 Grad eingehängt werden.

Diese Rollenbahnen sind bei Bedarf mit Bremsrollen und am Kanalende zum Teil mit Separiervorrichtungen ausgerüstet. Die Paletten oder Verpackungseinheiten werden auf der höher gelegenen Seite eingestellt und laufen dann selbständig zum Abnahmepunkt beziehungsweise bis zu dem im Kanal befindlichen Ladehilfsmittel. Zum Teil werden anstelle der Rollenbahnen auch Längsschienen eingebaut, auf denen dann Rolluntersätze laufen. Diese Lager werden dort eingesetzt, wo die Beschickung die Entnahme nicht behindern soll, z. B. im Fall einer Kommissionierung, bei der sich auf engem Raum eine relativ große Anzahl Artikel im direkten Zugriff befinden soll und in der die Anwendung des FIFO-Prinzips eingehalten werden muss.

Durchlaufregale finden meist in der Kommissionierung von kleineren Ladehilfsmitteln Verwendung. Voraussetzung für den Einsatz von Durchlaufregalen sind qualitativ gute Ladehilfsmittel und Verpackungseinheiten sowie wenig differierende Gewichte der einzelnen Einheiten pro Durchlaufkanal.

Vorteile:

■ Durchlaufregale ermöglichen eine kompakte Lagerung auf geringer Grundfläche.

■ Das FIFO-Prinzip wird eingehalten.

■ Die Ware rückt automatisch immer zur Abnahmeposition nach.

■ Es sind hohe Zugriffs- und Entnahmeleistungen möglich.

■ Das System ist automatisierbar.

Nachteile:

■ Waren können im Kanal hängen bleiben und nicht durchlaufen.

■ Es besteht die Gefahr der Lagergutbeschädigung bei ungleichen Gewichten des Lagergutes, weil eines das andere zerquetschen kann.

■ Die Paletten müssen eventuell. mit einer Ladungssicherung z. B. durch Folien ausgestattet sein.

■ Durchlaufregale erfordern hohe Investitionskosten.

■ Dieses System ist relativ unflexibel und kann veränderten Anforderungen (Größe der Ladehilfsmittel, stark unterschiedliche Gewichte u. Ä.) nicht gut angepasst werden.

2.2.2 Einschubregal

Das Einschubregal entspricht in der Bauart dem Durchlaufregal. Es wird jedoch nur für die Lagerung von Paletten genutzt. Dieses Regal wird generell nur an der niedrigen Seite bedient. Die erste Palette wird auf die Rollenbahn des Kanals gesetzt. Beim Einstellen der zweiten Palette wird die erste Palette nach hinten (oben) geschoben. Diese Technik eignet sich nur dann, wenn relativ wenige Paletten hintereinander pro Kanal gestaut werden, da der Stapler mit dem Einstellen der Palette immer den Staudruck des gesamten Palettenpulks überwinden muss.

Oftmals wird die Palette nicht direkt auf Rollenbahnen gesetzt, sondern auf einen rollbaren „Schlitten", der auf den Regaltraversen läuft. In jedem Regalkanal befinden sich mehrere Schlitten, die unterschiedlich hoch sind, sodass sie sich ineinander verschachteln können. In einem Kanal für x Paletten befinden sich x-1 Schlitten. Die erste Palette wird im leeren Kanal auf den höchsten Schlitten gesetzt. Die zweite Palette wird eingesetzt, indem mit der zweiten die erste Palette samt Schlitten nach hinten geschoben wird und die zweite Palette abgesetzt wird (auf den zweithöchsten Schlitten). In dieser Weise wird das Regal befüllt. Die letzte Palette wird dann direkt auf die Regaltraversen gestellt. Die Entnahme erfolgt in umgekehrter Reihenfolge, die Schlitten rollen von allein in die Ausgangsposition an der Gangseite zurück (per Schwerkraft über die zum Gang hin geneigten Traversen). Nachteil ist hier, dass die Paletten beziehungsweise Behälter beim Befüllen und Entnehmen aneinander reiben. Dies kann zu Beschädigungen führen. Außerdem können sich die Behälter verhaken, sodass eine Befüllung unmöglich wird. Daher ist diese Regaltechnik nur für glattwandige, stabile Behälter geeignet (z. B. Kartonagen).

Vorteile:

■ Es ist nur ein Bediengang erforderlich.

■ Eine kompakte Lagerung auf geringer Grundfläche ist möglich.

■ Die Ware rückt automatisch immer in die Abnahmeposition nach.

■ Es sind hohe Zugriffs-/Entnahmeleistungen möglich.

■ Das System ist automatisierbar.

Nachteile:

- Die Paletten können beim Abheben verkanten beziehungsweise reiben aneinander.

- Das FIFO-Prinzip kann nicht berücksichtigt werden.

- Dieser Lagertyp erfordert einen hohen Investitionsaufwand.

- Hohe Palettenqualitäten beziehungsweise glattwandige stabile Ladehilfsmittel sind erforderlich.

Abbildung 2-5: *Einschubregal (Quelle: SSI Schäfer)*

2.2.3 Paternosterregal für Kleinteile

Das Paternosterregal ist eine Mischform aus Fachboden-Regal und Regalbediengerät. Die einzelnen Fachebenen sind in einer Art Schrank an zwei vertikal umlaufenden Ketten aufgehängt. An der Frontseite gibt es eine Entnahmeöffnung, zu der die Fachebene gefördert wird und an deren Stelle der Kommissionierer in ergonomisch günstiger Höhe die Waren entnehmen kann. Entnahmen, Bestückung usw. erfolgen durch Steuerung der Lagerorte per IT. Das Paternosterregal wird bei mittleren und geringen Zugriffshäufigkeiten genutzt. Durch eine umlaufende Kette beziehungsweise eine relativ langsame Umlaufgeschwindigkeit ist der Wechsel der Lagerbereiche zeitintensiv. Eine klassische Anwendung ist die Lagerung von Werkzeugen und Vorrichtungen sowie von hochwertigen Kleinteilen wie Elektronikbauteilen oder auch von Akten. Es ist jedoch wirtschaftlich ebenfalls sehr gut für andere Anwendungen nutzbar, sofern die Zugriffsleistung ausreicht.

Vorteile:

- Das Paternosterregal bildet eine abgeschlossene Einheit mit Zugriff nur für Befugte.

- Die Ware lagert staubgeschützt.

- Die Ware wird nach dem Prinzip „Ware zum Mann" dem Kommissionierer in eine ergonomisch günstige Entnahmehöhe geliefert.

- Es entstehen praktisch keine Wegezeiten.

- Durch die notwendige Organisation sind eine hohe Transparenz und große Ordnung gewährleistet.

- Das System bietet eine sehr gute Raumvolumennutzung auch in vorhandenen hohen Räumen.

Nachteile:

- Paternosterregale erfordern höhere Investitionskosten als Fachbodenregale.

- Bei einer Systemstörung ist keine Entnahme mehr möglich.

- Es besteht eine systemtechnisch begrenzte Kommissionierleistung, da maximal zwei Personen Teile entnehmen können und der Wechsel von Lagerorten relativ langsam erfolgt.

- Es ist kein direkter Zugriff zu jedem Artikel möglich.

- Eine EDV-Steuerung ist zwingend erforderlich, jedoch zu überschaubarem Preis erhältlich.

2.2.4   Schwerlast-Paternosterregal

Das Schwerlast-Paternosterregal, auch Schwerlast-Umlaufregal genannt, entspricht dem Kleinteile-Paternosterregal. Es ist jedoch für die Aufnahme größerer Lasteinheiten mit speziellen Aufnahmevorrichtungen ausgestattet. Das Prinzip, auf geringer Grundfläche kompakt zu lagern und die Ware zur Entnahmeposition zu transportieren, hat bei großen Gewichten und unhandlichen Teilen eine besondere Bedeutung.

An der Entnahmeposition kann ein zusätzliches Handhabungsgerät eingesetzt und damit die gesamte Bedienung sehr beschleunigt und vereinfacht werden. Dabei wird häufig zusätzlich die Aufnahmevorrichtung des Paternosterregals frontseitig aus der Schrankkontur herausgefahren, damit ein freier Zugriff von oben möglich ist, z. B. mithilfe eines Krangeschirrs. In Sonderformen wird das Paternosterregal auch in mehreren hintereinander angeordneten Schleifen geführt, um die vorhandene Raumtiefe optimal zu nutzen.

Schwerlast-Paternosterregale finden Verwendung

- bei schweren hochwertigen Werkstücken und Ersatzteilen,

- bei der Lagerung großer Kabeltrommeln,

- bei der Lagerung von Langgutkassetten und

- bei der Lagerung von Stahl-Coils.

Vorteile:

- Schwerlast-Paternosterregale bilden eine abgeschlossene Einheit mit Zugriff ausschließlich für Befugte.

- Die Ware wird nach dem Prinzip „Ware zum Mann" dem Kommissionierer in ergonomisch günstiger Entnahmehöhe zugefördert.

- Es können stationäre Entnahmehilfen genutzt werden.

- Sperrige Teile können sehr leicht gehandhabt werden.

- Es entstehen praktisch keine Wegezeiten.

- Durch die notwendige EDV-Organisation sind eine hohe Transparenz und ein hoher Ordnungseffekt gewährleistet.

- Es ist eine sehr gute Raumvolumennutzung auch in hohen Räumen möglich.

- Der Paternoster kann über mehrere Gebäudegeschosse gebaut und die Entnahmeposition kann wahlweise auf einer Geschossebene eingerichtet werden.

Nachteile:

- Das System erfordert hohe Investitionskosten.

- Bei einer Systemstörung ist keine Entnahme mehr möglich.

- Systemtechnisch ist die Entnahmeleistung aufgrund der geringen Umlaufgeschwindigkeit begrenzt.

- Es ist kein direkter Zugriff auf jeden Artikel möglich.

- Eine EDV-Basisorganisation ist zwingend erforderlich.

- Die laufenden Betriebskosten sind hoch.

Eine Abwandlung des Paternosterregals ist das Karussellregal. Dies ist vom Prinzip ähnlich, die Regalfächer werden jedoch nicht vertikal sondern horizontal bewegt.

2.2.5 Fachboden-Verschieberegal

Das Fachboden-Verschieberegal ist prinzipiell ein normales Fachbodenregal, das jedoch auf einer Rollenlagerung steht. Über seitlich angebrachte Handräder können die Regalzeilen leicht verschoben werden. In der Regel stehen die Regale dicht aufeinander und nur ein oder zwei Arbeitsgänge sind offen. Durch das Verschieben der Regale wird ein anderer Gang geöffnet und der bisher offene Gang geschlossen.

Diese Art von Regalen wird für Artikel mit geringem Umschlag genutzt. Auf sehr begrenztem Raum ist eine extrem günstige Raumvolumennutzung möglich. Dieser Regaltyp findet auch häufig Anwendung im Bereich der Aktenlagerung.

Vorteile:

- Eine gute Flächen- und Volumennutzung ist gegeben, da für eine größere Anzahl von Regalzeilen nur ein oder zwei Bediengänge erforderlich sind.

- Das System bietet einen besseren Staubschutz verglichen mit dem normalen Fachbodenregal, da die Regalzeilen meist geschlossen sind.

- Das Verstellen der Regalzeilen ist auch automatisierbar.

Nachteile:

- Es besteht nur eine geringe Zugriffsleistung.

- Ein relativ hoher Investitionsaufwand ist nötig.

- Es ist kein direkter Zugriff zu jedem Artikel möglich.

■ Die Kommissionierung ist, wie beim Fachbodenregal, nur in mittlerer Höhe ergonomisch günstig.

■ Das System erfordert eine höhere Bodenqualität und Belastbarkeit, da das Lager kompakt auf einer relativ kleinen Fläche steht.

■ Es besteht eine erhöhte Unfallgefahr, wenn Regalzeilen unbedacht geschlossen werden.

■ Die Verschieberegale sind wegen der schmalen Regalzwischenräume nur von einem Kommissionierer pro Systemeinheit nutzbar.

Abbildung 2-6:   *Fachboden-Verschieberegal (Quelle: SSI Schäfer)*

2.3 Automatische Lagersysteme

2.3.1 Grundlagen

Ein automatisches Lager kann als eine Art abgeschlossene Maschine betrachtet werden, die aus einer Reihe von Baukomponenten besteht. Diese Maschine bietet die Möglichkeit, ganze Ladehilfsmittel ein- und auszulagern beziehungsweise die Ladehilfsmittel an einem Kommissionierplatz für die Kommissionierung nach dem Prinzip „Ware zum Mann" bereitzustellen.

Grundvoraussetzung für ein automatisches Lager ist der Einsatz eines Ladehilfsmittels beziehungsweise einer geringen Zahl standardisierter Ladehilfsmittel in hoher Qualität.

Automatische Lagersysteme werden im Wesentlichen für folgende Anwendungen gebaut:

- Palettenlagerung bis ca. 1.500 kg Einzelgewicht, in Ausnahmefällen auch darüber

- Kleinteilelagerung auf Tablaren bis ca. 300 kg Tablargewicht

- Kleinteilelagerung in Kunststoffkästen bis ca. 50 kg pro Kasten

- Kassettenlagerung für Langgut bis mehrere Tonnen Kassettengewicht

2.3.2 Systemaufbau

Die automatischen Lagersysteme bestehen im Wesentlichen aus folgenden Komponenten:

- Regale mit oberer Führungsschiene

- Regale mit unterer Führungsschiene

- Fahrschiene

- Regale in Statikfunktionsbauweise für Dach- und Wandverkleidung (Silobauweise)

- Regalförderzeuge mit Hubeinheit und Lastaufnahmemittel

- Fördertechnik in der Lagervorzone

- Lagerverwaltungs- und Steuerungsrechner (LVR), der die Lagerplatzverwaltung durchführt und die Ein- und Auslagerung generiert. Der Rechner sollte eine Anbindung zur administrativen Ebene aufweisen (üblicherweise zum Host).

■ Steuerungsrechner für die Regalbediengeräte (Anbindung zum LVR)

■ SPS Steuerung für die Fördertechnik

■ Abzäunungs- und Absicherungsmaßnahmen, da solche Lager hermetisch abgeriegelt sein müssen (Unfallgefahr)

2.3.3   Lagertypen

2.3.3.1   Palettenhochregal

Palettenhochregallager werden in der Regel mit Bauhöhen zwischen 12 m und 25 m erstellt, in Ausnahmefällen auch bis zu 48 m Bauhöhe. Als Faustformel sollte das Verhältnis Bauhöhe zu Regallänge ca. 1:3 betragen, also beispielsweise bei 20 m Bauhöhe ca. 60 m Regallänge. Dies ist von enormer Bedeutung, denn die Regalförderzeuge fahren in Längsrichtung drei- bis sechsmal schneller als sie (unter Last) heben können. Die Leistung eines einzelnen Regalförderzeuges liegt, je nach Regalabmessung, bei ca. 20 bis 40 Ein- und Auslagerungen, diese bezeichnet man als Doppelspiele.

Palettenhochregallager werden mit zwei Grundfunktionen betrieben. Einerseits erfolgt die reine Vorratslagerung mit der Ein- und Auslagerung von ganzen Paletteneinheiten, andererseits kann diese auch in Kombination mit der Funktion „Ware zum Mann" durchgeführt werden.

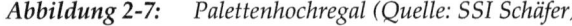

Abbildung 2-7:   *Palettenhochregal (Quelle: SSI Schäfer)*

Meist wird pro Regalgasse ein Regalförderzeug eingesetzt. Bei der Vorratslagerung mit einer hohen Anzahl an Lagerplätzen und einer geringeren Zugriffshäufigkeit können mehrere Paletten hintereinander eingelagert werden, wobei jeweils nur eine Palette in der Regalgasse transportiert wird. Stehen zwei Paletten hintereinander, so spricht man von einem doppelt tiefen Palettenlager. Ferner können zur Bedienung mehrerer Gänge entweder kurvengängige Regalförderzeuge eingesetzt oder die Regalförderzeuge über eine Umsetzbrücke zwischen den Regalgassen umgesetzt werden.

Hochregallager werden auch als Tiefkühllager bis minus 40 °C gebaut. Hier wird der Vorteil des vollautomatischen Systems nicht nur im Hinblick auf die Leistung, sondern auch auf die Humanisierung des Arbeitsplatzes besonders deutlich.

2.3.3.2 Tablarlager

Tablarlager sind im Prinzip automatische Palettenhochregallager, jedoch mit geringerer Belastbarkeit und kleineren Abmessungen. Bei diesem Lagertyp wird anstelle einer Palette eine Art Kuchenblech mit Griffleisten – das Tablar – als Lastträger eingesetzt. Diese Tablare bleiben im internen Lagerkreislauf und werden über eine Bedienperson am Lagerkopf mit Teilen oder Behältern beladen, um anschießend wieder eingelagert zu werden. Das Regal selbst ist pro Platz mit zwei Gleitschienen ausgestattet, auf welche die Tablare eingeschoben werden.

Das Regalförderzeug ist, im Gegensatz zum Palettengerät, nicht mit einer Gabel-, sondern mit einer Zieh- und Schubvorrichtung ausgestattet. Diese Technik, in Verbindung mit geringeren Gewichten, erlaubt eine sehr hohe Zahl von Ein- und Auslagerungen. Je nach Lagertyp sind hier Zykluszeiten für Ein- und Auslagerung von unter 40 Sekunden möglich.

Abbildung 2-8:   *Tablarlager (Quelle: SSI Schäfer)*

Tablarlager werden normalerweise bis ca. 12 m Bauhöhe und bis ca. 60 m Baulänge gebaut. In solchen Lagern erfolgt immer eine Kommissionierung nach dem Prinzip „Ware zum Mann".

2.3.3.3   Behälterlager

Das Behälterlager ist im Prinzip auch ein automatisches Palettenhochregallager. Bei diesem Lagertyp wird jedoch anstelle einer Palette ein Kleinladungsträger (Behälter) eingesetzt.

Gebräuchlich sind Einplatzsysteme, bei denen jeder Platz (wie beim Tablarlager) mit zwei Gleitschienen ausgestattet ist, auf welche die Behälter gelagert werden, aber auch Mehrplatzsysteme, wo die Behälter auf einem Fachboden gelagert sind. Doppelt tiefe Behälterlager setzen sich immer mehr durch. Hier werden gleichzeitig zwei Behälter in der Regalgasse transportiert, was diesen Typus sehr attraktiv macht, weil hierbei je nach Lagertyp bis zu 200 Behältereinlagerungen und -auslagerungen pro Stunde möglich sind.

Je nach Art des Behälters kommen unterschiedliche Lastaufnahmemittel zum Einsatz.

Üblicherweise wird in einem Behälterlager das Prinzip „Ware zum Mann" umgesetzt. Insbesondere im Bereich der Schnelldreher-Kommissionierung sind aber auch Durchlaufregallager gebräuchlich, bei denen das Regalförderzeug die Durchlaufkanäle versorgt und die Kommissionierung nach dem Prinzip „Mann zur Ware" erfolgt.

Abbildung 2-9:   *Behälterlager (Quelle: SSI Schäfer)*

2.3.3.4   Kassettenlager

Kassettenlager werden für die Lagerung von Profilen, Rohren und anderem Langgut eingesetzt. Als Regal wird dabei eine Art Kragarmregal verwendet. Ziel dieser Lagerart ist es, die Einlagerung maschinell abzuwickeln. Dies kann durch diverse technische Lösungen erfolgen. Oft kommt ein Mast mit Hubgerüst zum Einsatz, der am Regal befestigt ist und das vor dem Regal in einer Kassette platzierte Gut aufnimmt und in das Regal befördert.

Kassettenlager eigenen sich sehr gut für die Integration in eine Produktion und auch für die direkte Anbindung von Bearbeitungsmaschinen an ein solches Lager.

3 Einrichtungstechnik

3.1 Beleuchtung

Bei der Gestaltung des Lagergebäudes (Wände, Stützen, Regale) verzichtet man häufig auf die Beleuchtung mit Tageslicht, da die natürliche Beleuchtung der eingelagerten Ware schaden kann. Ist darüber hinaus noch eine Kühlung der Ware erforderlich, muss schon aus bautechnischen Gründen auf eine natürliche Beleuchtung verzichtet werden.

Nach DIN-Normen muss die Beleuchtungsstärke in Lagerräumen einen bestimmten Wert haben. Jedoch reichen in den meisten Fällen diese Mindeststärken nicht aus. Erfolgt eine Kommissionierung im Lager, werden höhere Lichtstärken im gesamten Lagerbereich benötigt. Als Richtwert diene hier eine Beleuchtungsstärke von 250 Lux.

Darüber hinaus schreibt die Verordnung über Arbeitsstätten (ArbStättV) Notbeleuchtungssysteme vor, die sowohl eine Beleuchtungsstärke von 5 Lux als auch eine Stunde Brenndauer bei Netzausfall erfüllen müssen. Die Industrie bietet hier wartungsfreie Systeme mit elektronisch gesteuerten Ladegeräten und Netzüberwachungseinrichtungen an.

3.2 Heizung, Lüftung und Klimatisierung

Heizung, Lüftung und Klimatisierung des Lagergebäudes müssen auf das Lagergut abgestimmt sein, das z. B. einer optimalen Lagertemperatur bedarf, um seinen Gebrauchswert zu erhalten. Aber auch dem Lagerpersonal muss ein angenehmes Arbeitsklima geboten werden.

Dies kann in der Regel bei einem Temperaturbereich zwischen 10 und 16 °C sowie einer relativen Luftfeuchtigkeit von max. 50 % erreicht werden. Ist jedoch eine Kühlung des Lagergutes unter 10 °C nötig, müssen die mit der Lagerung und Kommissionierung beauftragten Mitarbeiter entsprechende Arbeitsschutzkleidung erhalten. Darüber hinaus sind Aufwärmbereiche vorzusehen, in denen sich das Personal des Lagerbereiches wieder erholen kann. Die Gewerbeaufsichtsämter schreiben für die

Belüftung in eingeschossigen Lagergebäuden Dachentlüftungen vor, durch die ein Mindestluftbedarf von durchschnittlich ca. 50 m³/h pro Person erfüllt sein muss.

3.3 Brandschutz

Bei der Planung eines Lagergebäudes ist selbstverständlich der bauliche Brandschutz zu berücksichtigen. Dabei sind vorbeugende Maßnahmen wie die Verwendung feuerhemmender Baustoffe, der Einbau von Brandwänden zwischen den Gebäuden oder der Ausbau ausreichend dimensionierter Fluchtwege mit zu berücksichtigen.

Darüber hinaus sollten nachfolgende Anlagen installiert werden:

3.3.1 Feuerwarnanlagen

Hierzu gehören:

- Rauchmelder

- Thermomelder

- Flammen- beziehungsweise Strahlenmelder

3.3.2 Feuerbekämpfungsanlagen

Zur Feuerbekämpfung in Lagern werden in der Regel Sprinkleranlagen eingesetzt. Diese Anlagen sind automatische Sprühwasserlöschanlagen, die aus einem Sprinklersystem (Löschdüsen) bestehen, dessen Auslösung bei Wärmezufuhr beispielsweise durch Thermomelder (Schmelzlot-, Glasfass- oder Schmelzkristallsprinkler) separat bei jedem Sprinkler erfolgen kann. Die Sprinkler öffnen sich im Regelfall bei einer Temperatur von ca. 70 °C und besprühen die darunter liegende, örtlich begrenzte Fläche. Eine Grenze für den Anwendungsbereich einer Sprinkleranlage liegt darin, dass nur Wasser als Löschmittel verwendet werden kann. Wenn aber leicht brennbare Flüssigkeiten, wie beispielsweise Lacke, in Brand geraten, ist ein Löscherfolg nicht mehr gegeben, weshalb in diesen Fällen der Einsatz von z. B. CO_2-Löschanlagen sinnvoll ist. Die Anzahl der Sprinkler und deren Verteilung sowie die exakte Positionierung, um eine optimale Sprühwirkung zu erreichen, müssen den Vorschriften des Verbandes der Sachversicherer (VdS 2092) entsprechen.

Brandmelder und Sprinkler sind im Schatten der Regalträger zu installieren. Dadurch werden Beschädigungen durch das Lagergut verhindert.

4 Bewegliche Lagertechnik

Unter beweglicher Lagertechnik versteht man zum einen die Flurförderzeuge, die unterteilt sind in regalabhängige und -unabhängige Förderzeuge, und zum anderen Förder- und Transporteinrichtungen sowie Ladehilfsmittel.

4.1 Flurförderzeuge

Flurförderzeuge gibt es in verschiedenen Varianten. Die nachfolgende Aufzählung soll die geläufigsten erklären, wobei sich aufgrund der Variantenvielfalt über die hier getroffene Auswahl auch streiten lässt.

Die Flurförderzeuge werden nach dem Kriterium regalunabhängig beziehungsweise regalabhängig klassifiziert.

4.1.1 Regalunabhängige Flurförderzeuge

4.1.1.1 Gegengewichtsstapler/Frontstapler

Bei diesem Staplertyp befindet sich die Last frei tragend vor den Vorderrädern. Dadurch benötigt dieser Stapler eine gewisse Baulänge als Gegengewicht, was wiederum eine entsprechend große Arbeitsgangbreite erfordert. Gegengewichtsstapler können aufgrund ihrer Antriebsart für sehr hohe Lasten und Geschwindigkeiten konzipiert werden. Standardgeräte bis ca. 5 t Tragkraft sind wegen ihres sehr interessanten Preis-Leistungs-Verhältnisses sehr verbreitet. Ein Merkmal dieses Staplertyps ist, dass der Fahrer grundsätzlich in Richtung der Gabel/Last schaut, was bei sehr sperrigen Lasten seine Sicht beeinträchtigen kann.

Abbildung 4-1:   *Frontstapler (Quelle: Still)*

4.1.1.2 Handgabelhubwagen

Der Handgabelhubwagen ist das wohl am weitesten verbreitete Palettentransportgerät. Über eine handbetätigte Hydraulik wird die Palette vom Boden freigehoben und kann damit von Hand bewegt werden. Die Tragkraft dieser Geräte kann zwischen 1.000 kg und 3.000 kg liegen, empfehlenswert sind jedoch nicht mehr als max. 2.000 kg. Der Handgabelhubwagen ist kostengünstig, sehr flexibel, platzsparend und sehr robust. Ein Nachteil ist, dass mit ihm die Paletten nicht in die Höhe befördert werden können, und die Fortbewegung durch die Kraft des Mitarbeiters erfolgt.

4.1.1.3 Deichselgesteuerter Mitgeh-Gabelhubwagen

Dieses Gerät, auch „Ameise" genannt, ist im Prinzip ein Handgabelhubwagen mit Elektroantrieb und elektrohydraulischem Hub. Bei Dauergebrauch und Palettengewichten über 600 kg sollten aus Gesundheitsgründen diese Geräte dem mechanischen Handgabelhubwagen vorgezogen werden.

Abbildung 4-2:   *Deichselgesteuerter Mitgeh-Gabelhubwagen (Quelle: Still)*

4.1.1.4 Deichselgesteuerter Mitgeh-Gabelhochhubwagen

Dieses Gerät entspricht weitgehend dem deichselgesteuerten Mitgeh-Gabelhubwagen und ist zusätzlich mit einem Hubmast ausgerüstet. Damit lassen sich Paletten bis zu 4 m hoch stapeln. Die benötigte Arbeitsgangbreite liegt bei ca. 2,2 m und ist somit recht günstig. Ideale Einsatzmöglichkeiten sind z. B. Wareneingangs- und Versandbereiche oder Produktionsbereiche, in denen relativ kurze Entfernungen zu überbrücken sind und wo die Hubvorrichtung nur gelegentlich benötigt wird. Dieses Gerät ist sehr wendig und die Bedienbarkeit im Vergleich zu Großstaplern recht einfach. Euro-Pool-Paletten können mit ihm allerdings nur in Längsrichtung aufgenommen werden.

Beide vorher genannten Geräte sind in folgenden Grundvarianten erhältlich:

- mit Fahrerstandplattform
- mit Initialhub (zur Doppelstockverladung)

Abbildung 4-3: *Deichselgesteuerter Mitgeh-Gabelhochhubwagen (Quelle: Still)*

4.1.1.5 Kommissioniergeräte

Für die Kommissionierung werden vielfach Kommissioniergeräte in verschiedenen Ausführungen eingesetzt. Ihr Einsatz ist vorwiegend auf Lebensmittel-Großlager oder sehr große Warenverteilzentren mit extrem hohen Umschlagsleistungen beschränkt. Im Gegensatz zum normalen Hubwagen ist dieses Gerät mit einer Fahrerstandplattform ausgerüstet, damit in den häufig recht weitläufigen Lebensmittellagern eine schnelle Streckenüberbrückung möglich ist (Horizontalkommissioniergerät). Zum Teil sind diese Geräte mit einer anhebbaren Standplattform ausgerüstet, um auch aus höheren Lagerebenen kommissionieren zu können (Vertikalkommissioniergerät).

Abbildung 4-4:   *Kommissionierstapler (Quelle: Still)*

4.1.1.6 Schubmaststapler

Dieser Stapler ist eine Mischform aus Gegengewichtsstapler und Elektro-Gabel-Hochhubwagen. Zur Lastaufnahme und -abgabe wird der Mast bis an die Vorderräder geschoben. Zum Transport wird der Mast wieder zurückgezogen und der Stapler damit in seiner Länge verkürzt. Schubmaststapler werden für Lasten bis ca. 2,5 t gebaut, wobei in der Regel die Tragkraft mit zunehmender Hubhöhe reduziert wird. Die Besonderheit beim Schubmaststapler ist die Sitzposition des Fahrers, die sich quer zur Fahrtrichtung befindet, wodurch für den Fahrer optimale Sichtbedingungen in beiden Fahrtrichtungen gewährleistet sind.

Der Schubmaststapler ist der am häufigsten genutzte Stapler für die gebäudeinterne Lagerung von Paletten, da er sehr günstige Arbeitsgangbreiten (ca. 2,6 m), eine Hubhöhe bis über 10 m und einen relativ günstigen Beschaffungspreis in sich vereint.

Abbildung 4-5:   *Schubmaststapler (Quelle: Still)*

4.1.1.7 Vierwegestapler

Dieser Stapler ist vom Grundprinzip her identisch mit einem Schubmaststapler. Der einzige Unterschied besteht darin, dass auch die im Radarm befindlichen Laufräder zusätzlich lenkbar sind. Damit ist es mit diesem Gerät auch möglich, quer zur normalen Fahrtrichtung zu fahren. Ferner ist die Gabel in der Regel hydraulisch in der Breite verstellbar. Diese beiden Eigenschaften werden genutzt, um Langgut, z. B. Profile, in relativ schmalen Gängen zu transportieren und Kragarmregale zu beschicken. Gleichzeitig kann das Gerät wie ein Schubmaststapler eingesetzt werden. Diese Ausführungsvariante ist in der oben beschriebenen Anwendung vorrangig in Produktionsunternehmen zu finden, in denen einerseits Paletten zu stapeln sind, andererseits auch gelegentlich Langgut ein- und ausgelagert werden muss.

Abbildung 4-6:   *Vierwegestapler (Quelle: Still)*

4.1.1.8 Seitenstapler

Dieser Staplertyp ist ausschließlich für die Lagerung von Langgut geeignet und wird deshalb vorwiegend für die Lagerung von beispielsweise. Profilen oder Langholz eingesetzt. Das Gerät ist mit einem Schiebemast ausgestattet, der quer zur Fahrtrichtung ausgeschoben wird. Die Last wird außerhalb des Antriebskörpers aufgenommen und so weit angehoben, dass sie über den Antriebskörper zurückgezogen werden kann. Damit ist eine recht günstige Arbeitsgangbreite selbst für Lastlängen von 8–10 m erreichbar. Die Vorteile dieses Gerätes gegenüber den Vierwegestaplern sind höhere Traglasten und Hubhöhen zu einem günstigeren Preis. Der Seitenstapler kann sowohl in Gebäuden als auch außerhalb eingesetzt werden. Typischer Einsatzbereich ist das Stapeln von Containern.

4.1.2 Regalabhängige Flurförderzeuge

4.1.2.1 Schmalgangstapler

Durch Schmalgangstapler kann eine erhöhte Lagernutzfläche sowie eine Steigerung der Umschlagsleistung gegenüber den Schubmast- und Frontstaplern erzielt werden. Dieser Staplertyp erlaubt Gangbreiten von 1,5 m (für Teleskopgabelgeräte) bis 1,7 m (für Schwenkgabelgeräte), jeweils bezogen auf eine Euro-Pool-Palette. Gleichzeitig sind Stapelhöhen bis über 13 m möglich. Die Stapler können als reine Stapelgeräte, bei denen der Mann unten bleibt (Man-down-Gerät) oder als Kombi-Gerät, bei dem der Mann mit einer Kabine zur Kommissionierung nach oben fährt und Sichtkontakt zur Ware hat (Man-up-Gerät), genutzt werden. Die Geräte werden im Gang über seitliche Führungsschienen oder eine Induktivleitung zwangsgeführt und erreichen sehr hohe Arbeitsgeschwindigkeiten. Gleichzeitig ist es möglich, diagonal zu fahren, d. h. simultan zu fahren und zu heben. Dies ist bei freiverfahrbaren Staplern verboten. Zwischen den Regalzeilen wird der Stapler in freier Fahrt umgesetzt. Beim Einsatz von Schmalgangstaplern ist zu beachten, dass diese sicherheitstechnisch ähnlich wie vollautomatische Regalförderzeuge (RFZ) zu behandeln sind.

Abbildung 4-7:   *Schmalgangstapler (Quelle: SSI Schäfer)*

4.1.2.2   Regalförderzeug (RFZ)

Der Ausbau der Hochregal-Lagertechnik hat zur Einführung regalabhängiger Förderzeuge geführt. Das Kennzeichen eines Regalförderzeuges (RFZ) ist, dass es nur innerhalb der Regalanlagen operieren kann. Sein Vorteil liegt in dem geringen Gangbreitenbedarf, wodurch der Regalanteil an der Lagerfläche erhöht werden kann. Dadurch steigt der sogenannte Volumennutzungsgrad innerhalb des Lagergebäudes.

Abbildung 4-8:   *Regalförderzeug (Quelle: SSI Schäfer)*

Die Entwicklung der RFZ geht aus Gründen der Positioniergenauigkeit, der hohen Beschleunigungswerte und der Belastung des Bedienungspersonals weg vom handbedienten Gerät hin zum elektronisch gesteuerten Regalförderzeug mit Drehstrom-Asynchron-Motoren. Grundsätzlich ist ein RFZ mit Steuerung, Prozessrechner und Regalanlage als komplexes System anzusehen. Das Kaufen von Elementen verschiedener Hersteller, die jeweils nur für ihr Element und nicht für den gesamten Komplex verantwortlich zeichnen, führt zu Problemen, die ein Hochregallager zu einer schwierigen und meist durch sehr hohe Anlaufkosten gekennzeichneten Investition werden lässt. Empfehlenswert sind deshalb bei Hochregallagern Systeme von einem Hersteller.

4.2 Förder- und Transporteinrichtungen

Diese Einrichtungen können als Verbindungstechnik zwischen Systemen und bestimmten Lagerpunkten angesehen werden. Sie haben immer die Funktion, Strecken zu überwinden. Entsprechend den gestellten Anforderungen an den Materialfluss unterscheidet man zweierlei Arten der Förder- und Transporteinrichtungen:

- Stetigförderer

- intermittierende Fördertechnik

Nachfolgend sollen diese beiden Arten detailliert beschrieben werden.

4.2.1 Stetigförderer

Ihr Merkmal ist der kontinuierliche Transportfluss. Dabei gibt es folgende Varianten:

4.2.1.1 Rollen- und Röllchenbahnen

Der Einsatz erfolgt entweder mit Schwerkraft oder angetriebenen Rollen für den Transport von Paletten, Behältern oder Material mit ebenem Boden. Angetriebene Rollen haben den Vorteil einer konstanten Fördergeschwindigkeit. Eine weitere Variante besteht darin, Fördergut mithilfe von Stoppern nach Bedarf zu sperren und wieder freizugeben. Dies ist nur möglich bei sogenannten Staurollen- oder Röllchenförderern, bei denen die Rollenbahn zwar angetrieben wird, jedoch der Antrieb – bedingt durch die Konstruktion der Rollenlagerung – bei gesperrter Last auch frei laufen kann. Wird der Stopper gelöst, fällt die Rolle wieder exakt auf den Treibgurt und das Transportgut wird weiterbefördert. Die Rollen- oder Röllchenbahn kann auch für Kurven ausgelegt werden.

Abbildung 4-9:   Rollenbahnen bei der Kommissionierung (Quelle: SSI Schäfer)

4.2.1.2 Gurtförderer

Diese Förderer sind vorgesehen für Material mit nicht ebenem Boden oder bei der Notwendigkeit, Steigungen zu überwinden. Der Gurt besteht aus Gewebe oder Gummi mit Gewebeeinlagen. Je nach Anforderung des Materials kann der Gurt mit Mitnahmestollen oder als Einzelriemen ausgeführt sein. Eine spezielle Gurtausstattung ermöglicht auch die Ausführung von Kurven bis 180°.

Abbildung 4-10: *Gurtförderer (Quelle: SSI Schäfer)*

4.2.1.3 Plattenförderer

Plattenförderer werden für sehr unterschiedliches Fördergut mit hohen Gewichten oder hoher Punktbelastung eingesetzt. Sie bestehen aus einer Konstruktion, die einer wandernden ebenen Tischplatte ähnelt und finden in der Lagereinrichtung Anwendung, wenn Fördergut in Ebenen transportiert werden muss, in denen Tätigkeiten um die Palette herum stattfinden (z. B. Umreifen oder Schrumpffolie aufziehen). Der Plattenförderer kann im Gegensatz zum Rollenförderer begehbar sein und erfordert keine genaue Positionierung des Fördergutes. Einsatzgebiete sind u. a. Flughäfen (Gepäckförderanlagen) und Sortier- und Umschlagszentren (Deutsche Post/DHL – Päckchen und Pakete).

4.2.1.4 Kettenförderer

Der Kettenförderer eignet sich für schwere Lasten und Paletten mit großen Abmessungen. Die Tragkette erfüllt hierbei gleichzeitig die Funktion der Transportkette. Die Kette beziehungsweise die Rollen der Kette laufen dabei auf Führungsschienen.

Abbildung 4-11: *Kettenförderer mit Drehscheibe (Quelle: SSI Schäfer)*

Die relativ schmale Mitnahmebreite der Kette erfordert möglichst einheitliche Abmessungen des Fördergutes. In der Regel bestehen Kettenförderer aus kurzen Einzelelementen, die jeweils einen eigenen Antrieb besitzen und oft taktweise arbeiten, d. h. der Förderer läuft nur an, wenn das vorige Element läuft beziehungsweise Fördergut transportiert. Meist werden Kettenförderer im Vorfeld von automatischen Regalanlagen als Zufuhr- beziehungsweise Staueinrichtungen eingesetzt. Der Kettenförderer kann auch als intermittierender Förderer ausgelegt sein.

4.2.1.5 Unterflurschleppkettenförderer

Der Unterflurschleppkettenförderer ist eine im Boden verlegte, umlaufende Kette mit Mitnahmevorrichtungen. Diese Mitnahmevorrichtungen sind lösbar mit einem Transportgestell verbunden. Anwendung findet der Unterflurschleppkettenförderer überall dort, wo ein regelmäßiger Transportbedarf über mittlere und große Distanzen innerhalb eines Werkes besteht. Aufgrund des hohen Aufwandes bei Änderungen des Transportweges wird der Unterflurschleppkettenförderer sukzessive durch fahrerlose Transportsysteme verdrängt.

4.2.1.6 Zubehör für Stetigförderer

An Stetigförderer werden zahlreiche unterschiedliche Anforderungen gestellt. Es gibt eine Vielzahl von Ausstattungsvarianten (Zubehör), die es ermöglichen, die erforderlichen Funktionen zu erfüllen. Folgende Aufgaben können mithilfe des hier aufgeführten Zubehörs bewältigt werden:

- Vertikaltransport: mit Hubstationen oder Vertikalförderern

- Umkehr der Transporteinrichtung um bis zu 180°: mit Kurven oder Drehtisch

- Drehen um 90°: mittels Weiche oder Verteiltisch mit Kugel- oder Allseitenrollen

- Ausschleuser mit Querverschub (sogenannte Pusher) oder

- Ausschleuser (Hubeinrichtung mit quer verlaufender Transporteinrichtung)

- Ablenken auf Weiche: mit Abweiser, stationär oder mit eigenem Antrieb

- Zielsteuerung: Sie erfolgt mittels optischer (Lichtschranken, Lichttaster), magnetischer, mechanischer und elektronischer Zielsteuereinrichtungen. Im Bereich von Kommissionierzonen besitzen Zielsteuereinrichtungen eine wichtige Funktion.

4.2.2 Intermittierende Fördereinrichtungen

4.2.2.1 Fahrerlose Transportsysteme (FTS)

Zum Erteilen der Fahraufträge stehen als Übertragungsverfahren für fahrerlose Transportsysteme Datenfunk, Ultraschall oder Infrarot zur Verfügung. Die früher dominierende Induktivführung und Übertragung der Transportaufträge mittels Leitdraht werden heute bei Neuanlagen nur noch selten eingesetzt.

Je nach Automatisierungsgrad erfolgt die Lastaufnahme und -abgabe vollautomatisch oder manuell. Hierbei kommen entweder Geräte mit aufgebauten Stetigförderelementen, Sonderaufnahmen oder Elektro-Gabelhubwagen zum Einsatz.

In Räumen mit Personenverkehr fährt das FTS mit Geschwindigkeiten zwischen 0,3–1 m/s, ansonsten sind bis zu ca. 3 m/s möglich.

Meist werden fahrerlose Transportsysteme für Transporte über lange Strecken bei geringem Durchsatz oder für die Versorgung von Montagearbeitsplätzen eingesetzt.

Ein großer Nachteil des Systems ist der relativ hohe Wartungsaufwand.

4.2.2.2 Hängebahnen

Hängebahnen als Lagereinrichtung findet man in der Regel dort, wo im Produktionsbetrieb Zwischenlager zur Aufnahme von Teilbaugruppen installiert sind. Dabei kann zwischen drei Arten von Hängebahnen unterschieden werden:

Einfache Hängebahn als Umlaufförderer

Diese Anlage – als Overhead-Förderer bezeichnet – besteht aus einer an einem Träger laufenden Rolle mit hängender Kette und eigenem Antrieb. Zur Ein- und Ausgabe des Fördergutes muss der ganze Förderer angehalten werden, sofern die Art der Aufhängung des Fördergutes diese Operation nicht während des Fördervorganges ermöglicht.

Power-and-Free-Förderer

Dieser ist ein um die Funktion der „Free"-Bahn erweiterter Hängeförderer mit Zentralantrieb für jede Strecke. Hier treibt die umlaufende Kette einen in einer zweiten Bahn laufenden „Free"-Wagen an. Dieser „Free"-Wagen ist durch einen Mitnehmer mit der Schleppkette lösbar verbunden, sodass er jederzeit mit einer Weiche in eine Nebenstrecke ausgeschleust werden kann. Zusätzlich ist eine Auflaufpufferung möglich. Der Power-and-Free-Förderer bietet die Möglichkeit, aus einem in einer Förderstrecke vorhandenen Sortiment zielgesteuert in Auslaufstrecken zuteilen zu können. Durch das Lösen des „Free"-Wagens aus dem Umlauf kann dieser dabei unabhängig bewegt werden.

Elektro-Hängebahnen

Die Elektro-Hängebahn ist eine Alternative zum Power-and-Free-Förderer. Der Unterschied besteht darin, dass jeder Förderwagen einzeln angetrieben wird, während die Power-and-Free-Bahn einen Zentralantrieb für jede Strecke hat. Die Stromversorgung der Einzelantriebe erfolgt mittels Schleifabnehmern. Die Elektro-Hängebahn bietet eine flexiblere Lösung als der Power-and-Free-Förderer, da sich die feste Installation im Gebäude auf das Träger- und Versorgungssystem beschränkt. Durch den Kettenantrieb bei den Power-and-Free-Förderern ist die Gestaltung der Ausschleus- und Hubstationen im Vergleich zur Elektro-Hängebahn aufwendiger. Elektro-Hängebahnen kommen in zunehmendem Maße in Kommissioniervorzonen größerer automatischer Hochregallager und beim Transport standardisierter Teile von der Anlieferstelle zum Verbauort zum Einsatz.

4.3 Ladehilfsmittel

Sieht man von den Massengütern (Sand, Kohle u. Ä.) ab, so gibt es sehr wenige Artikel, die auch unverpackt lagerfähig sind. Das bedeutet, dass ein Hilfsmittel benötigt wird, das es ermöglicht, die Ladeeinheit zu bewegen und zu lagern. Diese Funktion erfüllt das Ladehilfsmittel. Bestimmend hierfür sind

- der Lagerartikel und

- die Transport- und Lagerart.

Ziel der Verwendung von Ladehilfsmitteln ist es, die gewählte Form für Transport, Lagerung und Produktion beizubehalten. Die unterschiedlichen Arten von Ladehilfsmitteln werden im Folgenden vorgestellt.

4.3.1 Lagerbehälter

Lagerbehälter sollten folgende Eigenschaften besitzen:

- Baukastensystem

- Stabilität und Leichtigkeit

- Stapelfähigkeit und Standfestigkeit

◼ leichte Entnahmemöglichkeit auch in gestapeltem Zustand

◼ Korrosionsschutz

◼ geringes Leervolumen (z. B. leer schachtelbar, klappbar)

◼ gute Reinigungsmöglichkeit

4.3.1.1   Kleinteilebehälter/Kleinladungsträger (KLT)

Für Kleinteilebehälter gelten folgende Daten:

◼ maximale Größe: 600 x 400 x 320 mm

◼ Bruttogewicht: 50 kg (für den Handtransport jedoch lediglich 25 kg)

◼ Einsatz für Kleinteile oder Kleinmengen

Ausführungsarten:

◼ Lager-Sichtkasten aus Metall oder Kunststoff

◼ (Dreh-) Stapelbehälter aus Metall oder Kunststoff

◼ gelocht und geschlossen

Um Kleinteilebehälter auf Rollenbahnen fahren zu können, sollen diese einen möglichst ebenen und formstabilen Boden aufweisen.

Abbildung 4-12:   *Kleinladungsträger (Quelle: SSI Schäfer)*

4.3.1.2 Größere Stapelbehälter/Großladungsträger (GLT)

Größere Stapelbehälter, auch Großladungsträger (GLT) genannt, sind meist nicht mehr von Hand transportierbar. Sie haben deshalb Füße, um mit dem Hubwagen oder Stapler bewegt werden zu können.

Abbildung 4-13: *Großladungsträger (Quelle: KTP)*

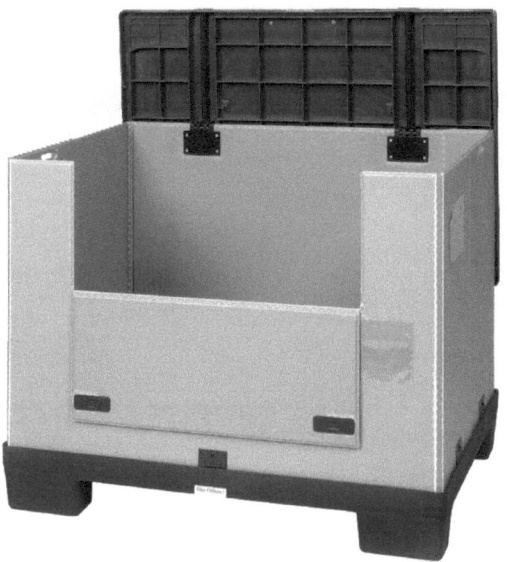

4.3.2 Paletten

Paletten sind stapelbare Plattformen aus Holz, Metall oder Kunststoff, mit deren Hilfe Artikel zu Einheiten zusammengefasst werden, die dann mechanisch transportiert und gelagert beziehungsweise gestapelt werden können. Die Unterfahrhöhe beträgt 100 mm. Es gibt Flachpaletten, Gitterboxpaletten und Spezialpaletten, die im Folgenden näher beschrieben werden.

4.3.2.1 Flachpaletten

Flachpaletten sind in der Regel aus Holz, z. T. auch aus Kunststoff oder Metall. Abmessungen mit 800 x 1.000 mm, 800 x 1.200 mm (auch Euro-Palette genannt) oder 1.000 x 1.200 mm sind handelsüblich. Es gibt Zweiweg- und Vierwegpaletten, das heißt dass die Palette von zwei oder vier Seiten unterfahren werden kann. Flachpaletten mit Aufsteckrahmen sind eine Weiterentwicklung in Richtung Gitterboxpalette. Der Rahmen ist oft faltbar, um ein geringes Leervolumen erreichen zu können.

Für Standardpaletten (wie z. B. die Euro-Palette) existieren oftmals internationale Palettenpools, die die leere, nicht beladene Rücktour der Palette vermeiden helfen sollen. Bei sogenannten Ungleichgewichten innerhalb des Pools (durch regional unterschiedlich hohe Aufkommen und Bedarfe an Paletten) werden Ausgleichtouren mit leeren Paletten durchgeführt.

4.3.2.2 Gitterboxpaletten

Die Gitterboxpalette ist das am vielseitigsten gestaltbare Ladehilfsmittel. Die verladende Wirtschaft hat sich deshalb auf eine Normpalette – die Euro-Gitterbox-Pool-Palette – geeinigt. Sie entspricht der DIN 15155, hat die Abmessungen 800 x 1.200 x 950 mm und wird z. B. auch von der Deutschen Bahn abgenommen. Die Pool-Palette wird frei getauscht, das bedeutet, dass eine voll angelieferte Palette gegen eine leere getauscht wird. In vielen Fällen erübrigt sich dadurch ein Rücktransport zum Absender, da dieser sich aus einem Pool versorgt und die leere Palette wiederum in den Pool eingeht. Angeschlossene Teilnehmer des Pools bezahlen deshalb nur eine Tauschgebühr. Da es leider nicht möglich ist, sämtliche Zweige der Wirtschaft auf einen einheitlichen Nenner zu bringen, gibt es neben der Normpalette eine Vielzahl von Eigenentwicklungen. Diese nicht genormten Paletten sind vornehmlich im internen Werksverkehr oder auf Konzernebene eingesetzt, wo die Möglichkeit der freien Tauschbarkeit nicht maßgeblich ist.

4.3.2.3 Spezialpaletten

Für Artikel, die in großen Mengen umgeschlagen, jedoch nicht ohne Weiteres in Gitterboxen oder auf Flachpaletten transportiert werden können, sind Spezialpaletten entwickelt worden. Beispiele hierfür sind Paletten für PKW-Scheibenräder, Kfz-Batterien, Karosserie-Blechteile, Lacke oder Ähnliches. Die Spezialpalette zeichnet sich dadurch aus, dass sie auf nur einen Artikel oder eine Artikelgruppe ausgelegt ist, die aufgrund ihrer Eigenheiten zugleich spezielle Vorkehrungen für einen beschädigungsfreien Transport erfordern. Auch bei Spezialpaletten ist darauf zu achten, dass diese nach einem Baukastenprinzip aufgebaut sind, um eine möglichst einheitliche Grundlage für Transport und Lager bieten zu können.

4.3.3 Kosten und Verwaltung der Ladehilfsmittel

Vielfach wird das Ladehilfsmittel als unvermeidbarer Kostenfaktor angesehen und sein eigener Wert kaum beachtet. Deshalb sollte für Ladehilfsmittel immer eine eigene Wirtschaftlichkeitsuntersuchung erfolgen, bei der zwischen den Alternativen Einweg- oder Dauerverpackung abgewogen wird. Es gibt zwei einfache Formeln für den Wirtschaftlichkeitsvergleich der Verpackung:

Verpackungskosten der Dauerverpackung [€/Stück]

$$\frac{FK}{\text{Einheiten/Jahr}} * \left(\frac{1}{L} + 0{,}1 \right)$$

- ■ FK   Kosten des Floats in €, d. h. die Gesamtkosten des umlaufenden Verpackungsmaterials für das bestimmte Teil

- ■ Einheiten/Jahr   gesamte Jahrestransportmenge

- ■ L   Lebensdauer der Verpackung in Jahren

- ■ 0,1   Faktor für Instandsetzung, Verlust und Zinsen

Verpackungskosten für Einwegverpackungen [€/Stück]

$$\frac{EK}{\text{Stück/Verpackungseinheit}}$$

- ■ EK   Kosten der Verpackungseinheit

Zu den Verpackungskosten kommen die Transportkosten (beziehungsweise der Transportkostenanteil) hinzu, die sich bei der Dauerverpackung aus Vorfracht und eventueller Rückfracht des Leergutes zusammensetzen, während bei der Einwegverpackung nur die Vorfracht anfällt. Zusätzlich müssen für die Einwegverpackung noch eventuell anfallende Recyclingkosten berücksichtigt werden.

Wird eine Dauerverpackung eingesetzt, ist es notwendig, den Umlaufbestand buchmäßig zu erfassen. Die Tatsache, dass das Ladehilfsmittel manchmal mehr wert ist als der Inhalt, in der Dokumentation jedoch meist als Nebensache behandelt wird, lässt deutlich werden, dass es hier zu beträchtlichen Verlusten kommen kann. Die Aufgabe der Lagerverwaltung ist es deshalb, ein sogenanntes Verpackungskonto zu führen, in dem, bezogen auf den jeweiligen Partner, die eingesetzten Ladehilfsmittel erfasst werden.

Zweckmäßig ist hierfür der Einsatz eines speziellen Verpackungs-Kontrollscheins, der im Palettenverkehr obligatorisch ist. Das Konto sollte in gewissen Zeitabständen zwischen den Beteiligten abgestimmt werden, um Unstimmigkeiten rechtzeitig entdecken und abstellen zu können. Üblich und zweckmäßig ist eine Erfassung zur regelmäßigen Saldierung als Vorlage beim Partner sowie dessen Bestätigung.

5 Informationsträger

Zur Identifikation von Waren und Gütern werden die folgenden Systeme eingesetzt:

■ mechanische Systeme (z. B. Nocke),

■ magnetische Systeme (Magnetkarte),

■ opto-elektronische Systeme (Strichcode, Farben, Formen, OCR-Schrift, Reflexmarken) und

■ elektronische/elektromagnetische Systeme (programmierbare oder feste Speicher).

5.1 Barcode

Am bekanntesten und aus der Logistik nicht mehr wegzudenken ist der Barcode (Strichcode). Er wird mithilfe optischer Lesegeräte erfasst. Dabei bildet die Kombination zwischen dicken und dünnen Linen sowie deren Zwischenräumen die Information ab.

Es gibt mittlerweile mehrere hundert unterschiedliche Barcode-Formen. Am weitesten verbreitet ist der EAN-Code. Viele Barcodes sind branchenmäßig standardisiert, in der Automobilindustrie und der Pharmaindustrie wird beispielsweise der Code 39 verwendet. Seit Ende der 80er-Jahre haben sich auch 2-D-Barcodes etabliert, deren Vorteil eine erhöhte Informationsdichte ist.

Abbildung 5-1: *2-D Barcode auf einem Briefumschlag*

5.2 RFID und EPC

Konkurrenz bekommt der Strichcode jedoch durch die Radio Frequency Identification, kurz RFID. Die Technik hat wesentliche Vorteile gegenüber dem Barcode, wie die Nicht-Sichtbarkeit zum Etikett oder die Pulklesefähigkeit. Zudem lassen sich mehr Informationen abbilden. Die Abkürzung RFID steht für Radio Frequency Identification. Im Zusammenhang mit RFID-Systemen steht auch der EPC, der sogenannte Electronic Product Code. Er soll langfristig die European Article Number (EAN) beziehungsweise den Uniform Code Council (UCC) ablösen. Durch die Kombination dieser beiden Entwicklungen wird eine Transparenz der Versorgungskette möglich und in Zukunft auch bezahlbar.

5.2.1 Technisches Prinzip von RFID

Ein RFID-System besteht aus einem Transponder, der am Objekt befestigt ist, einem Lese-/Schreibgerät und einem Computer, der die vom Transponder gesendeten Informationen verarbeitet.

Abbildung 5-2:   *Transponder in Kapselform (Quelle: Still)*

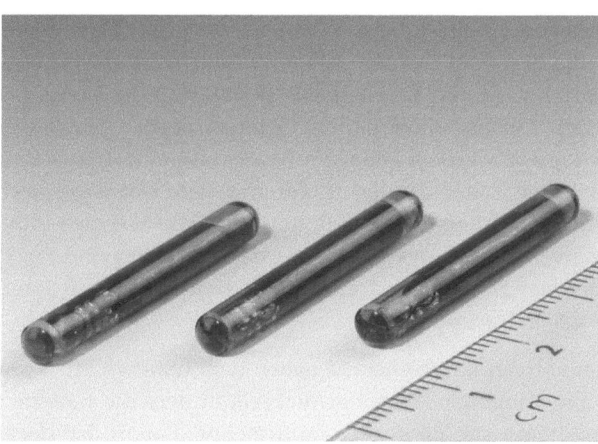

Das Wort Transponder leitet sich aus Transmitter (= Sender) und Responder (= Antwortende) ab. Er besteht aus einem Chip und einer Antenne. Es wird unterschieden zwischen passiven und aktiven Transpondern sowie einmalig („read only") und mehrmalig beschreibbaren Modellen.

Begibt sich ein passiver Transponder in das Feld des Lese-/Schreibgeräts, so wird er angeregt und entnimmt mittels seiner Antenne Energie aus dem Feld. Mit dieser sendet er die Daten zurück, die auf dem Chip gespeichert sind. Passive Transponder besitzen daher einen sogenannten nichtflüchtigen Speicher.

Abbildung 5-3: *Funktionsweise von RFID[1]*

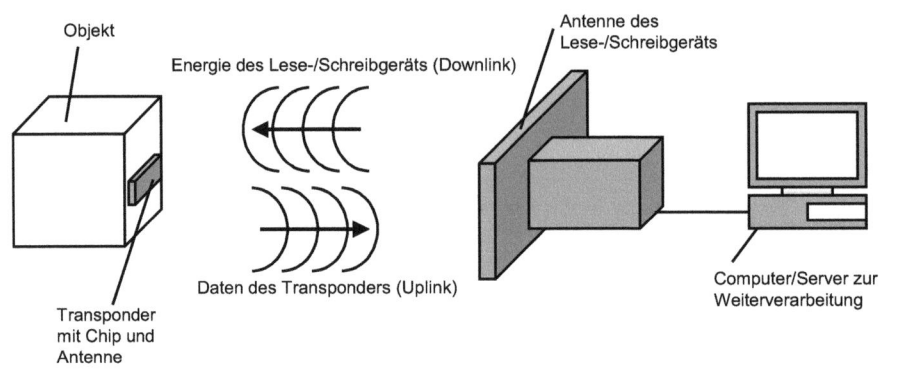

Je nach Bauart des Transponders kann für diesen Prozess auch eine Batterie in ihm verbaut sein. Dies kommt meist dann vor, wenn eine große Datenmenge auf dem Chip gespeichert ist, die gesendet werden sollen. Hierfür wäre das Energiefeld des Lese-/Schreibgeräts zu schwach und könnte keine praxistaugliche Kommunikation gewährleisten. Durch den Einsatz einer Batterie können ebenso Sensorelemente mit dem Transponder gekoppelt werden, sodass beispielweise eine Temperaturmessung automatisch in bestimmten Zeitabständen erfolgt und diese Daten gespeichert werden, um sie später auszulesen. Unterstützt die Batterie nur die Speichererhaltung, so spricht man von semiaktiven beziehungsweise semipassiven Transpondern. Wird die Batterie auch zum Senden der Daten vom Transponder zum Lese-/Schreibgerät genutzt, handelt es sich um aktive Transponder.

Der Nachteil der aktiven Bauformen ist neben dem höheren Stückpreis und der Baugröße das sich aufzwingende Wartungsintervall, in dem die Batterie gewechselt werden muss. Die daher am häufigsten auftretende Bauart ist derzeit ein passiver Transponder.

Bei allen Bauarten findet die Übertragung der Daten über bestimmte Frequenzen statt, die durch die ISO 18000 festgelegt sind. Die Wahl der Frequenz muss entsprechend

---

1 Eigene Darstellung nach Kern, Christian: Anwendung von RFID-Systemen, 2., verbesserte Auflage, Berlin Heidelberg 2006 und 2007.

dem konkreten Anwendungsfall erfolgen, da die unterschiedlichen Frequenzen gewollte und ungewollte Eigenschaften mit sich bringen, wie die folgende Tabelle verdeutlicht.

Tabelle 5-1:   *Übersicht der RFID-Frequenzen[2]*

	Low Frequency	High Frequency	Ultra High Frequency	Microwave
Gängige Frequenz	125 kHz	13,56 MHz	EU: 868 MHz USA: 915 MHz	2,45 GHz 5,8 GHz
Anwendungsbeispiel	Wegfahrsperre	Zugangskontrolle	Paletten-identifikation	Fahrzeug-identifikation
Kommunikation	induktive magnetische Feldkopplung		elektromagnetische Wellen	
Lesedistanz (abhängig von äußeren Störfaktoren)	ca. 0–100 cm	ca. 0–150 cm	ca. 0-500 cm (bei aktiven Transpondern noch höher)	ca. 100 m
Lesbarkeit auf Metall	beschränkt	sehr schlecht	gut	gut
Wasser, Feuchtigkeit	kein Einfluss	geringer Einfluss	starker Einfluss	starker Einfluss
Lesbare Mengen	1	> 1		
Datentransferrate	langsam	mittel	schnell	sehr schnell
Störempfindlichkeit	gering	gering	unterschiedlich nach Umgebung	groß

Neben weiteren technischen Standards existieren noch Datenstandards, die die Regeln für die Datenübertragung beinhalten. Beispielsweise ist die ISO 15963 ein Standard, der Kennzeichnungssysteme zur eindeutigen Identifikation von Transpondern behandelt. Einheitliche Standards sind vor allem dann wichtig, wenn mehrere Unternehmen in der Supply Chain das RFID-System nutzen sollen.

Werden eindeutige Identifikationsnummern wie der Electronic Produkt Code verwendet, spricht man von Data-on-Network, da diese Nummern als Verweis auf einen Eintrag in der Datenbank dienen. Der Chip des Transponders enthält nur diese Ziffernfolge und der Transponder kann damit als passive Bauart problemlos eingesetzt werden. Im Gegensatz hierzu werden bei Data-on-Tag die Informationen über das zu identifizierende Objekt auf dem Chip gespeichert, der eine entsprechende Speichergröße haben muss. Vorteil dieser Lösung ist die Unabhängigkeit von zentralen Servern

---

2   Eigene Darstellung nach Franke, Werner/ Dangelmaier, Wilhelm: RFID – Leitfaden für die Logistik, Wiesbaden 2006.

und somit die ständige Möglichkeit einer Echtzeitentscheidung. Nachteilig wirkt sich jedoch der höhere Preis der Transponder aus. Zudem sind bei den Data-on-Network-Systemen höhere Skalenerträge zu erwarten, da sie eine breitere Akzeptanz genießen.

5.2.2 Einsatzgebiete und Entwicklung von RFID

Beim Einsatz von RFID kann man grob unterscheiden in Systeme zur

- Objektidentifikation,

- Tieridentifikation und zur

- Identifikationen von Zugangsberechtigungen.

Je nach Einsatz differiert die Bauform des Transponders. Für die Tieridentifikation werden überwiegend Glaskapseln, für die Zugangsberechtigungen meist Karten und für die Objektidentifikation häufig Etiketten (engl. „Tags") verwendet. Die Etiketten können auf Papier angebracht sein, um sie beispielsweise in ein Buch zu kleben, oder sie sind in feste Materialien wie Kunststoff eingebettet, um äußeren Einflüssen zu widerstehen.

Bei der Lagerhaltung kommen RFID-Tags teilweise direkt an den Produkten, teilweise aber auch nur an den Ladungsträgern zum Einsatz. Entscheidungskriterien hierfür sind unter anderem der Stückpreis des Objekts, dessen Identifizierung und Überwachung mittels RFID verbessert werden soll, die Kosten für RFID-Etiketten, die die gewünschten Anforderungen erfüllen, sowie der Prozessablauf im Lager, sodass in Summe das System wirtschaftlich betrieben werden kann.

Im Alltag konnte sich die Technik aber bisher nur in bestimmten Bereichen erfolgreich durchsetzen. So sind beispielsweise für Ausleihsysteme von Bibliotheken oder für Chipkarten mit Zugangsberechtigungen stabile praxistaugliche Systeme auf dem Markt zu finden. Bei den Logistikprozessen befinden sich viele Unternehmen noch in der Testphase. Hier gibt es teilweise Erfolge, teilweise verhindern technische Schwierigkeiten den Einsatz von RFID-Systemen im Tagesgeschäft. So sind die Umgebungen des Einsatzorts meist mit Störeinflüssen versehen, die das Labor nur unzureichend abbildet, die aber die Lesefähigkeit der Transponder und die Reichweiten der Lese-/Schreibgeräte beeinflussen. Hier kann das Wetter genannt werden, da Feuchtigkeit die Lesbarkeit verschlechtert oder auch die Art der Fahrzeuge, die in dem System unterwegs sind. Durch einen beplanten Trailer lässt sich gut scannen, durch einen Container bisweilen gar nicht. Aber auch die Konstruktion der Industriegebäude kann das Leseergebnis verfälschen. Beispielsweise können Metalldächer die gesendeten Strahlen des Lese-/Schreibgeräts reflektieren und somit eine ungewollte Feldvergrößerung hervorrufen. Werden dann Transponder mitgelesen, die eigentlich nicht mitgelesen werden sollen, spricht man von „false positives", denn es war aus technischer Sicht eine funktionierende Identifikation.

Dennoch ist RFID zukunftsweisend, da die Vorteile überwiegen und zudem die Kenntnisse mit jedem Pilotprojekt erweitert werden. Bei der Einführung des Barcodes gab es ähnliche Probleme, die erfolgreich gelöst wurden.

Es tut sich derweilen einiges, um die Praxistauglichkeit von RFID zu erhöhen, und damit die Anzahl der erfolgreichen Implementierungen zu forcieren. Bei den passiven Transpondern ist die Entwicklung der Speichertechnologie hervorzuheben. Man versucht, den Energieverbrauch des Speicherchips zu reduzieren, den dieser zur Aktivierung und zum Senden der Daten aus dem Feld des Lese-/Schreibgeräts aufnimmt. Damit erhöht sich die Entfernung, in der sich ein Etikett vom Lese-/Schreibgerät befinden kann, um gelesen werden zu können. Zudem sollen diese neuen Speicher auch deutlich öfter wiederbeschreibbar sein.

Bei der Entwicklung der aktiven Transponder konzentriert man sich auf die Einbindung eines Prozessors in das Etikett. Dies vereinfacht den Programmiervorgang und bringt den Transponder dazu, Träger von Betriebssystemen und Anwendungen zu werden. Mit diesem Schritt wäre das Einsatzspektrum größer und Interessenten würden auch den höheren Preis akzeptieren.

5.2.3 Einsatz von RFID mithilfe des EPC

Der EPC ist ein Nummerncode zur Identifizierung von Waren und Gütern. Die gemeinnützige Organisation EPCglobal verbreitet den Code. Ihr Ziel ist es, den EPC in Zusammenhang mit der Radio Frequenz Identifikation (RFID) weltweit als einheitliches Identifizierungssystem zu etablieren und damit die Entwicklung des Internets der Dinge zu forcieren.

EPCglobal wurde 2003 von der GS1 gegründet. Diese entstand im selben Jahr aus der European Article Numbering Association und dem amerikanischen Uniform Code Council, die sich beide bis dato um ein standardisiertes Nummernsystem zur Identifizierung von Gütern kümmerten.

Der Aufbau des EPC gliedert sich in vier Bereiche:

- Header: definiert das EPC-Format/die Versionsnummer
- EPC Manager: identifiziert die Organisation/das Unternehmen
- Object Class: definiert einen eindeutigen Artikel in seiner Art
- Serial Number: ist die Identifizierung eines genau bestimmten Artikels

Tabelle 5-2:   *Aufbau des EPC*

Header	EPC Manager	Object Class	Serial Number
01	00012A3	0012F4	005465DF8

Die Verfolgbarkeit von Waren soll mit dem EPC erheblich vereinfacht werden, da mithilfe von RFID ein sogenanntes EPC-Network entsteht. Kern dieses Netzwerkes ist ein Objekt-Name-Service (ONS), der ähnlich wie der Domain-Name-Service (DNS) für Webseiten funktioniert. Er ist die Datenbank für die EPCs, d. h. das Verzeichnis der registrierten Hersteller mit ihren EPCs sowie deren IP-Adressen, die zur Objekt-Internetseite führen. Die Ortsinformationen sind hier durch den EPC Information Service (EPCIS) abrufbar. Gefüttert wird das System mit Daten von RFID-Transpondern, die an neuralgischen Punkten mithilfe von Leseeinrichtungen erfasst werden.

Der EPC mit dem EPC-Network bietet viele Vorteile gegenüber der Barcode- beziehungsweise EAN-Welt. Es können durch die Eineindeutigkeit der Seriennummer spezielle Produktinformationen ausgelesen werden, wie z. B. Ort und Zeitpunkt der Herstellung. Durch das Netzwerk sind weiterhin Angaben zum Empfänger und zum Versandweg des EPCs abrufbar. Ebenso sind Informationen zur Zusammensetzung des Produktes möglich.

Aufgrund der genannten Vorteile wurde das System vom Handel stark forciert. Walmart und weitere Einzelhandelsunternehmen haben ihre Lieferanten schon dazu bewegt, die Produkte mit dem EPC auszustatten. Mittlerweile schließen sich aber auch Industriefirmen EPCglobal an, um die neue Transparenz in der Logistikkette für sich nutzen zu können, die sich durch einen weiteren Ausbau von RFID-Systemen für die Zukunft aufzwingt.

6 Kommissionierung

Kommissionieren ist das Zusammenstellen von bestimmten Teilmengen (Artikeln) aus einer bereitgestellten Gesamtmenge (Sortiment) auf der Grundlage von Bedarfsinformationen (Aufträgen). Die Kommissionierung hat folgende Funktionen zu erfüllen:

■ Übernahme und Bearbeitung der Kommissionieraufträge

■ Durchführung der Kommissionierung

■ Bereitstellung für den Warentransport (werksintern oder -extern)

Die Kommissionierung beginnt in der Regel mit der Annahme der Aufträge durch den Kommissionierer und endet mit der Abgabe oder Übergabe der kommissionierten Ware.

Beim Kommissionieren soll die zeitgerechte und vollständige Material- und Teilebereitstellung zu möglichst optimalen Kosten erfolgen. Dazu gehören die Betrachtung der gesamten Wareneingangsabwicklung mit der Einlagerung, die optimale Planung der eingesetzten Ladehilfsmittel (z. B. Kunststoffbehälter) und schließlich eine ganzheitliche Abstimmung (betriebsspezifisch) der Organisation auf die zu bewältigende Aufgabenstellung. Ob und inwieweit die Abläufe eines Kommissioniersystems wirtschaftlich sind, hängt entscheidend von einer guten Organisation ab. Die eingesetzte Technik ist letztendlich nur das Mittel zur Umsetzung.

6.1 Kommissionierung als System des Materialflusses

Anhand eines Kommissioniervorganges können hinsichtlich des Materials drei grundlegende Arten unterschieden werden:

■ statische Bereitstellung

■ dynamische Bereitstellung

■ vollautomatische Zusammenführung

Die Bereitstellung der Ware bedeutet die Bereitstellung von Artikel- oder Paletten-Einheiten für die Entnahme (Kommissionierung).

6.1.1 Statische Bereitstellung/„Mann zur Ware"

Unter der statischen Bereitstellung versteht man die Lagerung der Artikeleinheiten auf einem festen Lagerplatz, (z. B. in einem konventionellen Regallager oder Hochregallager) mit dem Ziel, anschließend die Kommissionierung vornehmen zu können. Das Prinzip lautet „Mann zur Ware". Hier bewegt sich der Kommissionierer im Lager zu dem Fach beziehungsweise Regal und entnimmt den Artikel für den Auftrag. So finden bei dieser Art die Kommissioniermethoden der seriellen und parallelen Auftragsanordnung statt.

In beiden Fällen kommen manuell gesteuerte Kommissioniergeräte zum Einsatz, fast immer Flurförderzeuge. Ein Poka Yoke kann hier vielfach eingesetzt werden. Das geht von der automatischen Gangerkennung bis hin zur Prüfziffer bei einem Pick-by-Voice-System.

Pick-by-Voice

Pick-by-Voice (PbV) ist ein Hilfsmittel zur Kommissionierung. Der Arbeiter bekommt über ein Headset die Kommissionieraufträge diktiert. Zu diesen Informationen gehören in der Regel die Nummer des Gangs, des Regals und des Fachs. Nimmt er den richtigen Artikel heraus, steht am Regal meist eine Prüfziffer, die er über ein Mikrofon zurückmeldet. Bei erfolgreicher Übereinstimmung beginnt der Computer, die nächste Auftragsposition anzusagen. PbV ist kombinierbar mit einem fahrerlosen Transportsystem (FTS), mit dem die Position automatisch angefahren wird. Jedoch ist diese Systemkombination sehr teuer und daher noch nicht weit verbreitet.

Pick-by-Light

Pick-by-Light (PbL) funktioniert nach einem ähnlichen Schema. Hier werden visuelle Signale verwendet, um den Kommissionierer schneller zum gewünschten Artikel zu führen. Es gibt dabei unterschiedlichste Umsetzungsvarianten. So wird beispielsweise mit Farben gearbeitet und indem sich ein Licht beim Artikelplatz verändert wird angezeigt, wo entnommen werden soll. Oder es gibt Nummernanzeigen an den Fächern, die neben den zu entnehmenden Artikelmengen auch eine Prüfziffer ausgeben.

Bei den Prozessschritten der Kommissionierung mit statischer Bereitstellung kann man unterscheiden zwischen

- Fortbewegung des Kommissionierers

- Entnahme der Ware

- Abgabe der entnommenen und gesammelten Ware

6.1.1.1 Fortbewegung des Kommissionierers

Die Fortbewegung des Kommissionierers beschreibt seinen Weg zu und zwischen den Entnahmepunkten. Dies kann geschehen in

■ eindimensionaler Fortbewegung oder

■ zweidimensionaler Fortbewegung.

Bei der eindimensionalen Fortbewegung bewegt sich der Kommissionierer nur auf einer Ebene und ist so in seiner Greifhöhe eingeschränkt. Zweidimensional bedeutet, dass er sich auch in der Vertikalen mit Hilfe von Tritten, Leitern oder speziellen Kommissioniergeräten bewegen kann und für ihn so eine größere Artikelvielfalt auf gleicher Grundfläche erreichbar ist.

Die zweidimensionale Kommissionierung hat – sofern die Leistung ausreicht – den Vorteil, dass mit Hilfsgeräten eine optimale Zugriffshöhe angefahren werden kann (Humanisierung des Arbeitsplatzes).

Die Entnahme der Ware kann durch eine auf dem Kommissioniergerät montierte Zählwaage unterstützt werden.

6.1.1.2 Entnahme der Ware

Die Entnahme der Ware umfasst das Greifen der Bereitstellungseinheit (Artikeleinheit) in Form einer bestimmten Anzahl Greifeinheiten (Picks) und die Abgabe an den Sammelbehälter.

Es kann zwischen manuellen und automatischen Entnahme unterschieden werden, wobei die automatische Entnahme bei der vollständigen Zusammenführung auftritt und die manuelle bei statischer und dynamischer Bereitstellung. Sie erfolgt dann durch eine Arbeitsperson (Kommissionierer, Picker, Sammler).

6.1.1.3 Abgabe der entnommenen und gesammelten Ware

Die Abgabe der entnommenen und gesammelten Ware beinhaltet das Weiterleiten des Sammelbehälters oder nur der Ware an eine Auftragssammelstelle. Man unterscheidet zwei Verfahren:

Zentrale Abgabe

Bei der zentralen Abgabe wird die Ware zum Abschluss des Kommissioniervorganges in einem Sammelbehälter einer Auftragssammelstelle übergeben.

Dezentrale Abgabe

Bei der dezentralen Abgabe wird die Ware zum Abschluss des Kommissioniervorganges einem Fördersystem übergeben, das den Sammelbehälter beziehungsweise Karton dem nächsten Kommissionierplatz zuführt und/oder diesen anschließend der Auftragssammelstelle zukommen lässt.

6.1.2 Dynamische Bereitstellung/„Ware zum Mann"

Bei der dynamischen Bereitstellung werden die Artikeleinheiten von einem bestimmten Lagerbereich aus einem Kommissionierplatz für die manuelle Entnahme bereitgestellt. Dabei wird der Auftragsinhalt elektronisch in die Steuerung des Regalsystems übertragen. Auf dem Ladehilfsmittel verbleibende Anbruchmengen werden nach Beendigung des Kommissioniervorganges entweder wieder zurückgelagert oder in einer Anbruchzone gesammelt. Das Prinzip heißt „Ware zum Mann".

Hierfür gibt es verschiedenste Techniken. Oft werden Regalbediengeräte genutzt, die durch Boden- und Deckenschienen geführt sind. Sie entnehmen den entsprechenden Artikel und bringen ihn zur Kommissionierstelle beziehungsweise zu einem Abholplatz.

Bei sogenannten Kommissionierautomaten gibt es u. a. die Bereitstellung einer Schublade, in der mehrere Artikel enthalten sind. Das Regal hierfür arbeitet nach dem Paternoster-Prinzip. Entnimmt man aus der Schublade falsch, so werden Warnsignale ausgelöst. Dieses Poka Yoke wird beispielsweise durch einen Laserstrahl realisiert, der beim Greifen in die richtige Box gebrochen werden muss.

Beim Ware-zum-Mann-Prinzip ist daher auch der Aufwand der Befüllung mit zu beachten. So wird diese beim Paternoster nur nachts geschehen, d. h. die Artikelmenge plus Puffermenge muss für den gesamten Tag reichen.

Die Steh- und Greifhöhe bei dem Entnahmeprozess ist bei diesem Verfahren besonders wichtig. Anderenfalls können schnell gesundheitliche Nachteile für den Kommissionierer entstehen und man hat eine unnatürliche Fluktuation in diesem Unternehmensbereich.

6.1.3 Vollautomatisches Zusammenführen

Beim vollautomatischen Zusammenführen erfolgt die Kommissionierung durch automatische Entnahme.

Als erklärendes Beispiel soll an dieser Stelle der sogenannte Schachtautomat beziehungsweise Schachtkommissionierer dienen. Dieser besteht aus nebeneinander gestellten Säulen, die Artikel beinhalten. Unter den Säulen fährt ein Transportband mit einem Karton entlang und die entsprechende Säule wird automatisch geöffnet, wenn der Karton unter ihr ist.

Als technischer Höhepunkt ist an dieser Stelle noch der Kommissionierroboter zu erwähnen, der das Gut selbständig aus bereitgestellten Artikelboxen beziehungsweise Paletten entnimmt und verpackt. Dieser wird aber selten eingesetzt, vor allem aufgrund der erforderlichen hohen Investitionen.

Als Beispiel sei hier die Kommissionierung von Getränkekisten genannt, die partiell durch solche Roboter geschieht. Die Auslagerung der Paletten wird dabei von einem Regalbediengerät übernommen.

Systeme mit automatischer Zusammenführung sind wirtschaftlich nur sinnvoll, wenn eine Einheitlichkeit der zu entnehmenden Artikel besteht. Da diese Einheitlichkeit in den seltensten Fällen gegeben ist, bemüht man sich verstärkt, den Menschen wenigstens nur noch dort einzusetzen, wo seine Tätigkeiten nicht durch Automatisierung ersetzbar sind. Dies betrifft oft das Greifen von variierenden Einzelmengen. Alle anderen Verrichtungen beim Kommissionieren werden teilweise schon heute, mit Sicherheit jedoch in Zukunft von mechanischen Aggregaten (Regalförderzeugen oder eindimensionalen Elektro-Kommissionierern), einer automatischen Steuerung (z. B. dem automatischen, wegeoptimierten und genau positionierten Anfahren des Regalfaches) und einer strafferen Organisation (z. B. im Bereich der Aufbereitung der Auftragsdaten) übernommen.

Typische Einsatzgebiete für das automatische Zusammenführen sind:

■ Lagenkommissionierung von Palettenware mit Vakuumgreifern

■ Schachtkommissionierer, z. B. angewandt in der Pharmaindustrie

6.1.4 Auswahl der Bereitstellungsverfahren

Die folgenden Parameter sind beim Auswählen der richtigen Kommissioniermethode zu berücksichtigen, wobei je nach Branche und Einsatzgebiet noch weitere Faktoren hinzukommen können.

■ Tiefe und Breite des Sortiments

■ Größenspektrum der Artikel

■ Umschlagshäufigkeit der Artikel

■ Größe des Lagers

■ zeitlicher Aufwand des Verpackens und Etikettierens

■ Schnell- oder Langsamdreher

6.2 Kommissionierung als Datenfluss

Der Datenfluss beim Kommissionieren besitzt drei Grundfunktionen:

- Aufbereitung der Auftragsdaten

- Weitergabe der Kommissionieraufträge

- Abarbeitung und Quittierung der Kommissionieraufträge

Beim Datenfluss wird generell unterschieden, ob es sich um ein Host-System mit integrierter Lagerverwaltung und -steuerung oder um ein separates, untergelagertes System handelt. Das Host-System ist von seinem Aufbau her batchorientiert und arbeitet daher in der Regel mit einer gewissen Zeitverzögerung. Dies bedeutet, dass der Prozess erst einige Zeit nach seiner Ausführung verbucht wird.

Daher haben sich zumeist die separaten Systeme für die Lagerverwaltung und -steuerung durchgesetzt, denn sie arbeiten nach dem Prinzip der Echtzeit-Verarbeitung. Dies bedeutet, dass alle Tätigkeiten sofort erfasst werden und so die notwendige Transparenz zwischen Materialfluss und Informationsfluss entsteht.

6.2.1 Aufbereitung der Auftragsdaten

Die externen und/oder internen Auftragsinformationen müssen für das vorhandene Kommissioniersystem aufbereitet werden, um speziellen Informationsbedarfen zu entsprechen.

Man kann unterscheiden zwischen der

- batchweisen Aufbereitung der Auftragsdaten und der

- Aufbereitung der Auftragsdaten im Echtzeit-Modus.

Im sogenannten Batch-Betrieb werden die Auftragsdaten z. B. eines ganzen Tages gesammelt und dann stapelweise, das heißt nur einmal konzentriert durch eine DVA bearbeitet (z. B. Angabe des Lagerplatzes u. Ä.). Im Echtzeit-Betrieb werden die Auftragsdaten sofort nach dem Auftragseingang einzeln bearbeitet. In der Praxis ist dieses Vorgehen – auch aus programmtechnischen Gründen – nur dann sinnvoll, wenn viele Aufträge pro Zeiteinheit anfallen oder wenn eine große Zahl von Eilaufträgen vorliegt.

Bei der Aufbereitung der Auftragsdaten können je nach Kommissionierverfahren ein oder mehrere der nachfolgend aufgeführten Sortierkriterien angewendet werden.

- Sortierung nach Prioritäten (z. B. Eilaufträge)

- Sortierung nach räumlichen und funktional getrennten Lagerbereichen

- Sortierung nach Teilbereichen innerhalb eines Bereiches

■ Zusammenfassung von Aufträgen und/oder Auftragspositionen zur Wegeoptimierung mit dem Ziel der Zeitreduktion

■ Vorsortierung (z. B. nach Gewicht)

■ Sortierung nach Versandrelationen

6.2.2 Weitergabe der Kommissionieraufträge

Die Weitergabe der Kommissionieraufträge erfolgt in zunehmendem Maße beleglos. Auf einem Terminal oder PC werden dem Mitarbeiter die Kommissionieranforderungen mitgeteilt. Die Datenübertragung erfolgt bei einem mobilen Arbeitsplatz mittels Datenfunk oder Infrarot und bei stationären Arbeitsplätzen über das Ethernet.

Alternativ sind je nach Stand der Organisation folgende Belege für den Kommissioniereinsatz gebräuchlich:

■ Original-Kundenauftrag

■ Original-Lieferschein

■ Kommissionierbeleg

Die Sortierung der Kommissionierbelege wird häufig vom Kommissionierer selbst oder vom Lagermeister durchgeführt, sofern nicht durch den Lagerverwaltungsrechner eine entsprechende Vorsortierung der Kommissionieraufträge erfolgt.

6.2.3 Abarbeitung und Quittierung der Kommissionieraufträge

Original-Kundenauftrag und -Lieferschein werden meist identisch bearbeitet. Die kommissionierte Ware wird anhand eines Durchschlags geprüft. Der Durchschlag dient zugleich als Basis für die Rechnungsstellung.

Bei normalen Kommissionierbelegen wird auf dem Beleg die entnommene Ware abgehakt. In der Packerei oder Versandbereitstellung wird der Kommissionierbeleg am Rechner quittiert. Anschließend wird der Lieferschein ausgedruckt. Fehlmengen werden direkt berücksichtigt und auf dem Lieferschein als Nachlieferpositionen gekennzeichnet.

Bei Kommissionierbelegen mit Abzieh-Klebeetiketten wird für jeden Artikel ein Klebeetikett vom Kommissionierbeleg abgezogen und auf die Ware geklebt. Diese Kommissionierart wird dann gewählt, wenn bei der Verpackung oder der Endkontrolle eine Zusatzkontrolle mittels Barcode-Erkennung erfolgen soll, beziehungsweise wenn die Ware nur über einen solchen Beleg eindeutig zu identifizieren ist (z. B. Elektronikbauteile).

Die beleglose Kommissionierung setzt einen hohen Organisationsstandard voraus. Sie hat den Vorteil, sehr unanfällig gegen Fehlkommissionierungen zu sein und sich durch die Echtzeit-Orientierung optimal an die Bedürfnisse der Kommissionierung anzupassen. Es gibt zwei Formen dieser beleglosen Kommissionierung:

6.2.3.1 Arbeitsplatzgebundene Kommissionierung

Die arbeitsplatzgebundene, beleglose Kommissionierung funktioniert nach dem Prinzip „Ware zum Mann". Der Kommissionierplatz ist mit einem Bildschirmterminal und meist mit einem Hand-Scanner ausgestattet. Dem Kommissionierer wird die Ware automatisch zugefördert. Am Bildschirm wird ihm der Kommissionierauftrag angezeigt, sodass er die Ware nur noch entnehmen muss. Die Quittierung erfolgt entweder über Tastendruck oder durch das Einlesen eines Barcodes vom Auftragsbehälter.

6.2.3.2 Mobile Kommissionierung

Bei der mobilen, beleglosen Kommissionierung werden vom Kommissionierer infrarot- oder funkgesteuerte Kleinterminals mitgeführt. Meist sind diese Terminals am Kommissionierwagen befestigt, damit der Kommissionierer die Hände frei hat. Der Kommissionierer wird über ein Kommissionierprogramm auf seinem Bildschirm angeleitet und muss seine Entnahmen nur noch mittels Funktionstastendruck quittieren.

Bei mobilen Terminals unterscheidet man zwischen Online-Terminals und Andocksystemen. Online-Terminals kommunizieren permanent mit dem Leitrechner und können auch während einer Kommissionierrunde Eilaufträge übernehmen. Ferner kann bei Fehlmengenmeldungen während der Kommissionierung sofort – wenn vorhanden – ein alternativer Entnahmeplatz für diesen Artikel angezeigt werden.

Bei Kommissionieraufträgen, die ohne Zwischenkommunikation mit dem Leitrechner abgearbeitet werden, wird nach dem Ende der Kommissionierrunde das Terminal in eine Dockstation gesteckt. Es können nun alle Aktivitäten im Batch-Verfahren quittiert werden.

6.3 Organisation der Kommissionierung

Analog zu den Strukturbäumen von Materialfluss und Datenfluss wurden auch für die Organisation vier Grundfunktionen entwickelt, die eine analytische Durchdringung des Aufbaus und des Ablaufs der Kommissionierung ermöglichen. Ziel ist das funktionsfähige Zusammenwirken mehrerer Elementarsysteme innerhalb eines komplexen Kommissioniersystems.

Bei der Organisation der Kommissionierung sind folgende Hauptaufgaben zu erfüllen:

- Aufteilen des Sortiments

- Abarbeiten der Kommissionieraufträge

- Optimieren der Kommissionierwege

- Sammeln der Auftragspositionen

6.3.1 Aufteilen des Sortiments

Beim Aufteilen des Sortiments wird das Sortiment in verschiedene Lagerzonen aufgeteilt (gesplittet). Wir unterscheiden hier zwei Formen der Aufteilung:

6.3.1.1 Einzonige Aufteilung

Bei der einzonigen Aufteilung werden die gesamten Positionen eines Sortiments wegen ihrer gleichen Eigenschaften (also bei Vorliegen eines homogenen Sortiments) innerhalb einer Lagerzone gelagert. Man spricht in diesem Zusammenhang auch von einer homogenen Teilefamilie.

6.3.1.2 Mehrzonige Aufteilung

Die mehrzonige Aufteilung erfolgt, wenn das Sortiment heterogen ist. Besteht es also aus Teilen mit unterschiedlichen Eigenschaften und Lagerbedürfnissen, wird es auf unterschiedliche Lagerzonen aufgeteilt.

Folgende wesentliche Gründe beziehungsweise Indikatoren können für die Aufteilung eines Sortiments auf verschiedene Lagerzonen ausschlaggebend sein:

Artikeleigenschaften

- Umschlagshäufigkeit (Einteilung entsprechend einer Artikel-Umsatz-Statistik in Schnell-, Normal- und Langsamdreher)

- Abmessungen (Kleinteile, Großteile, Paletten-Artikel)

- Gewicht (ab max. 25 kg keine Kommissionierung ohne Hilfsmittel)

- Empfindlichkeit (z. B. Geruch bei Lebensmitteln, Waschmitteln)

- Transportierbarkeit

- Lagerbedingungen (Kühllager für verderbliche Lebensmittel)

Gesetzliche Vorschriften

- Artikel mit hoher Brandgefahr

- Explosivstoffe (z. B. pyrotechnische Artikel)

Auftrags- beziehungsweise Abnehmerstruktur

- Vorliegen einer geringen Zugriffshäufigkeit bei nachfrageschwachen Artikelgruppen

- Belieferung der Großabnehmer mit speziellen Waren in großen Mengen

6.3.2 Abarbeiten der Kommissionieraufträge

Das Abarbeiten der Aufträge bedeutet die Aufbereitung der Auftragsdaten entsprechend der vorgesehenen Ablauforganisation. Wir unterscheiden hier zwei Arten:

6.3.2.1 Einzelbearbeitung der Aufträge (auftragsweise)

Bei der Einzelbearbeitung beziehungsweise der auftragsweisen Bearbeitung werden die Zeilen eines Auftrages (Positionen beziehungsweise Artikel) nacheinander abgearbeitet. Diese Einzelbearbeitung der Aufträge wird auch als „einstufige Kommissionierung" bezeichnet, da bereits in der ersten Stufe die Aufträge fertiggestellt werden können und keine weitere Vereinzelung nötig ist.

6.3.2.2 Serienbearbeitung der Aufträge (artikelweise)

Bei der Serienbearbeitung der Aufträge werden Artikel, die in verschiedenen Aufträgen vorkommen, zu einem internen Sammelauftrag derart zusammengefasst, dass in der ersten Stufe (artikelweise) die kumulierte (d. h. zusammengefasste) Menge eines Artikels konzentriert entnommen wird. Die auftragsbezogene Vereinzelung (das heißt die Aufteilung der kumulierten Menge auf die einzelnen Aufträge) erfolgt dann in einer zweiten Stufe. Diese Bearbeitung der Aufträge wird auch die „zweistufige Kommissionierung" genannt.

6.3.3 Optimieren der Kommissionierwege

Bei der Kommissionierung machen die Wegezeiten den Hauptanteil der gesamten Kommissionieraufgabe aus. Die Organisationsleitung hat deshalb die verantwortliche Aufgabe, die Kommissionierwege zu optimieren, um die Gesamtkommissionierleistung erhöhen zu können. Hierbei unterscheiden wir drei verschiedene Strategien:

Schleifenstrategie

Bei der Schleifenstrategie kommissioniert der Mitarbeiter im gesamten Lagerbereich. Häufig wird ein Kommissionierbehälter unterwegs auf einer Förderstrecke zur Weiterverarbeitung übergeben und es wird mit einem neuen Leerbehälter weiterkommissioniert.

Stichgangsstrategie

Bei der Stichgangsstrategie werden die Artikel nach ABC-Kriterien gelagert, was recht kurze Kommissionierwege ermöglicht. Bei einer hohen Kommissionierfrequenz in einem Bereich können sich die Kommissionierer jedoch gegenseitig behindern. Deshalb wird in der Praxis häufig eine Kombination aus beiden Strategien gewählt, indem die Kommissioniergänge nochmals durch Quergänge unterbrochen werden.

Mehrstreifenstrategie für Kommissionierstapler

Hier wird die Kommissionierebene in mehrere Teile/Segmente unterteilt, die entsprechend der Häufigkeit der Zugriffe abgefahren werden. Bei dieser zweidimensionalen Kommissionierung ist eine direkte Abhängigkeit zwischen Fahrgeschwindigkeit und Hub- beziehungsweise Senkgeschwindigkeit des Staplers oder mannbedienten Regalbediengerätes zu berücksichtigen. Das Verhältnis dieser Kriterien liegt in der Regel zwischen 1:3 und 1:6. Um dieses Missverhältnis ausgleichen zu können, wird die sogenannte Streifenstrategie angewandt. Hierbei werden die Regalhöhen in „logische Höhen" aufgeteilt, und es wird auf einer Horizontalfahrt nur ein einzelner Streifen abgearbeitet. Dadurch werden unnötige und zeitintensive Hubbewegungen vermieden. Üblicherweise werden die 2-Streifen- und die 4-Streifen-Strategie angewandt.

6.3.4 Sammeln der Auftragspositionen

Beim Sammeln der Auftragspositionen werden die Auftragspositionen auf der Grundlage unterschiedlicher Lager- und Kommissionierkriterien bearbeitet. Es gibt zwei Verfahren:

Das Nacheinander-Sammeln

Wenn die Positionen eines Auftrags in verschiedenen Lagerzonen aufeinanderfolgend während eines Durchlaufs komplett bearbeitet werden, spricht man vom Nacheinander-Sammeln.

Das Parallel-Sammeln

Werden die Positionen von Teilaufträgen in verschiedenen Lagerzonen parallel bearbeitet und erfolgt die Zusammenführung der Einzelaufträge zu einem späteren Zeitpunkt an einer Auftragssammelstelle, spricht man vom Parallel-Sammeln.

6.4 Kommissionierleistung

Die Kommissionierleistung definiert, wie viele Zugriffe die Kommissionierer unter den organisatorischen und technischen Rahmenbedingungen leisten oder zu leisten vermögen. Die Berechnung dieser Leistung ist, speziell in einer Planungsphase, eine der schwierigsten und am stärksten risikobehafteten Aufgaben der Lagerplanung. Werden hier Fehler gemacht, so kann im Extremfall ein ganzer Lagerbereich nicht die erforderliche Leistung erbringen.

6.4.1 Theoretische Kommissionierleistung

Die theoretische Kommissionierleistung ist abhängig von der Kommissionierzeit pro Position.

Theoretische Kommissionierleistung (K_{th}) [Positionen/h]

$$\frac{3600 \ (sec/h)}{\text{Kommissionierzeit (sec/Position)}}$$

Die Kommissionierzeit setzt sich aus der Verweil- und der Wegezeit zusammen.

Verweilzeit

Diese ergibt sich aus der Summe folgender Teilzeiten:

Greifzeit

Dies ist die Zeit, die gebraucht wird für das Berechnen der erforderlichen Packungen, das eventuelle Aufbrechen von Umverpackungen, das Greifen, Abzählen und Hineinlegen in einen Sammelbehälter. Wesentliche Einflussfaktoren auf die Greifzeit sind

■ die Greifhöhe,

■ die Greiftiefe,

■ die Ablagehöhe,

- die Entnahmemenge pro Position,

- das Gewicht pro Entnahme sowie

- das Volumen pro Entnahme.

Totzeit

Die Totzeit meint die Zeit, in der das System keinen Produktivitätszuwachs erfährt, d. h. die Zeit für die Annahme, das Lesen und das Sortieren der Belege und die Aufnahme der Behälter. Wichtige Einflussfaktoren auf die Totzeit sind

- die Lesbarkeit des Kommissionierbeleges,

- die optische Kennung der Fachadressen,

- die systemunterstützte Kennzeichnung der Belege sowie

- die Art der Behälterzuführung.

Basiszeit

Die Basiszeit umfasst den grundlegenden Zeitanteil, in dem – bezogen auf den gesamten Kommissioniervorgang – grundlegende Arbeiten durchgeführt werden. Einflussfaktoren auf die Basiszeit sind

- die Entgegennahme von Informationen,

- das Ordnen und Bearbeiten der Belege (z. B. nach einer Wegestrategie),

- die abschließende Bearbeitung und Übergabe von Informationen nach Beenden einer Rundfahrt,

- die Abgabe der Ware oder des Kommissionierbehälters sowie

- die Zielcodierung der abgegebenen Ware an der Basis.

Wegezeit

Die Wegezeit ist die Zeit für die Fortbewegung innerhalb des Kommissionierbereiches. Einflussfaktoren auf die Wegezeit sind:

- eindimensionale Fortbewegung

- zweidimensionale Fortbewegung

Der entscheidende Vorteil der zweidimensionalen Fortbewegung liegt in der wegezeitverbessernden, simultanen Bewegungsmöglichkeit in zwei Richtungen. Die zweidimensionale Fortbewegung führt im günstigsten (theoretischen) Fall zur halben Wegezeit der eindimensionalen Fortbewegung. Dieser Zeitersparnis steht der höhere Investitionsaufwand gegenüber.

Das Fehlen einer Strategie, d. h. ungeordnete und zufällige, aufeinanderfolgende Entnahmen führen vielfach zu höheren Wegzeiten und damit zu einer geringeren Leistung. Bei der eindimensionalen Fortbewegung gibt es nur eine sinnvolle Strategie, und zwar die der Entnahmen, die aufsteigend entlang des Kommissionierweges vorgenommen werden. Bei der zweidimensionalen Fortbewegung gibt es verschiedene sinnvolle Strategien. Die einfachste und auch am besten durchführbare Lösung ist die sogenannte Streifenstrategie, d. h. die Regalfläche wird in 2, 3 bis max. 6 horizontale Streifen eingeteilt, die nacheinander abgefahren werden.

6.4.1.1 Verfügbarkeit des Systems

Die Verfügbarkeit ist das Maß für den Grad, in dem ein System für seine Aufgaben zur Verfügung steht. Entscheidend für die Bestimmung der Kommissionierleistung ist die Verfügbarkeit der Kommissioniersysteme. Die Verfügbarkeit sollte in der Regel nicht unter 98 % liegen. Nicht verfügbare Zeiten werden z. B. ausgelöst durch Wartungsarbeiten oder Störungen.

6.4.1.2 Auslastbarkeit

Die Auslastbarkeit stellt den maximal möglichen Auslastungsgrad dar, bei dem das System blockierungsfrei arbeitet. Sie hängt entscheidend von der Leistung der Nachbarsysteme ab, z. B. vom Beschickungssystem, dem Fördersystem und der Auftragszusammenführung. Ein Beispiel wäre die Übergabe mehrerer in verschiedenen Lagerzonen gesammelter Komissionierbehälter an einen Vertikalförderer. Die tatsächliche Auslastung ist eine spezifische Größe, die unternehmensabhängig ist. Die Auslegung eines Systems muss so erfolgen, dass die Differenz zwischen tatsächlicher und theoretisch möglicher Auslastung möglichst gering bleibt.

6.4.2 Effektive Kommissionierleistung

Die effektive Kommissionierleistung ist abhängig von der Verfügbarkeit und der Auslastbarkeit.

Effektive Kommissionierleistung (K_{eff}) [Positionen/h]

K_{th} * Verfügbarkeit * Auslastbarkeit

Um die Wirtschaftlichkeit eines Kommissioniersystems beurteilen zu können, wird die Betriebskostenersparnis den Investitionen des Kommissioniersystems gegenübergestellt. Unter Beachtung aller Randbedingungen ist das wirtschaftlichste System dasjenige, welches mit den geringsten Kosten (laufender Betrieb und Abschreibungen) pro kommissionierter Position arbeitet.

Kommissionierkosten [€/Position]

$$\frac{\text{Betriebskosten [€/h] + anfallende Abschreibungen [€/h]}}{K_{eff} \text{ [Positionen/h]}}$$

Schlusswort

Bis Ende der 1980er-Jahre galten Zulieferer, besonders in der Automobilindustrie, als die „Proletarier" unter den Unternehmern. Besonders in der Zulieferindustrie in Baden-Württemberg zauderten viele mittelständische Unternehmer, Liefervereinbarungen mit den Automobilgiganten einzugehen. Sie mussten ihre Kalkulationen offenlegen, sich die Preise diktieren lassen, ihre Prozesse an die Standards der Großindustrie anpassen und büßten dabei Flexibilität und Liquidität ein. Sie wurden von den Einkaufschefs gegeneinander ausgespielt, mussten z. B. lange Zahlungsziele akzeptieren und sich die Maschinenauswahl ebenso wie die Gewinnmargen diktieren lassen.

Zulieferer hatten, um es zynisch zu formulieren, außer ihren Lieferverträgen – mit den wenigen Abnehmern – nichts zu verlieren; und in Krisenzeiten ihre eigene Existenz, denn Automobilfirmen haben einen mehr oder minder festen Kundenstamm. Zulieferer sind – auch durch die Internationalisierung der Märkte – immer austauschbar.

Ab den 1990er-Jahren fand ein Paradigmenwechsel statt: Die Lieferanten emanzipierten sich zunehmend. Die Basis hierfür waren immer kürzer werdende Lebenszyklen der Produkte und der daraus resultierende Zwang zum verstärkten Outsourcing von bislang im eigenen Unternehmen durchgeführten Prozessen. Dadurch und durch die fehlende Innovationsfähigkeit der Großunternehmen wurde die einstige Schwäche der Zulieferer – ihre uneingeschränkte Ausrichtung auf die Bedürfnisse der Großunternehmen, ihrer Abnehmer – zu ihrer Stärke. Die Einkaufschefs großer Unternehmen verlangten von ihren Zulieferern jedes Jahr, ihre Produkte bis zu 10 % billiger anzubieten und zwangen sie somit zu strenger Rationalisierung, eventuell unter Mitwirkung der in den Großunternehmen angesiedelten Beratungsunternehmen. Dies vor allem auch deshalb, weil die Großunternehmen ihre Lieferverträge an den Amortisationszeiten der Betriebsmittel ihrer Zulieferer ausrichteten, und diese Lieferverträge just dann kündigten, bevor sie sich amortisierten.

Dieser Zwang zur unbedingten Rationalisierung ihrer Fertigungs- und Geschäftsprozesse, besonders jedoch die sich in mittelständischen Unternehmen immer stärker zeigende Innovationskraft führte dazu, dass sich die Großunternehmen im eigenen Betrieb weniger auf eigene Effizienz konzentrierten als vielmehr zunehmenden Druck auf ihre Zulieferer ausübten. Die Abhängigkeit der Zulieferer von ihren wenigen Kunden war enorm. Aber je mehr Produkte die Großfirmen auslagerten, desto mehr Entwicklungs-Know-how und damit Macht büßten sie ein.

Die Zulieferer wurden schließlich zu Partnern, und zwar sowohl in der Entwicklung als auch bei der JIT/JIS-Produktion und der Logistik. Die Großunternehmen mussten ihren Zulieferern – wollten sie eine partnerschaftliche Zulieferintegration erreichen –

Einblick in die eigenen Produktionsabläufe gewähren. Der Zwang zur Transparenz kehrte sich nun um. Am Anfang stand nur die Zulieferung von Modulen im Vordergrund: die Lieferung von Achsen, Rädern, Klimaanlagen, Sitzen usw. Doch die Zulieferintegration wurde weiter intensiviert und damit die Abgabe des eigenen Knowhows vorangetrieben. Nun übernahmen die Zulieferer Prozesse der Entwicklung, der Produktion und der Logistik. Damit – und das gilt bis heute – bindet sich ein Automobilkonzern über den gesamten Produktlebenszyklus an seinen Zulieferer. Unternehmen wie z. B. der österreichisch-kanadische Konzern Magna entwickelten sich von einer Montagefirma quasi zum Autohersteller. Diese Entwicklung und das Wissen um ihre Kompetenzen können Zulieferer heute auf den Gedanken bringen, ein eigenes Auto zu entwickeln und dieses unter eigenem Logo zu verkaufen.

Sollte die Entwicklung alternativer Antriebe in der Automobilindustrie noch rascher als bisher fortschreiten, werden voraussichtlich noch mehr Anbieter auf dem Markt auftreten. Durch den permanenten Druck der OEM (Original Equipment Manufacturer) auf die Zulieferer haben sich diese in der gesamten Wertschöpfungskette nach vorne gearbeitet: Erst haben sie z. B. nur kleine Blechteile hergestellt, danach diese noch lackiert und in Sequenz angeliefert und dann vollständige Cockpits, Dächer sowie gesamte Module gefertigt.

Ein mittelständischer Zulieferer beschrieb diese Entwicklung so: Auch durch den Eingang im Keller kommt man irgendwann in die Wohnstube. Kaufen sich die Zulieferer Marken zu, auch aufgrund der zu hohen Kapazitäten der Automobilindustrie, dann haben sie alle Vorteile in der Hand. Durch eine hoch rationalisierte Fertigung und ein hohes Logistik-Know-how sind die Zulieferer mittlerweile in der Lage, auch noch ein Vertriebssystem und eine Marke zu erwerben.

Damit könnten die Zulieferer neue Stärken hinzuerwerben – wie ein auf den Endkunden konzentriertes und damit verkaufsorientiertes Denken. Und dies, ohne ihre bereits vorhandenen Potenziale wie Innovationsfähigkeit, Flexibilität, fraktales und unternehmerisches Denken aufzugeben.

In Zukunft werden Skaleneffekte im Einkauf und eine größere Individualität des Endproduktes miteinander in Einklang zu bringen sein. Die Erhöhung der Einkaufsvolumina wird nur durch eine marken- beziehungsweise sogar unternehmensübergreifende Standardisierung von Teilespektren erreicht werden können.

Beispiele aus der Automobilindustrie sind die markenübergreifenden Plattformstrategien des Volkswagen-Konzerns, bei denen Individualität bezogen auf die vom Kunden erlebbaren Bereiche, wie dem Fahrzeuginnenraum mit Standards „unter der Haube" miteinander verbunden werden. Unternehmensübergreifend können Beispiele von Fiat und Opel beziehungsweise Ford genannt werden, die Fahrzeugklassen gemeinsam entwickeln (Fiat Grande Punto/Opel Corsa beziehungsweise Fiat 500/Ford Ka) und somit neben der Beschaffung auch noch Effizienzen im Forschungs- und Entwicklungsbereich erreicht werden. Dies geht bis zur gemeinsamen Produktion unterschiedlicher Fahrzeuge, die durch flexible Produktionstechnik und gemeinsame Produktionslogistik eine hohe Wirtschaftlichkeit ermöglicht.

Große Zulieferer, wie zum Beispiel Bosch, verfahren nach ähnlichen Gesichtspunkten. Innovationen im Fahrzeug werden zunächst in hochpreisigen Fahrzeugsegmenten angeboten (S-Klasse, 7er BMW, A8 oder Lexus). Danach gehen Innovationen in die Massengutklasse ein. Bewegungs- beziehungsweise Kippsensoren, wie zum Beispiel für Cabrio-Sicherheitssysteme, werden jedoch auch in weitere Konsumgüter integriert (z. B. Bewegungssensoren in Mobiltelefone oder in andere Geräte). Damit sind wiederum Mengenpotentiale für mehr Beschaffungsmacht gegeben.

Bei den nächsten Innovationen, wie dem bereits erwähnten elektrischen Antriebskonzept, werden weitergehende branchenübergreifende Kooperationen gerade in der Beschaffung notwendig werden, um wettbewerbsgerechte Produkte zu marktgerechten Preisen anbieten zu können. Vernetzungen und Kooperationen sind demnach ein zentrales Beschaffungsthema und gewinnen weiter an Bedeutung.

Trotz des oben beschriebenen Know-hows und damit auch Machtzuwachses der Zulieferer werden die OEMs in Zukunft in den Verhandlungen die Preise noch massiver nach unten drücken. Statt wie bislang nur die branchenüblichen Preissenkungen einzufordern – im Regelfall bis zu 5% pro Jahr –, drängen die Automobilkonzerne zunehmend auf den Abschluss mehrjähriger Lieferverträge in Verbindung mit deutlich höheren Preisnachlässen. Durch den zunehmenden Einkauf von Gleichteilen durch oben angesprochene Plattformstrategien können die OEMs Millionenaufträge ausschreiben. Diese Strategie erlaubt es den Einkäufern, von den wenigen verbliebenen Zulieferern weit größere Volumina als noch vor einigen Jahren einzukaufen. Langfristig orientierte Lieferverträge verschärfen selbstverständlich den Wettbewerb unter den Zulieferern. In Einzelfällen fordern OEMs Vorabzahlungen, die im Zuge der mehrjährigen Lieferverträge wieder mit den Lieferungen verrechnet werden. Die an den Beschaffungsmarkt zu vergebende Gesamtauftragszahl verringert sich, die bereits niedrigen Preise, die sich ohnehin nur Zulieferer leisten können, die ohne Liquiditätsengpässe durch die Absatzkrise gekommen sind, führen sicherlich in Zukunft weiter zu einer Konzentration am Zuliefermarkt. Die überlebenden Zulieferer können jedoch mit einer hohen Auslastung für mehrere Jahre rechnen. Auch sie profitieren von den Skaleneffekten, da die aus Entwicklung, Qualitätsmanagement, Logistik usw. resultierenden Kosten durch das größere Liefervolumen wieder aufgefangen werden.

Ein weiterer Punkt ist die mit dieser Entwicklung einhergehende Vernetzung von Unternehmen und die moderne Verfolgung der Materialflüsse.

Die Welt der Informationen muss sich mit der realen Welt der Materialflüsse weiter verbinden. Dinge, die uns umgeben, werden in Zukunft miteinander vernetzt sein. Ein Bauteil, das demnächst ausfällt, ordert rechtzeitig eine Nachlieferung beim Lieferanten. Wir müssen in Zukunft nicht mehr Teile abrufen, eine E-Mail schreiben oder mit dem Großhändler oder dem Lieferanten telefonieren. Im Internet der Dinge benötigen wir dezentrale, flexible und intelligente Strukturen. Es geht nicht mehr darum, Güter schnellstens zu befördern und sich um Staus zu kümmern. Bislang „dumme" Container ermöglichen durch Selbstorganisation und Selbststeuerung mehr Beweglichkeit, riesige Ressourcen werden eingespart. Der „dumme" Container wird durch Vernetzung der globalen Netze zu einem „intelligenten" Container. Das Internet der Dinge wird hier einen gewaltigen Produktivitätsfortschritt bringen. Im Idealfall wird es keine Brüche mehr zwischen der Welt der Daten und der Welt der Waren geben. Die bislang dezentralen Netzwerke werden sich unter der Voraussetzung einer interkulturellen Zusammenarbeit entsprechend globalisieren. Daher kann hier als Fazit formuliert werden: Die Informationstechnik ist der Schalthebel für die Innovationen in der Logistik der Zukunft und wird auch die Beschaffungs- und Lagerwirtschaft entsprechend verändern.

Literaturverzeichnis

ARNOLD, DIETER/ISERMANN, HEINZ/KUHN, AXEL TEMPELMEIER, HORST/FURMANS, KAI (HRSG.): Handbuch Logistik, 3., neu bearbeitete Auflage, Springer Verlag, Berlin/Heidelberg 2008.

ARNOLD, DIETER/FURMANS, KAI: Materialfluss in Logistiksystemen, 5., erweiterte Auflage, Springer Verlag, Berlin/Heidelberg 2007.

BAUMANN, MARTIN/KISTNER, ANDREAS C.: e-Business – Erfolgreich mit den neuen Medien, C & L Computer und Literaturverlag, Vaterstetten 2001.

BENNINGER, SIMONE/GRANDJOT, HANS-HELMUT: Supply Chain Revolution durch E-Commerce, Deutscher Verkehrs-Verlag, Hamburg 2001.

BICHLER, KLAUS/BECK, MARTIN: Beschaffung und Lagerhaltung im Handelsbetrieb, Teil 1./2., 2. Auflage, Gabler Verlag, Wiesbaden 1999.

BINNER, HARTMUT F.: Unternehmensübergreifendes Logistikmanagement, Hanser Verlag, München/Wien 2002.

EHRMANN, HARALD: Logistik, 6., überarbeitete und aktualisierte Auflage, Friedrich Kiehl Verlag, Ludwigshafen 2008.

ENGELHARDT-NOWITZKI, CORINNA/OBERHOFER, ALBERT F.: Innovationen für die Logistik – Wettbewerbsvorteile durch neue Konzepte, Erich Schmidt Verlag, Berlin 2006.

FRANKE, WERNER/DANGELMAIER, WILHELM: RFID – Leitfaden für die Logistik. Anwendungsgebiete, Einsatzmöglichkeiten, Integration, Praxisbeispiele, Gabler Verlag, Wiesbaden 2006.

GEHR, FRANK/HELLINGRATH, BERND: Logistik in der Automobilindustrie, Springer Verlag, Berlin/Heidelberg 2007.

GÖPFERT, INGRID: Logistik Führungskonzeption – Gegenstand, Aufgaben und Instrumente des Logistikmanagements und –controllings, Franz Vahlen, München 2000.

GUDEHUS, TIMM: Logistik. Grundlagen, Strategien, Anwendungen, 3., neu bearbeitete Auflage, Springer Verlag, Berlin/Heidelberg 2004 und 2005.

GUDEHUS, TIMM: Dynamische Disposition – Strategien zur optimalen Auftrags- und Bestandsposition, 2., verbesserte und erweiterte Auflage, Springer Verlag, Berlin/Heidelberg 2006.

GÜNTHER, HANS-OTTO, TEMPELMEIER, HORST: Produktion und Logistik, 6. Auflage, Springer Verlag, Berlin/Heidelberg/New York 2005.

GÜNTHER, HANS-OTTO/MATTFELD, DIRK C./SUHL, LEENA (HRSG.): Supply Chain Management und Logistik. Optimierung, Simulation, Decision Support, Physica-Verlag, Heidelberg 2005.

HIRANO, HIROYUKI: Poka-yoke – 240 Tips für Null-Fehler-Programme, Verlag moderne Industrie, Landsberg/Lech 1992.

IHDE, GÖSTA B.: Transport, Verkehr, Logistik, 3. Auflage, Vahlen Verlag, München 2001.

IHME, JOACHIM: Logistik im Fahrzeugbau, Fortis Manz Verlag, Wien/Köln/Aarau/Bern 2000.

ISERMANN, HEINZ: Logistik – Die Gestaltung von Logistiksystemen, 2. Auflage, Verlag moderne Industrie, Landsberg am Lech 1998.

KERN, CHRISTIAN: Anwendung von RFID-Systemen, 2., verbesserte Auflage, Springer Verlag, Berlin, Heidelberg, 2006.

KLUCK, DIETER: Materialwirtschaft und Logistik, 2., überarbeitete Auflage, Schäffer-Poeschel Verlag, Stuttgart 2002.

KOETHER, REINHARD: Taschenbuch der Logistik, 2., aktualisierte Auflage, Fachbuchverlag Leipzig, München/Wien 2006.

KOPFER, HERBERT/BIERWIRTH, CHRISTIAN: Logistik Management – Intelligente I + K Technologien, Springer Verlag, Berlin/Heidelberg 1999.

KOPPELMANN, UDO: Beschaffungsmarketing, 3., neu bearbeitete und erweiterte Auflage, Springer Verlag, Berlin/Heidelberg 2000.

LUCZAK, HOLGER/WEBER, JÜRGEN/WIENDAHL HANS-PETER: Logistik-Benchmarking. Praxisleitfaden mit LogiBEST, 2., vollständig überarbeitete Auflage, Springer Verlag, Berlin Heidelberg 2004.

LÖDDING, HERMANN: Verfahren der Fertigungssteuerung. Grundlagen, Beschreibung, Konfiguration, 2., verbesserte Auflage, Springer Verlag, Berlin/Heidelberg 2008.

OELDORF, GERHARD/OLFERT KLAUS: Materialwirtschaft, 12., erheblich überarbeitete Auflage, Friedrich Kiehl Verlag, Ludwigshafen 2008.

PFOHL, HANS-CHRISTIAN: Logistiksysteme, 6. aktualisierte Auflage, Springer Verlag, Berlin/Heidelberg/New York 2000.

SCHMIDT, DIRK: RFID im Mobile Supply Chain Event Management – Anwendungsszenarien, Verbreitung und Wirtschaftlichkeit, Gabler Verlag, Wiesbaden 2006.

SCHULTE, CHRISTIAN: Logistik – Wege zur Optimierung der Supply Chain, 5., überarbeitete und erweiterte Auflage, Franz Vahlen Verlag, München 2009.

SEIFERT, DIRK: Efficient Consumer Response: Supply Chain Management (SCM), Category Management (CM) und Radiofrequenz-Identifikation (RFID) als neue Strategieansätze, 4. Auflage, Rainer Hampp Verlag, München/Mehring 2006.

VAHRENKAMP, RICHARD: Logistikmanagement, 4., verbesserte Auflage; R. Oldenburg Verlag, München/Wien 2000.

VAHRENKAMP, RICHARD: Quantitative Logistik für das Supply Chain Management, Oldenburg Wissenschaftsverlag, München 2003.

ZINK, KLAUS J.: TQM als integratives Managementkonzept – Das EFQM-Modell und seine Umsetzung, 2., vollständig überarbeitete und erweiterte Auflage, Hanser Verlag, München/Wien 2004.

Stichwortverzeichnis